KB101548

항균잉크란?

코로나19 바이러스
"친환경 99.9% 항균잉크 인쇄"
전격 도입

언제 끝날지 모를 코로나19 바이러스
99.9% 항균잉크(V-CLEAN99)를 도입하여 「안심도서」로
독자분들의 건강과 안전을 위해 노력하겠습니다.

(주)시대고시기획

Clean Zone

본 도서는 항균잉크로 인쇄하였습니다.
항균✛ 99.9% 안심도서

항균잉크(V-CLEAN99)의 특징

- ◉ 바이러스, 박테리아, 곰팡이 등에 항균효과가 있는 산화아연을 적용

- ◉ 산화아연은 한국의 식약처와 미국의 FDA에서 식품첨가물로 인증받아 **강력한 항균력**을 구현하는 소재

- ◉ 황색포도상구균과 대장균에 대한 테스트를 완료하여 **99.9%의 강력한 항균효과** 확인

- ◉ 잉크 내 중금속, 잔류성 오염물질 등 **유해 물질 저감**

TEST REPORT

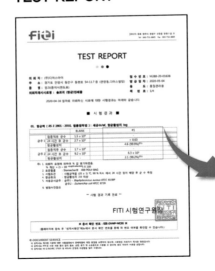

#1
-
< 0.63
4.6 (99.9%)주1)
-
6.3 x 10³
2.1 (99.2%)주1)

Clean Zone

SD에듀
(주)시대고시기획

NCS
인천국제공항공사
소방직

NCS + 소방학개론 + 최종점검 모의고사 3회

+ 무료NCS특강

㈜시대고시기획

Always **with you**

사람이 길에서 우연하게 만나거나 함께 살아가는 것만이 인연은 아니라고 생각합니다.
책을 펴내는 출판사와 그 책을 읽는 독자의 만남도 소중한 인연입니다.
SD에듀는 항상 독자의 마음을 헤아리기 위해 노력하고 있습니다.
늘 독자와 함께 하겠습니다.

PREFACE

머리말

글로벌 공항산업 Leading Value Creator 인천국제공항공사는 2022년에 소방직 신입사원을 채용할 예정이다. 인천국제공항공사 소방직 신입사원 채용 절차는 「서류전형 → 필기전형 → 체력검정 → 1차 면접전형 → 2차 면접전형 → 경력/신원조회 및 신체검사」 순서로 이루어지며, 지원 자격 충족 시 누구나 필기시험에 응시가 가능하다. 인천국제공항공사 소방직 필기시험은 인성검사, 직업기초능력검사, 직무지식(소방학개론)의 3단계로 진행하며, 직업기초능력검사는 의사소통능력, 문제해결능력, 자원관리능력, 조직이해능력 4과목으로, 직무지식은 소방학개론으로 평가한다. 따라서 필기시험 고득점 및 합격을 위해서는 필기시험에 대한 이해와 함께 다양한 문제 유형에 대한 연습과 문제해결능력을 높이는 등 철저한 준비를 통해 타 수험생과의 차별성을 두는 것이 필요하다.

인천국제공항공사 필기시험 합격을 위해 **SD에듀**에서는 NCS 도서 시리즈 판매량 1위의 출간경험을 토대로 다음과 같은 특징을 가진 도서를 출간하였다.

도서의 특징

첫　째 합격으로 이끌 가이드를 통한 채용 흐름 파악!
- 인천국제공항공사 소개 및 주요 뉴스를 통해 채용 흐름을 파악하는 데 도움이 될 수 있도록 하였다.

둘　째 기출복원문제를 통한 출제 유형 파악!
- 2021년 주요 공기업 NCS 기출복원문제를 수록하여 공기업 필기시험의 전반적인 유형과 경향을 파악할 수 있도록 하였다.

셋　째 인천국제공항공사 필기시험 출제영역별 맞춤 기출예상문제로 실력 상승!
- NCS 직업기초능력검사 대표유형 + 기출예상문제를 수록하여 필기시험에 완벽히 대비할 수 있도록 하였다.
- 소방학개론 기출예상 100제를 수록하여 NCS 필기시험을 한 권으로 준비할 수 있도록 하였다.

넷　째 최종점검 모의고사로 완벽한 실전 대비!
- 철저한 분석을 통해 실제 유형과 유사한 최종점검 모의고사를 수록하여 자신의 실력을 점검할 수 있도록 하였다.

다섯째 다양한 콘텐츠로 최종합격까지!
- 인천국제공항공사 채용 가이드와 면접 기출질문을 수록하여 채용을 준비하는 데 부족함이 없도록 하였다.
- 온라인 모의고사와 AI면접 응시 쿠폰을 제공하여 채용 전반을 대비할 수 있도록 하였다.

끝으로 본 도서를 통해 인천국제공항공사 채용을 준비하는 모든 수험생 여러분이 합격의 기쁨을 누리기를 진심으로 기원한다.

NCS직무능력연구소 씀

인천국제공항공사 이야기

미션

인천공항의 효율적 건설 · 관리 · 운영
세계적 공항전문기업 육성
항공운송 및 **국민경제 발전**에 이바지

비전

" **We Connect Lives, Cultures and the Future**
사람과 문화를 이어 미래로 나아갑니다 "

CORE VALUE

**Challenge
도전**

미래성장을 위한
창의와 혁신을 통해
끊임없는 도전 경주

**Respect
존중**

상호 존중을 바탕으로
국민과 세계인에
사랑받는 공항 구현

**Cooperation
협력**

공항 생태계 내 협력적
신뢰관계 구축을 통한
조직 경쟁력 강화

**Integrity
윤리**

국민의 공기업으로서
윤리와 투명성을 통한
지속가능 성장 실현

글로벌 가치창조형 인재

인재상

Active(도전)

비상을 위해 드넓은 활주로를
힘차게 달리는 도전의식을
가진 사람

Innovation(혁신)

하늘 저 너머의 새로운
세상에 대한 무한한 호기심과
꿈을 가진 사람

Respect(존중)

1등 공기업의 사명을 갖고
회사와 고객을 존중할 수
있는 사람

👤 응시자격

❶ 학력, 전공, 연령, 성별에 관계없이 지원 가능하며, 아래 응시자격을 모두 충족하는 자에 한해 지원 가능(단, 연령의 경우 입사지원서 마감일 기준 공사 규정에 따른 정년 이내여야 함)

❷ 최종합격자 발표 이후 즉시 근무 가능한 자

❸ 남자의 경우 채용예정일 기준 군필 또는 면제자

❹ 공사 방재직 규정 제7조(결격사유)에 해당하지 않는 자
  ▶ 소방직 다급 세부분야 소방·구급의 경우 「소방공무원임용령 시행규칙」(소방공무원 채용시험 신체조건표)에서 정하는 신체조건에 충족하며 「소방공무원 채용시험 시행규칙」(소방공무원 신체검사의 불합격 판정기준)에 해당하지 않는 자
  ▶ 모집직급 및 세부분야별 아래 표의 자격기준에 해당하는 자

분야/직급		자격기준
방재직 가급		• 소방분야 15년 이상 경력 보유자 중 다음 각 호의 어느 하나에 해당하는 자 ① 소방공무원 소방령 이상으로 5년 이상 근무경력 보유자 ② 국내외공항 소방대장으로 3년 이상 근무경력 보유자 ③ 소방공무원 소방령 이상 근무경력과 국내외공항 소방대장 근무경력의 합이 5년 이상인 자
방재직 다급	소방	• 1종 대형 운전면허 소지자
	구급	• 응급구조사 1급 또는 간호사 면허 소지자
	예방	• 한국소방시설협회에서 인정하는 초급기술자 이상 소지자

👤 채용절차

원서 접수 → 서류전형 → 필기전형 → 체력 검정 → 1차 면접 → 2차 면접 → 신원조회 및 신체검사

👤 필기전형

1교시 : 인성검사(면접 참고자료)

2교시 : 직업기초능력검사(NCS)
  – 의사소통능력, 문제해결능력, 자원관리능력, 조직이해능력

3교시 : 직무지식(소방학개론)
  – 재난이론, 연소이론, 화재이론, 소화이론

👤 면접전형

1차 면접(직무면접) : 직무상황면접

2차 면접(인성면접) : 인성면접(기본역량, 태도인성, 인성검사 결과 등 기반 종합 질의응답)

※ 위 채용안내는 2021년 상반기 채용 계획을 기준으로 작성하였으나 세부내용은 반드시 확정된 채용공고를 확인하시기 바랍니다.

NCS(국가직무능력표준)란 무엇인가?

👤 국가직무능력표준(NCS: National Competency Standards)

산업현장에서 직무 수행에 요구되는 능력(지식, 기술, 태도 등)을 국가가 산업 부문별, 수준별로 체계화한 설명서

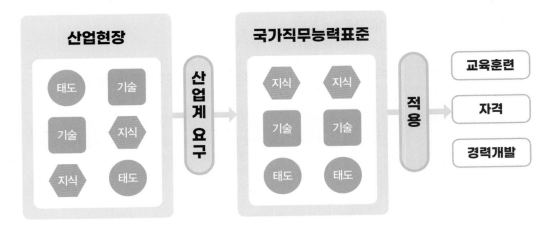

👤 직무능력

직무능력 = 직업기초능력 + 직무수행능력

- **직업기초능력** : 직업인으로서 기본적으로 갖추어야 할 공통 능력
- **직무수행능력** : 해당 직무를 수행하는 데 필요한 역량(지식, 기술, 태도)

👤 NCS의 필요성

- 산업현장과 기업에서 인적자원관리 및 개발의 어려움과 비효율성이 발생하는 대표적 요인으로 산업 전반의 '기준' 부재에 주목함
- 직업교육훈련과 자격이 연계되지 않은 상태로 산업현장에서 요구하는 직무수행능력과 괴리되어 실시됨에 따라 인적자원개발과 개인의 경력개발에 비효율적이며 효과성이 부족하다는 비판을 받음
  ┄→ NCS를 통해 인재육성의 핵심 인프라를 구축하고, 산업장면의 HR 전반에서 비효율성을 해소하여 경쟁력을 향상시키는 노력이 필요함

👤 NCS 분류

- 일터 중심의 체계적인 NCS 개발과 산업현장 전문가의 직종구조 분석결과를 반영하기 위해 산업현장 직무를 한국고용직업분류(KECO)에 부합하게 분류함
- 2021년 기준 : 대분류(24개), 중분류(80개), 소분류(257개), 세분류(1,022개)

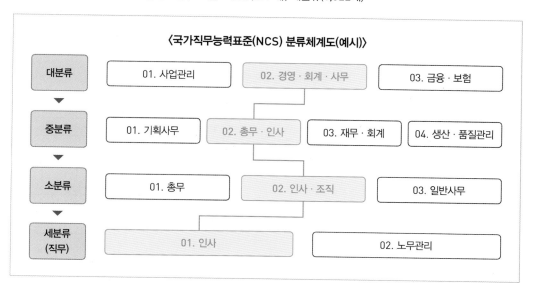

〈국가직무능력표준(NCS) 분류체계도(예시)〉

👤 직업기초능력 영역

모든 직업인들에게 공통적으로 요구되는 기본적인 능력 10가지

❶ **의사소통능력** : 타인의 생각을 파악하고, 자신의 생각을 글과 말을 통해 정확하게 쓰거나 말하는 능력

❷ **수리능력** : 사칙연산, 통계, 확률의 의미를 정확하게 이해하는 능력

❸ **문제해결능력** : 문제 상황을 창조적이고 논리적인 사고를 통해 올바르게 인식하고 해결하는 능력

❹ **자기개발능력** : 스스로 관리하고 개발하는 능력

❺ **자원관리능력** : 자원이 얼마나 필요한지 파악하고 계획하여 업무 수행에 할당하는 능력

❻ **대인관계능력** : 사람들과 문제를 일으키지 않고 원만하게 지내는 능력

❼ **정보능력** : 정보를 수집, 분석, 조직, 관리하여 컴퓨터를 사용해 적절히 활용하는 능력

❽ **기술능력** : 도구, 장치를 포함하여 필요한 기술에 대해 이해하고 업무 수행에 적용하는 능력

❾ **조직이해능력** : 국제적인 추세를 포함하여 조직의 체제와 경영에 대해 이해하는 능력

❿ **직업윤리** : 원만한 직업생활을 위해 필요한 태도, 매너, 올바른 직업관

NCS(국가직무능력표준)란 무엇인가?

👤 NCS 구성

`능력단위`

- 직무는 국가직무능력표준 분류의 세분류를 의미하고, 원칙상 세분류 단위에서 표준이 개발됨
- 능력단위는 국가직무능력표준 분류의 하위단위로, 국가직무능력 표준의 기본 구성요소에 해당되며 능력단위 요소(수행준거, 지식 · 기술 · 태도), 적용범위 및 작업상황, 평가지침, 직업기초능력으로 구성됨

〈국가직무능력표준 능력단위 구성〉

👤 NCS의 활용

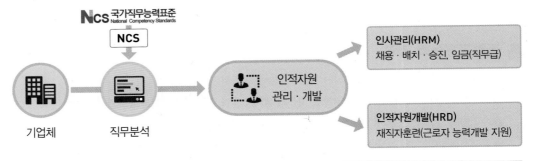

활동 유형	활용범위
채용(블라인드 채용)	채용 단계에 NCS를 활용하여 NCS 매핑 및 직무분석을 통한 공정한 채용 프로세스 구축 및 직무 중심의 블라인드 채용 실현
재직자 훈련(근로자 능력개발 지원)	NCS 활용 패키지의 '평생경력개발경로' 기반 사내 경력개발경로와 수준별 교육훈련 이수체계도 개발을 통한 현장직무 중심의 재직자 훈련 실시
배치 · 승진	현장직무 중심의 훈련체계와 배치 · 승진 · 체크리스트를 활용한 근로자 배치 · 승진으로 직급별 인재에 관한 회사의 기대와 역량 간 불일치 해소
임금(직무급 도입)	NCS 기반 직무분석을 바탕으로 기존 관리직 · 연공급 중심의 임금체계를 직무급(직능급) 구조로 전환

합격을 위한 체크 리스트

📋 시험 전 CHECK LIST

D-1

체크	리스트
☐	수험표를 출력하고 자신의 수험번호를 확인하였는가?
☐	수험표나 공지사항에 안내된 입실 시간 및 유의사항을 확인하였는가?
☐	신분증을 준비하였는가?
☐	컴퓨터용 사인펜 · 수정테이프 · 여분의 필기구를 준비하였는가?
☐	시험시간에 늦지 않도록 알람을 설정해 놓았는가?
☐	고사장 위치를 파악하고 교통편을 확인하였는가?
☐	고사장에서 볼 수 있는 자료집을 준비하였는가?
☐	인성검사에 대비하여 지원한 공사 · 공단의 인재상을 확인하였는가?
☐	확인 체크표의 × 표시한 문제를 한 번 더 확인하였는가?
☐	자신이 취약한 영역을 두 번 이상 학습하였는가?
☐	도서의 모의고사를 통해 자신의 실력을 확인하였는가?

📝 시험 유의사항

D-DAY

체크	리스트
☐	시험 전 화장실을 미리 가야 합니다.
☐	통신기기(휴대폰, 태플릿PC, 무선호출기, 스마트워치, 스마트밴드, 블루투스 이어폰 등)를 가방에 넣어야 합니다.
☐	휴대폰의 전원을 꺼야 합니다.
☐	시험 종료 후 시험지와 답안지는 제출해야 합니다.

💬 시험 후 CHECK LIST

D+1

체크	리스트
☐	시험 후기를 작성하였는가?
☐	상 · 하의와 구두를 포함한 면접복장이 준비되었는가?
☐	지원한 직무의 분석을 하였는가?
☐	단정한 헤어와 손톱 등 용모관리를 깔끔하게 하였는가?
☐	자신의 자기소개서를 다시 한 번 읽어보았는가?
☐	1분 자기소개를 준비하였는가?
☐	도서 내 면접 기출질문을 확인하였는가?
☐	자신이 지원한 직무의 최신 이슈를 정리하였는가?

주요 공기업 적중문제

• 내용 일치 유형 •

30 다음 글의 내용과 일치하지 않는 것은?

> '갑'이라는 사람이 있다고 하자. 이때 사회가 갑에게 강제적 힘을 행사하는 것이 정당화되는 근거는 무엇일까? 그것은 갑이 다른 사람에게 미치는 해악을 방지하려는 데 있다. 특정 행위가 갑에게 도움이 될 것이라든가, 이 행위가 갑을 더욱 행복하게 할 것이라든가 또는 이 행위가 현명하다든가 혹은 옳은 것이라든가 하는 이유를 들면서 갑에게 이 행위를 강제하는 것은 정당하지 않다. 이러한 이유는 갑에게 권고하거나 이치를 이해시키거나 무엇인가를 간청하거나 하는 데는 충분한 이유가 된다. 그러나 갑에게 강제를 가하는 이유 혹은 어떤 처벌을 가할 이유는 되지 않는다. 이와 같은 사회적 간섭이 정당화되기 위해서는 갑이 행하려는 행위가 다른 어떤 이에게 해악을 끼칠 것이라는 점이 충분히 예측되어야 한다. 한 사람이 행하고자 하는 행위 중에서 그가 사회에 대해서 책임을 져야 할 유일한 부분은 다른 사람에게 관계되는 부분이다.

① 개인에 대한 사회의 간섭은 어떤 조건이 필요하다.
② 행위 수행 혹은 행위 금지의 도덕적 이유와 법적 이유는 구분된다.
③ 한 사람의 행위는 타인에 대한 행위와 자신에 대한 행위로 구분된다.
④ 사회는 개인의 해악에 관해서는 관심이 있지만, 그 해악을 방지할 강제성의 근거는 가지고 있지 않다.
⑤ 타인과 관계되는 행위는 사회적 책임이 따른다.

• 조직 변화 키워드 •

07 다음 중 조직변화의 과정을 올바르게 나열한 것은?

ㄱ. 환경변화 인지	ㄴ. 변화결과 평가
ㄷ. 조직변화 방향 수립	ㄹ. 조직변화 실행

① ㄱ - ㄷ - ㄹ - ㄴ
② ㄱ - ㄹ - ㄷ - ㄴ
③ ㄴ - ㄷ - ㄹ - ㄱ
④ ㄹ - ㄱ - ㄷ - ㄴ
⑤ ㄹ - ㄴ - ㄷ - ㄱ

10 다음은 K공항의 2018년과 2019년 에너지 소비량 및 온실가스 배출량에 대한 자료이다. 〈보기〉의 설명 중 다음 자료에 대한 설명으로 옳은 것을 모두 고르면?

〈K공항 에너지 소비량〉

(단위 : TOE)

구분	에너지 소비량								
	총계	건설 부문				이동 부문			
		소계	경유	도시가스	수전전력	소계	휘발유	경유	도시가스	천연가스
2018년	11,658	11,234	17	1,808	9,409	424	25	196	13	190
2019년	17,298	16,885	58	2,796	14,031	413	28	179	15	191

〈K공항 온실가스 배출량〉

(단위 : 톤CO_2eq)

구분	온실가스 배출량				
	총계	고정연소	이동연소	공정배출	간접배출
2018년	30,823	4,052	897	122	25,752
2019년	35,638	6,121	965	109	28,443

보기

ㄱ. 2019년 에너지 소비량 중 이동 부문에서 경유가 차지하는 비중은 전년 대비 10%p 이상 감소하였다.
ㄴ. 2019년 건설 부문의 도시가스 소비량은 전년 대비 30% 이상 증가하였다.
ㄷ. 2019년 온실가스 배출량 중 간접배출이 차지하는 비중은 2018년 온실가스 배출량 중 고정연소가 차지하는 비중의 5배 이상이다.

① ㄱ
② ㄴ
③ ㄱ, ㄷ
④ ㄴ, ㄷ
⑤ ㄱ, ㄴ, ㄷ

23 다음 중 조선의 통치기구에 대한 설명으로 옳은 것은?

① 의정부는 최고의 행정집행기관으로 그 중요성에 의해 점차 실권을 강화하였다.
② 홍문관은 정치의 득실을 논하고 관리의 잘못을 규찰하고 풍기·습속을 교정하는 일을 담당하였다.
③ 지방 양반들로 조직된 향청은 수령을 보좌하고 풍속을 바로 잡고 향리를 규찰하는 등의 임무를 맡았다.
④ 예문관과 춘추관은 대간(臺諫)이라 불렸는데, 임명된 관리의 신분·경력 등을 심의·승인하는 역할을 담당하였다.

주요 공기업 적중문제

한글 단축키 유형

65 다음 프로그램에서 최근 작업 문서를 열 때 사용하는 단축키는?

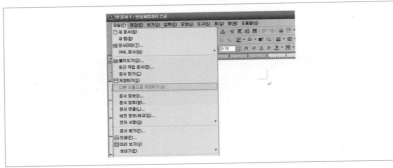

① [Alt]+[N]
③ [Alt]+[S]
⑤ [Alt]+[F3]

② [Ctrl]+[N], [M]
④ [Alt]+[O]

숫자 규칙 유형

03 갑은 다음과 같은 규칙에 따라서 알파벳 단어를 숫자로 변환하고자 한다. 주어진 규칙에 따를 때, 〈보기〉에 주어진 규칙 적용 사례 ㉠~㉢을 보고, ㉠~㉢의 각 알파벳 단어에서 알파벳 Z에 해당하는 자연수들을 모두 더한 값으로 적절한 것은?

〈규칙〉

① 알파벳 'A'부터 'Z'까지 순서대로 자연수를 부여한다.
　예 A=2라고 하면 B=3, C=4, D=5이다.
② 단어의 음절에 같은 알파벳이 연속되는 경우 ①에서 부여한 숫자를 알파벳이 연속되는 횟수만큼 거듭제곱한다.
　예 A=2이고 단어가 'AABB'이면 AA는 '2^2'이고, BB는 '3^2'이므로 '49'로 적는다.

보기
㉠ AAABBCC는 10000001020110404로 변환된다.
㉡ CDFE는 3465로 변환된다.
㉢ PJJYZZ는 1712126729로 변환된다.
㉣ QQTSR는 625282726로 변환된다.

① 154
② 176

총 비용 계산 유형

37 A팀장은 6월부터 10월까지 매월 부산에서 열리는 세미나에 참석하기 위해 숙소를 예약해야 한다. A팀장이 다음 조건에 따라 예약사이트 M투어, H트립, S닷컴, T호텔스 중 한 곳을 통해 숙소를 예약하고자 할 때, 다음 중 A팀장이 이용할 예약사이트와 6월부터 10월까지의 총 숙박비용이 바르게 연결된 것은?

☑ 오답 Check! ○ ✕

〈예약사이트별 예약 정보〉

예약사이트	가격(원/1박)	할인행사
M투어	120,500	3박 이용 시 다음 달에 30% 할인 쿠폰 1매 제공
H트립	111,000	6월부터 8월 사이 1박 이상 숙박 이용내역이 있을 시 10% 할인
S닷컴	105,500	2박 이상 연박 시 10,000원 할인
T호텔스	105,000	멤버십 가입 시 1박당 10% 할인(멤버십 가입비 20,000원)

조건
- 세미나를 위해 6월부터 10월까지 매월 1박 2일로 숙소를 예약한다.
- 숙소는 항상 ㅁㅁ호텔을 이용한다.
- A팀장은 6월부터 10월까지 총 5번의 숙박비용의 합을 최소화하고자 한다.

예약사이트　　　총 숙박비용
① 　M투어　　　 566,350원

민원 응대 업무 유형

09 K사원은 현재 H공단에서 고객 응대 업무를 맡고 있다. 아래와 같이 고객의 민원에 답변하였을 때, 고객 전화 응대법과 관련하여 적절하지 않은 답변은?

> 고객 : 저기요. 제가 너무 답답해서 이렇게 전화했습니다.
> K사원 : 안녕하세요. 고객님. 상담사 ○○○입니다. 무슨 문제로 전화해주셨나요? … ①
>
> 고객 : 아니, 아직 납부기한이 지나지도 않았는데, 홈페이지에 왜 '납부하지 않은 보험료'로 나오는 건가요? 일 처리를 왜 이렇게 하는 건가요?
> K사원 : 고객님, 이건 저희 실수가 아니라 고객님이 잘못 이해하신 부분 같습니다. … ②
>
> 고객 : 무슨 소리에요? 내가 지금 홈페이지에서 확인하고 왔는데.
> K사원 : 네 고객님. 홈페이지 '납부하지 않은 보험료'로 표시되는 경우에는 고객님께서 다음 달 10일까지 납부하셔 야 할 당월분 보험료라고 이해하시면 됩니다. … ③
>
> 고객 : 정말이에요? 나 참 왜 이렇게 헷갈리게 만든 건가요?
> K사원 : 죄송합니다. 고객님. 참고로 이미 보험료를 납부했는데도 '납부하지 않은 보험료'로 표시되는 경우에는 보 험료 납부내역이 공단 전산에 반영되는 기준일이 "납부 후 최장 4일 경과한 시점"이기 때문임을 유의해주 시기 바랍니다. … ④
>
> 고객 : 알겠습니다. 수고하세요.

주요 공기업 적중문제

글의 논리적 순서 유형

34 다음 제시된 단락을 읽고, 이어질 내용을 논리적 순서대로 올바르게 나열한 것은?

> DNA는 이미 1896년에 스위스의 생물학자 프리드리히 미셔가 발견했지만, 대다수의 과학자는 1952년까지는 DNA에 별로 관심을 보이지 않았다. 미셔는 고름이 배인 붕대에 끈적끈적한 회색 물질이 남을 때까지 알코올과 돼지 위액을 쏟아 부은 끝에 DNA를 발견했다. 그것을 시험한 미셔는 DNA는 생물학에서 아주 중요한 물질로 밝혀질 것이라고 선언했다. 그러나 불행하게도 화학 분석 결과, 그 물질 속에 인이 다량 함유된 것으로 드러났다. 그 당시 생화학 분야에서는 오로지 단백질에만 관심을 보였는데, 단백질에는 인이 전혀 포함돼 있지 않으므로 DNA는 분자 세계의 충수처럼 일종의 퇴화 물질로 간주되었다.

> (A) 그래서 유전학자인 알프레드 허시와 마사 체이스는 방사성 동위원소 추적자를 사용해 바이러스에서 인이 풍부한 DNA의 인과 황이 풍부한 단백질의 황을 추적해 보았다. 이 방법으로 바이러스가 침투한 세포들을 조사한 결과, 방사성 인은 세포에 주입되어 전달된 반면 황이 포함된 단백질은 그렇지 않은 것으로 드러났다.
> (B) 그러나 그 유전 정보가 바이러스의 DNA에 들어 있는지 단백질에 들어 있는지는 아무도 몰랐다.
> (C) 따라서 유전 정보의 전달자는 단백질이 될 수 없으며 전달자는 DNA인 것으로 밝혀졌다.
> (D) 1952년에 바이러스를 대상으로 한 극적인 실험이 그러한 편견을 바꾸어 놓았다. 바이러스는 다른 세포에 무임승차하여 피를 빠는 모기와는 반대로 세포 속에 악당 유전 정보를 주입한다.

① (A) - (C) - (B) - (D)
② (A) - (D) - (B) - (C)
③ (B) - (A) - (C) - (D)
④ (B) - (C) - (A) - (D)
⑤ (D) - (B) - (A) - (C)

BCG 매트릭스와 맥킨지 매트릭스 키워드

☑ 확인 Check! ○ △ X

47 다음 중 BCG 매트릭스와 GE&맥킨지 매트릭스에 대한 설명으로 옳은 것을 모두 고른 것은?

> ㄱ. BCG 매트릭스는 미국의 컨설팅업체인 맥킨지에서 개발한 사업포트폴리오 분석 기법이다.
> ㄴ. BCG 매트릭스는 시장성장율과 상대적 시장점유율을 고려하여 사업의 형태를 4개 영역으로 나타낸다.
> ㄷ. GE&맥킨지 매트릭스는 산업매력도와 사업경쟁력을 고려하여 사업의 형태를 6개 영역으로 나타낸다.
> ㄹ. GE&맥킨지 매트릭스에서의 산업매력도는 시장규모, 경쟁구조, 시장 잠재력 등의 요인에 의해 결정된다.
> ㅁ. GE&맥킨지 매트릭스는 BCG 매트릭스의 단점을 보완해준다.

① ㄱ, ㄴ
② ㄱ, ㄴ, ㄷ
③ ㄴ, ㄷ, ㅁ
④ ㄴ, ㄹ, ㅁ
⑤ ㄷ, ㄹ, ㅁ

항만공사 통합

● 글의 내용 일치 유형 ●

49 다음 중 글의 내용과 일치하지 않는 것은?

> 식물의 광합성 작용은 빛 에너지를 이용하여 뿌리에서 흡수한 물과 잎의 기공에서 흡수한 이산화탄소로부터 포도당과 같은 유기물과 산소를 만들어 내는 과정이다. 하지만 광합성 작용을 할 때 빛과 이산화탄소가 동시에 필요한 것이 아니다. 물(H_2O)이 엽록체에서 빛 에너지에 의해 수소 이온, 전자와 산소로 분해되어 이 수소 이온과 전자가 식물의 잎에 있는 $NADP^+$와 결합해서 NADPH가 되는데 이와 같은 반응을 명반응이라고 한다. 또한, 식물 세포에서 이산화탄소를 흡수하여 포도당과 같은 탄수화물을 합성하는 열화학 반응을 암반응이라 하는데 이 과정에는 명반응에 의해 만들어진 NADPH가 필요하다.

① 식물의 광합성 작용은 산소를 만들어낸다.
② 광합성 작용을 할 때 빛과 이산화탄소가 동시에 필요하다.
③ 빛이 필요한 반응은 명반응이고, 이산화탄소가 필요한 반응은 암반응이다.
④ NADPH는 명반응에서 만들어진다.

코레일 한국철도공사

● 4차 산업혁명 키워드 ●

23 다음 중 글의 제목으로 가장 적절한 것은?

> 제4차 산업혁명은 인공지능이 기존의 자동화 시스템과 연결되어 효율이 극대화되는 산업 환경의 변화를 의미한다. 2016년 세계경제포럼에서 언급되어, 유행처럼 번지는 용어가 되었다. 학자에 따라 바라보는 견해는 다르지만 대체로 기계학습과 인공지능의 발달이 그 수단으로 꼽힌다.
> 2010년대 중반부터 드러나기 시작한 제4차 산업혁명은 현재진행형이며, 그 여파는 사회 곳곳에서 드러나고 있다. 현재도 사람을 기계와 인공지능이 대체하고 있으며, 현재 일자리의 80 ～ 99%까지 대체될 것이라고 보는 견해도 있다. 만약 우리가 현재의 경제 구조를 유지한 채로 이와 같은 극단적인 노동 수요 감소를 맞게 된다면, 전후 미국의 대공황 등과는 차원이 다른 끔찍한 대공황이 발생할 것이다. 계속해서 일자리가 줄어들수록 중·하위 계층은 사회에서 밀려날 수밖에 없는데, 반면 자본주의 사회의 특성상 많은 비용을 수반하는 과학기술의 연구는 자본에 종속될 수밖에 없기 때문이다. 물론 지금도 이러한 현상이 없는 것은 아니지만, 아직까지는 단순노동이 필요하기 때문에 노동력을 제공하는 중·하위층들도 불합리한 부분들에 파업과 같은 실력행사를 할 수 있었다. 그러나 앞으로 자동화가 더욱 진행되어 노동의 필요성이 사라진다면 그들을 배려해야 할 당위성은 법과 제도가 아닌 도덕이나 인권과 같은 윤리적인 영역에만 남게 되는 것이다.
> 반면에, 이를 긍정적으로 생각한다면 이처럼 일자리가 없어졌을 때 극소수에 해당하는 경우를 제외한 나머지 사람들은 노동에서 완전히 해방되어, 인공지능이 제공하는 무제한적인 자원을 마음껏 향유할 수도 있을 것이다. 하지만 이러한 미래는 지금의 자본주의보다는 사회주의 경제 체제에 가깝다. 이 때문에 많은 경제학자와 미래학자들은 제4차 산업혁명 이후의 미래를 장밋빛으로 바꿔나가기 위해, 기본소득제 도입 등의 시도와 같은 고민들을 이어가고 있다.

도서 구성

기출복원문제로
출제 경향 파악

- 2021년 주요 공기업 NCS 기출문제를 복원하여 공기업 최신 출제 경향을 파악할 수 있도록 하였다.

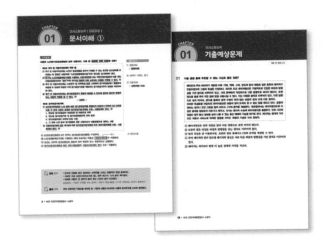

대표유형 + 기출예상문제로
영역별 단계적 학습

- 출제되는 NCS 영역에 대한 대표유형 + 기출예상문제를 수록하여 NCS 기본을 다지고, 영역별 문제유형과 접근 전략을 파악할 수 있도록 하였다.

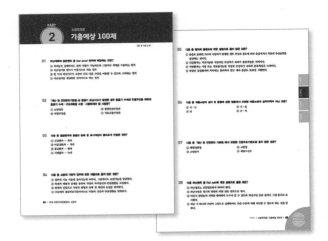

직무지식(소방학개론)
기출예상문제를 통한 이해

- 소방학개론 기출예상 100제를 통해 직무지식과 관련한 다양한 유형의 문제를 확인할 수 있도록 하였다.

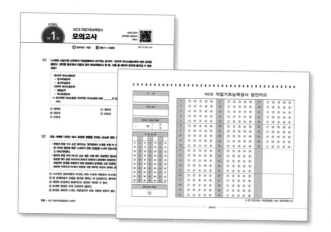

최종점검 모의고사 + OMR을 활용한 실전 연습

- 최종점검 모의고사와 OMR 답안카드, 모바일 OMR 답안채점 / 성적분석 서비스를 통해 실제로 시험을 보는 것처럼 최종 마무리 연습을 할 수 있도록 하였다.

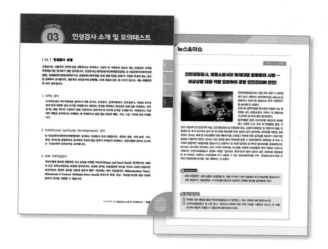

인성검사부터 면접까지 한 권으로 최종 마무리

- 인성검사 모의테스트를 통해 인성검사까지 대비할 수 있도록 하였다.
- 인천국제공항공사 관련 뉴스 & 이슈와 면접 예상 · 기출질문을 통해 실제 면접에서 나오는 질문을 미리 파악하고 연습할 수 있도록 하였다.

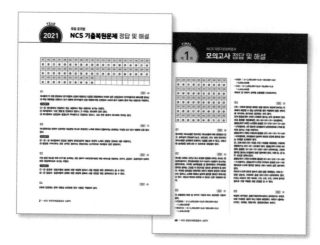

상세한 해설로 정답과 오답을 완벽하게 이해

- 정답과 오답에 대한 상세한 해설을 수록하여 혼자서도 학습을 할 수 있도록 하였다.

인천공항공사, 영종소방서와 화재대응 합동훈련 시행 …
비상상황 대응 역량 강화하여 공항 안전관리에 만전!

인천국제공항공사는 15일 오후 공항 내 상주업체가 상시 사용하는 제1여객터미널 서비스도로 현장에서 유관기관 합동으로 화재 대응훈련*을 실시했다고 밝혔다.

코로나19 방역지침을 준수하며 진행된 이날 훈련에는 공사 공항소방대, 자회사 및 영종소방서 관계자 등 50여 명이 참여하였다.

참석자들은 훈련 시나리오를 바탕으로 화재발생 시 신속한 신고, 전파 및 현장출입 통제, 부상자 구급처치 및 안전지역 이송, 인근현장 통제 및 인원대피 유도, 소방차 화재진압 및 인명구조 활동, 잔불정리 및 추가 요구조자 검색 등 위기대응 매뉴얼에 따라 실전과 같이 움직이며, 화재대응 역량을 강화하였다. 공사는 화재 등 비상상황에 대한 예방의식을 고취하고 안전에 대한 경각심을 제고하기 위해 이번 훈련을 시행하게 되었다. 공사는 이번 훈련을 통해 화재상황 발생 시 초동대응부터 화재진압 후 후속 조치까지 종합적인 대응능력을 향상시키고 관련부서 및 유관기관과의 유기적인 협조체계를 강화하였으며, 앞으로도 공사에서 관리하는 모든 지역의 화재대응 시스템을 강화해 비상상황에 완벽 대응해 나간다는 계획이다. 인천국제공항공사 김경욱 사장은 "앞으로도 유관기관과 함께 실전과 같은 화재대응 합동훈련을 정기적으로 시행하고, 비상상황에 적기 대응할 수 있는 현장대응체계를 구축·운영함으로써 공항 전체의 안전관리에 만전을 기할 계획이다."고 말했다.

🔑 Keyword

• 화재 대응훈련 : 화재 상황이 발생했을 때, 이를 저지하기 위한 대응절차 및 조치능력을 향상시키기 위한 훈련이다. 대응훈련은 시나리오를 바탕으로 신속하고 정확한 절차를 실천해야만 한다.

💬 예상 면접 질문

Q 화재에 대한 예방을 통해 인천국제공항공사가 발전할 수 있는 부분에 대해 말해 보시오.

Q 인천국제공항공사 외 다른 공사·공단에서 화재에 대한 어떤 규정을 시행하고 있는지, 또 이를 공사에 어떻게 이용할 수 있을지에 대해 말해 보시오.

인천국제공항공사, '2021년 재난대응 안전한국훈련' 국무총리 표창 수상!

인천국제공항공사는 행정안전부 주관으로 진행된 '2021년 재난대응 안전한국훈련*'에서 공사가 훈련참여 322개 기관 중 우수기관으로 선정되어 국무총리 표창을 수상했다고 15일 밝혔다.

공사는 지난해 11월 인천공항 재난대응 역량 강화를 위해 인천광역시, 영종소방서, 인천 중구 보건소, 인천공항 검역소 등 13개 유관

기관과 합동으로 '2021년 재난대응 안전한국훈련'을 실시했다.

훈련은 B737 여객기가 인천공항에 착륙하는 도중 돌풍으로 인해 활주로를 이탈하는 상황을 가정해 실전처럼 진행되었으며, 이 과정에서 정부로부터 인천공항 비상대응체계 고도화, 유관기관 협조체계 구축, 민관 합동훈련 등 재난대응 우수성을 인정받아 국무총리 표창을 수상하였다. 특히, 부천대학교 항공서비스학과와 공동으로 '항공기사고 기내탈출 실습훈련'을 추가적으로 시행하는 등 민관 합동훈련에서 높은 평가를 받았다.

인천국제공항공사 김경욱 사장은 "포스트코로나 시대 점진적인 항공수요 회복에 대비해 유관기관과의 협조체계를 더욱 강화하고 선진화된 재난대응체계를 확립함으로써 이용객들에게 더욱 안전한 공항 서비스를 제공해 나가겠다."고 말했다.

🔑 Keyword

• 재난대응 안전한국훈련 : 매년 1회, 모든 재난관리책임기관 및 일반국민이 참여하는 범국가적 재난대응 종합훈련이다.

💬 예상 면접 질문

Q 재난대응 훈련에서 중점적으로 역량을 강화해야 하는 부분에 대해 말해 보시오.

Q 재난대응 훈련으로 인해 어떤 부분에서 공항 서비스가 안정화 되었는지 설명해 보시오.

뉴스&이슈

인천공항공사, 공항 내 안전문화 확산 위해 '안전의식 붐업(Boom - up) 행사' 개최

인천국제공항공사는 인천공항 내 안전문화 확산을 통한 안전사고 예방을 위해 지난 1일 공사 대강당에서 '2021년 인천공항 안전의식 붐업(Boom - up) 행사'를 개최했다고 밝혔다.

지난해에 이어 올해 2회째를 맞은 이번 행사는 코로나19 방역지침을 준수하여 진행되었으며, 인천국제공항공사 및 자회사 직원이 참여하는 가운데 안전 UCC* 공모전, 안전 골든벨, 소통간담회의 3가지 프로그램으로 진행되었다. 우선 안전 UCC 공모전은 '작업현장의 안전'을 주제로 지난 11월 8일부터 25일까지 접수를 받아 총 11팀이 참여하였으며, 심사 결과 인천국제공항공사 및 자회사 직원이 팀을 구성해 제작한 '안전이 최우선! 셔틀트레인 이용 안전수칙'이 대상을 수상하였다.

안전 골든벨은 방역수칙 준수를 위해 공사와 자회사 직원 50명이 참가하였으며, 산업안전보건법과 안전 관련 규정에 관한 문제를 맞히는 퀴즈 형식으로 진행되었다.

이어진 소통간담회에서는 안전 UCC 공모전 및 안전골든벨 수상자에 대한 시상식이 진행되었으며, 인천국제공항공사 및 자회사에서 추진한 2021년도 안전활동 결과와 내년도 안전활동 계획을 공유하며 현장안전 관련 다양한 의견을 나누는 시간을 가졌다.

인천국제공항공사 이경용 안전보안본부장은 "이번 행사를 통해 인천공항 내 작업현장에 안전문화가 확산되기를 기대한다."며 "인천공항 이용객 및 공항 근로자에게 안전한 환경을 지속 제공하기 위해 앞으로도 공항 내 안전관리체계 강화에 만전을 기하겠다."고 말했다.

🔍 Keyword

• UCC(User Created Contents) : 사용자가 직접 제작한 콘텐츠를 뜻하며, 상업적인 의도 없이 제작한 콘텐츠를 온라인상으로 나타낼 수 있다.

💬 예상 면접 질문

Q 공항에서 실시하고 있는 안전사고 예방 캠페인 등에서 아는 대로 말해 보시오.

Q 공항 내 안전사고 예방 등의 캠페인 등이 실제로 얼마나 효과가 있다고 생각하는지 말해 보시오.

〈2021. 05. 12(수)〉

인천공항, 화물터미널 지역 화재대피훈련 실시!

인천국제공항공사는 지난 11일 인천공항 화물터미널 지역 근무자를 대상으로 화재 시 비상대피 훈련 및 소방안전교육*을 실시했다고 밝혔다. 이번 화재대피훈련은 마스크 착용, 발열 체크, 참여명부 작성, 시간대별 참가인원 분산 등 코로나19 방역지침을 준수하여 진행되었다. 인천공항 화물터미널 지역에서 화재가 발생한 상황을 가정해 진행된 이번 훈련에서 참석자들은 대피방송을 통한 화재상황 전파, 화물터미널 지역 근무자들의 신속한 대피유도, 자체 소방시설을 활용한 초기진화 등 실전과 같은 대피훈련을 통해 초기 대응역량을 향상시켰으며, 화재발생시 신속한 대피 및 피해 최소화를 위한 소방안전 기초교육도 함께 진행되었다.

인천국제공항공사 이희정 미래사업본부장은 "인천공항 화물터미널 근무자들의 적극적인 협조 속에 실전과 같은 화재 대피훈련을 실시함으로써 공항 내 비상상황에 적기 대응할 수 있는 현장 대응체계를 강화할 수 있었다."며 "앞으로도 선제적인 화재 예방활동과 대피훈련을 정기적으로 시행함으로써 국가 기간 항공물류시설인 인천공항 화물터미널의 안정적인 운영기반을 확보해 나가겠다."고 말했다.

🔑 Keyword

• 소방안전교육 : 화재 시 피난 및 대처 방법 따위를 학습하여 위기 상황이 발생했을 때 효율적인 초기 대처를 할 수 있도록 지식과 기술 등을 가르치는 일이다.

📱 예상 면접 질문

Q 소방안전교육을 통해 인천국제공항공사가 더욱 발전할 수 있는 부분에 대해 말해 보시오.

Q 미래에는 대부분의 화재 시스템 설비를 무인으로 대체할 예정이지만 그에 따른 사건 사고도 종종 일어나고 있다. 이에 대한 인천국제공항공사의 대비책으로는 무엇이 있는지 말해 보시오.

시험장 TIP

합격 선배들이 알려주는
인천국제공항공사 소방직 필기시험 합격기

"하나의 목표를 잡고 꾸준히 노력하라!"

안녕하세요. 저는 2021년 상반기 인천국제공항공사 소방직에 합격하게 된 합격생입니다. 저의 공부 방법에 대해 소개해보도록 하겠습니다.

우선 저는 어느 공기업을 집중적으로 준비할지부터 정했습니다. 학교를 다닐 때는 공부에만 온전히 집중할 수 없어서 NCS가 무엇이고 어떤 식으로 공부해야 하는지만 알아보기 급급했습니다. 확인해 본 결과, NCS가 들어가는 시험은 대부분 필기시험에서 고득점을 받는 것이 가장 중요했습니다. 이전에 공기업 준비를 진행하던 기본기가 남아있어 문제들의 유형에 대해서는 익숙했기 때문에, 이론과 기출 문제를 여러 번 풀어보는 식으로 공부를 진행했습니다. 암기할 부분은 헷갈리지 않게 준비하고, 문제를 반복해서 풀어 제 것으로 만드는 방식으로 학습해나갔습니다. 제가 특히 부족하다고 생각한 문제해결능력은 합격노트를 구입해서 집중 공략하는 시간을 가졌습니다.

추가로 소방직에 필요한 직무지식은 이전에 공무원 공부를 한 경험으로 인해 쉽게 접근할 수 있었습니다. SD에듀의 기본서에서도 문제 위주로 나와있어 실전문제를 적용하는 데 큰 도움이 되었습니다.

시험을 준비하면서 승산이 있을지에 대해 걱정이 많았습니다. 목표를 먼저 설정하고 차근차근 공부한 결과, 합격할 수 있었기 때문에 이 부분에 대해 걱정하는 분들이 있다면 저 같은 사례도 있다는 것을 알려드리고 싶습니다. 취업준비가 쉽지는 않지만 항상 끝은 있기 마련이니 열심히 준비하셔서 다들 꼭 원하는 곳으로 입사하셨으면 좋겠습니다!

인천국제공항공사를 준비하시는 다른 분들께 도움이 될지는 모르겠지만, 제가 쓴 후기글이 조금이나마 도움이 되길 바랍니다. 모두들 힘내세요!

이 책의 목차

이 책의 목차

Add+

2021년 주요 공기업
NCS 기출복원문제

| 코레일 한국철도공사 / 의사소통능력

01 다음 글의 핵심 내용으로 가장 적절한 것은?

BMO 금속 및 광업 관련 리서치 보고서에 따르면 최근 가격 강세를 지속해 온 알루미늄, 구리, 니켈 등 산업금속들의 4분기 중 공급부족 심화와 가격 상승세가 전망된다. 산업금속이란 산업에 필수적으로 사용되는 금속들을 말하는데, 앞서 제시한 알루미늄, 구리, 니켈뿐만 아니라 비교적 단단한 금속에 속하는 은이나 금 등도 모두 산업에 많이 사용될 수 있는 금속이므로 산업금속의 카테고리에 속한다고 할 수 있다. 이러한 산업금속은 물품을 생산하는 기계의 부품으로서 필요하기도 하고, 전자제품 등의 소재로 쓰이기도 하기 때문에 특정 분야의 산업이 활성화되면 특정 금속의 가격이 뛰거나 심각한 공급난을 겪기도 한다.

지난 4일 금융투자업계에 따르면 최근 전세계적인 경제 회복 조짐과 함께 탈 탄소 트렌드, 즉 '그린 열풍'에 따른 수요 증가로 산업금속 가격이 초강세이다. 런던금속거래소에서 발표한 자료에 따르면 올해 들어 지난달까지 알루미늄은 20.7%, 구리는 47.8%, 니켈은 15.9% 각 가격이 상승했다. 자료에서도 알 수 있듯이 구리 수요를 필두로 알루미늄, 니켈 등 전반적인 산업금속 섹터의 수요량이 증가하였다. 이는 전기자동차 산업의 확충과 관련이 있다. 전기자동차의 핵심적인 부품인 배터리를 만드는 데 구리와 니켈이 사용되기 때문이다. 이때, 배터리 소재 중 니켈의 비중을 높이면 배터리의 용량을 키울 수 있으나 배터리의 안정성이 저하된다. 기존의 전기자동차 배터리는 니켈의 사용량이 높았기 때문에 더욱 안정성 문제가 제기되어 왔다. 그래서 연구 끝에 적정량의 구리를 배합하는 것이 배터리 성능과 안정성을 모두 향상시키기 위해서 중요하다는 것을 밝혀내었다. 구리가 전기자동차 산업의 핵심 금속인 셈이다.

이처럼 전기자동차와 배터리 등 친환경 산업에 필수적인 금속들의 수요는 증가하는 반면, 세계 각국의 환경 규제 강화로 인해 금속의 생산은 오히려 감소하고 있기 때문에 산업금속에 대한 공급난과 가격 인상이 우려되고 있다.

① 전기자동차의 배터리 성능을 향상하는 기술
② 세계적인 '그린 열풍' 현상 발생의 원인
③ 필수적인 산업금속 공급난으로 인한 문제
④ 전기자동차 산업 확충에 따른 산업금속 수요의 증가 상황
⑤ 탈 탄소 산업의 대표 주자인 전기자동차 산업

02 다음 글의 논지를 강화하기 위한 내용으로 옳지 않은 것은?

> 뉴턴은 이렇게 말했다. "플라톤은 내 친구이다. 아리스토텔레스는 내 친구이다. 하지만 진리야말로 누구보다 소중한 내 친구이다." 케임브리지에서 뉴턴에게 새로운 전환점을 준 사람이 있다. 수학자이며 당대 최고의 교수였던 아이작 배로우(Isaac Barrow)였다. 배로우는 뉴턴에게 수학과 기하학을 가르치고 그의 탁월함을 발견하여 후원자가 됐다. 이처럼 뉴턴은 타고난 천재가 아니라, 자신의 피나는 노력과 위대한 스승들의 도움을 통해 후천적으로 키워진 것이다.
>
> 뉴턴이 시대를 관통하는 천재로 여겨진 것은 "사과는 왜 땅에 수직으로 떨어질까?"라는 질문에서 시작했다. 이 질문을 던진 지 20여 년이 지나고 마침내 모든 물체가 땅으로 떨어지는 것은 지구 중력에 의한 만유인력이라는 개념을 발견한 것이 계기가 되었다. 사과가 떨어지는 것을 관찰하여 온갖 질문을 던지고, 새로운 가설을 만든 후에 그것을 증명하기 위해 오랜 시간 연구하고 실험을 한 결과가 위대한 발견으로 이어진 것이다. 위대한 발명이나 발견은 어느 한 순간 섬광처럼 오는 것이 아니다. 시작 단계의 작은 아이디어가 질문과 논쟁을 통해 점차 다른 아이디어들과 충돌하고 합쳐지면서 숙성의 시간을 갖고, 그런 후에야 세상에 유익한 발명이나 발견이 나오는 것이다.
>
> 이전부터 천재가 선천적인 것인지, 후천적인 것인지에 관한 논란은 계속되어 왔다. 과거에는 천재가 신적인 영감을 받아 선천적으로 탄생한다는 주장이 힘을 얻었다. 플라톤의 저서 『이온』에도 음유시인이 기술이나 지식이 아닌 신적인 힘과 영감을 받는 존재임이 언급된다. 그러나 아리스토텔레스의 『시학』은 『이온』과 조금 다른 관점을 취하고 있다. 기본적으로 시가 모방미학이라는 입장은 같지만, 아리스토텔레스는 이것이 신적인 힘을 모방한 것이 아닌 인간의 모방이라고 믿었다.
>
> 최근 연구에 의하면 천재라 불리는 모든 사람들이 선천적으로 타고난 것이 아니고 후천적인 학습을 통해 수준을 점차 더 높은 단계로 발전시켰다고 한다. 선천적 재능과 후천적 학습을 모두 거친 절충적 천재가 각광받는 것이다. 이것이 우리에게 주는 시사점은 비록 지금은 창의적이지 않더라도 꾸준히 포기하지 말고 창의성을 개발하고 실현하는 방법을 배워서 실천한다면 모두가 창의적인 사람이 될 수 있다는 교훈이다. 타고난 천재가 아니고 훈련과 노력으로 새롭게 태어나는 창재(창의적인 인재)로 거듭나야 한다.

① 칸트는 천재가 선천적인 것이라고 하였다.

② 세계적인 발레리나 강수진은 고된 연습으로 발이 기형적으로 변해버렸다.

③ 1만 시간의 법칙은 한 분야에서 전문가가 되기 위해서는 최소 1만 시간의 훈련이 필요하다는 것이다.

④ 뉴턴뿐만 아니라 아인슈타인 역시 끊임없는 연구와 노력을 통해 천재로 인정받았다.

⑤ 신적인 것보다 연습이 영감을 가져다주는 경우가 있다.

03 다음 글에서 공공재·공공자원의 실패에 대한 해결책으로 옳지 않은 것은?

재화와 서비스는 소비를 막을 수 있는지에 따라 배제성이 있는 재화와 배제성이 없는 재화로 분류한 다. 또 어떤 사람이 소비하면 다른 사람이 소비할 기회가 줄어드는지에 따라 경합성이 있는 재화와 경합성이 없는 재화로 구분한다. 공공재는 배제성과 경합성이 없는 재화이며, 공공자원은 배제성이 없으면서 경합성이 있는 재화이다.

공공재는 수많은 사람에게 일정한 혜택을 주는 것으로 사회적으로 반드시 생산돼야 하는 재화이다. 하지만 공공재는 '무임 승차' 문제를 낳는다. 무임 승차 문제란 사람들이 어떤 재화와 서비스의 소비로 일정한 혜택을 보지만, 어떤 비용도 지불하지 않는 것을 말한다. 이런 공공재가 가진 무임 승차 문제 때문에 공공재는 사회 전체가 필요로 하는 수준보다 부족하게 생산되거나 아예 생산되지 않을 수 있다. 어떤 사람이 막대한 비용을 들여 누구나 공짜로 소비할 수 있는 국방 서비스, 치안 서비스 같은 공공재를 제공하려고 하겠는가.

공공재와 마찬가지로 공공자원 역시 원하는 사람이면 누구나 공짜로 사용할 수 있다. 그러나 어떤 사람이 공공자원을 사용하면 다른 사람은 사용에 제한을 받는다. 배제성은 없으나 재화의 경합성만 이 존재하는 이러한 특성 때문에 공공자원은 '공공자원의 비극'이라는 새로운 형태의 문제를 낳는 다. 공공자원의 비극이란 모두가 함께 사용할 수 있는 공공자원을 아무도 아껴 쓰려고 노력하지 않기 때문에 머지않아 황폐해지고 마는 현상이다.

바닷속의 물고기는 어느 특정한 사람의 소유가 아니기 때문에 누구나 잡을 수 있다. 먼저 잡는 사람이 임자인 셈이다. 하지만 물고기의 수량이 한정돼 있다면 나중에 잡는 사람은 잡을 물고기가 없을 수도 있다. 이런 생각에 너도 나도 앞다투어 물고기를 잡게 되면 얼마 가지 않아 물고기는 사라지고 말 것이다. 이른바 공공자원의 비극이 발생하는 것이다. 공공자원은 사회 전체가 필요로 하는 수준보다 지나치게 많이 자원을 낭비하는 결과를 초래한다.

이와 같은 공공재와 공공자원이 가지는 문제를 해결하는 방안은 무엇일까? 공공재는 사회적으로 매우 필요한 재화와 서비스인데도 시장에서 생산되지 않는다. 정부는 공공재의 특성을 가지는 재화와 서비스를 직접 생산해 공급한다. 예를 들어 정부는 국방, 치안 서비스 등을 비롯해 철도, 도로, 항만, 댐 등 원활한 경제 활동을 간접적으로 뒷받침해 주는 사회간접자본을 생산한다. 이때 사회간접자본의 생산량은 일반적인 상품의 생산량보다 예측이 까다로울 수 있는데, 이용하는 사람이 국민 전체이기 때문에 그 수가 절대적으로 많을 뿐만 아니라 배제성과 경합성이 없는 공공재로서의 성격을 띠기 때문에 그러한 면도 있다. 이러한 문제를 해결하기 위해서 국가는 공공투자사업 전 사회적 편익과 비용을 분석하여 적절한 사업의 투자 규모 및 진행 여부를 결정한다.

공공자원은 어느 누구의 소유도 아니다. 너도 나도 공공자원을 사용하면 금세 고갈되고 말 것이다. 정부는 각종 규제로 공공자원을 보호한다. 공공자원을 보호하기 위한 규제는 크게 사용 제한과 사용 할당으로 구분할 수 있다. 사용 제한은 공공자원을 민간이 이용할 수 없도록 막아두는 것이다. 예를 들면 주인이 없는 산을 개발 제한 구역으로 설정하여 벌목을 하거나 개발하여 수익을 창출하는 행위를 할 수 없도록 하는 것이다. 사용 할당은 모두가 사용하는 것이 아닌, 일정 기간에 일정한 사람만 사용할 수 있도록 이용 설정을 해두는 것을 말한다. 예를 들어 어부가 포획할 수 있는 수산물의 수량과 시기를 정해 놓는 법이 있다. 이렇게 되면 무분별하게 공공자원이 사용되는 것을 피하고 사회적으로 필요한 수준에서 공공자원을 사용할 수 있다.

① 항상 붐비는 공용 주차장을 요일별로 이용 가능한 자동차를 정하여 사용한다.
② 주인 없는 목초지에서 풀을 먹일 수 있는 소의 마릿수를 제한한다.
③ 치안 불안 해소를 위해 지역마다 CCTV를 설치한다.
④ 가로수의 은행을 따는 사람들에게 벌금을 부과한다.
⑤ 국립공원에 사는 야생동물을 사냥하지 못하도록 하는 법을 제정한다.

| 코레일 한국철도공사 / 의사소통능력

04 다음 중 (가) ~ (마)에 들어갈 말로 적절하지 않은 것은?

> "언론의 잘못된 보도나 마음에 들지 않는 논조조차도 그것이 토론되는 과정에서 옳은 방향으로 흘러가게끔 하는 것이 옳은 방향이다." 문재인 대통령이 야당 정치인이었던 2014년, 서울외신기자클럽(SFCC) 토론회에 나와 마이크에 대고 밝힌 공개 입장이다. 언론은 _____(가)_____ 해야 한다. 이것이 지역 신문이라 할지라도 언론이 표준어를 사용하는 이유이다.
>
> 2021년 8월 25일, 언론중재법 개정안이 국회 본회의를 통과할 것이 확실시된다. 이에 대해 정부는 침묵으로 일관해 왔다. 청와대 핵심 관계자들은 이 개정안에 대한 입장을 묻는 국내 일부 매체에 영어 표현인 "None of My Business"라는 답을 내놨다고 한다.
>
> 그사이 이 개정안에 대한 국제 사회의 _____(나)_____ 은/는 높아지고 있다. 이 개정안이 시대착오적이며 대권의 오남용이고 더 나아가 아이들에게 좋지 않은 영향을 줄 수 있다는 것이 논란의 요지이다. SFCC는 지난 20일 이사회 전체 명의로 성명을 냈다. 그 내용을 그대로 옮기자면 다음과 같다.
> "_____(다)_____ 내용을 담은 언론중재법 개정안을 국회에서 강행 처리하려는 움직임에 깊은 우려를 표한다."며 "이 법안이 국회에서 전광석화로 처리되기보다 '돌다리도 두들겨 보고 건너라.'는 한국 속담처럼 심사숙고하며 _____(라)_____ 을/를 기대한다."고 밝혔다.
>
> 다만, 언론이 우리 사회에서 발생하는 다양한 전투만을 중계하는 것으로 기능하는 건 _____(마)_____ 우리나라뿐만 아니라 일본 헌법, 독일 헌법 등에서 공통적으로 말하는 것처럼 언론이 자유를 가지고 대중에게 생각할 거리를 끊임없이 던져주어야 한다. 이러한 언론의 기능을 잘 수행하기 위해서는 언론의 힘과 언론에 가해지는 규제의 정도가 항상 적절하도록 절제하는 법칙이 필요하다.

① (가) – 모두가 읽기 쉽고 편향된 어조를 사용하는 것을 지양
② (나) – 규탄의 목소리
③ (다) – 언론의 자유를 심각하게 위축시킬 수 있는
④ (라) – 보편화된 언어 사용
⑤ (마) – 바람직하지 않다.

05 다음 중 (가) ~ (마) 문단에 대한 설명으로 옳은 것은?

> (가) 현재 각종 SNS 및 동영상 게재 사이트에서 흔하게 접할 수 있는 콘텐츠 중 하나가 ASMR이다. 그러다 보니 자주 접하는 ASMR의 이름의 뜻에 대해 다수의 네티즌들이 궁금해 하고 있다. ASMR은 자율감각 쾌락반응으로, 뇌를 자극해 심리적인 안정을 유도하는 것을 말한다.
>
> (나) 힐링을 얻고자 하는 청취자들이 ASMR의 특정 소리를 들으면 이 소리가 일종의 트리거(Trigger)로 작용해 팅글(Tingle : 기분 좋게 소름 돋는 느낌)을 느끼게 한다. 트리거로 작용하는 소리는 사람에 따라 다를 수 있다. 이는 청취자마다 삶의 경험이나 취향 등에서 뚜렷한 차이를 보이기 때문이다.
>
> (다) ASMR 현상은 시각적, 청각적 혹은 인지적 자극에 반응한 뇌가 신체 뒷부분에 분포하는 자율신경계에 신경 전달 물질을 촉진하며 심리적 안정감을 느끼게 한다. 일상생활에서 편안하게 느꼈던 소리를 들으면, 그때 느낀 긍정적인 감정을 다시 느끼면서 스트레스 정도를 낮출 수 있고 불면증과 흥분 상태 개선에 도움이 되며 안정감을 받을 수 있다. 소곤소곤 귓속말하는 소리, 자연의 소리, 특정 사물을 반복적으로 두드리는 소리 등이 담긴 영상 속 소리 등을 예로 들 수 있다.
>
> (라) 최근 유튜버를 비롯한 연예인들이 ASMR 코너를 만들어 대중과 소통 중이다. 요즘은 청포도 젤리나 쿄호 젤리 등 식감이나 씹는 소리가 좋은 음식으로 먹방 ASMR을 하기도 한다. 많은 사람들이 ASMR을 진행하기 때문에 인기 있는 ASMR 콘텐츠가 되기 위해서는 세분화된 분야를 공략하거나 다른 사람들과 차별화하는 전략이 필요하게 되었다.
>
> (마) 독특한 ASMR 채널로 대중의 사랑을 받고 있는 것은 공감각적인 ASMR이다. 공감각은 시각, 청각, 촉각 등 우리의 오감 중에서 하나의 감각만을 자극하는 것이 아니라, 2개 이상의 감각이 결합하여 자극받을 수 있도록 하는 것이다. 공감각적인 ASMR이 많은 인기를 끌고 있는 만큼 앞으로의 ASMR 콘텐츠들은 공감각적인 콘텐츠로 대체될 것이라는 이야기가 대두되었다.

① (가) – ASMR을 자주 접하는 사람들의 특징은 일상에 지친 현대인이다.
② (나) – 많은 사람들이 선호하는 트리거는 소곤거리는 소리이다.
③ (다) – 신체의 자율 신경계가 뇌에 특정 신경 전달 물질을 전달한다.
④ (라) – 연예인들은 일반인보다 ASMR에 많이 도전하는 경향이 있다.
⑤ (마) – 앞으로 ASMR 콘텐츠들은 공감각적인 ASMR로 대체될 전망이다.

06 다음 중 그리스 수학에 대한 내용으로 옳은 것은?

'20세기 최고의 수학자'로 불리는 프랑스의 장피에르 세르 명예교수는 경북 포항시 효자동에 위치한 포스텍 수리과학관 3층 교수 휴게실에서 '수학이 우리에게 왜 필요한가.'를 묻는 첫 질문에 이같이 대답했다.

"교수님은 평생 수학의 즐거움, 학문(공부)하는 기쁨에 빠져 있었죠. 후회는 없나요? 수학자가 안 됐으면 어떤 인생을 살았을까요?"

"내가 굉장히 좋아했던 선배 수학자가 있었어요. 지금은 돌아가셨죠. 그분은 라틴어와 그리스어 등 언어에 굉장히 뛰어났습니다. 그만큼 재능이 풍부했지만 본인은 수학 외엔 다른 일을 안 하셨어요. 나보다 스무 살 위의 앙드레 베유 같은 이는 뛰어난 수학적 재능을 타고 태어났습니다. 하지만 나는 수학적 재능은 없는 대신 호기심이 많았습니다. 누가 써놓은 걸 이해하려 하기보다 새로운 걸 발견 하는 데 관심이 있었죠. 남이 이미 해놓은 것에는 별로 흥미가 없었어요. 수학 논문들도 재미있어 보이는 것만 골라서 읽었으니까요."

"학문이란 과거의 거인들로부터 받은 선물을 미래의 아이들에게 전달하는 일이라고 누군가 이야기 했습니다. 그 비유에 대해 어떻게 생각하세요?"

"학자의 첫 번째 임무는 새로운 것을 발견하려는 진리의 추구입니다. 전달(교육)은 그다음이죠. 우리는 발견한 진리를 혼자만 알고 있을 게 아니라, 출판(Publish : 넓은 의미의 '보급'에 해당하는 원로학자의 비유)해서 퍼트릴 의무는 갖고 있습니다."

장피에르 교수는 고대부터 이어져 온 고대 그리스 수학자의 정신을 잘 나타내고 있다고 볼 수 있다. 그가 생각하는 학자에 대한 입장처럼 고대 그리스 수학자들에게 수학과 과학은 사람들에게 새로운 진리를 알려주고 놀라움을 주는 것이었다. 이때의 수학자들에게 수학이라는 학문은 순수한 앎의 기쁨을 깨닫게 해 주는 것이었다. 그래서 고대 그리스에서는 수학을 연구하는 다양한 학파가 등장했을 뿐만 아니라 많은 사람의 연구를 통해 짧은 시간에 폭발적인 혁신을 이룩할 수 있었다.

① 그리스 수학을 연구하는 학파는 그리 많지 않았다.
② 그리스의 수학자들은 학문적 성취보다는 교육을 통해 후대를 양성하는 것에 집중했다.
③ 그리스 수학은 장기간에 걸쳐 점진적으로 발전하였다.
④ 고대 수학자들에게 수학은 새로운 사실을 발견하는 순수한 학문적 기쁨이었다.
⑤ 그리스 수학은 도형 위주로 특히 폭발적인 발전을 했다.

※ 다음은 N스크린(스마트폰, VOD, PC)의 영향력을 파악하기 위한 방송사별 통합시청점유율과 기존시청
점유율에 대한 자료이다. 이를 통해 이어지는 질문에 답하시오. [7~8]

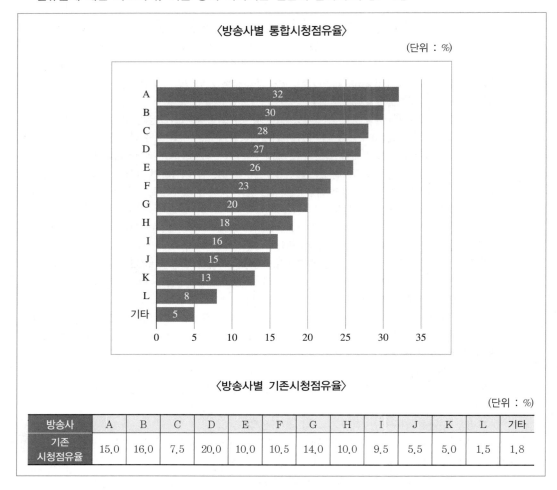

〈방송사별 통합시청점유율〉

(단위 : %)

〈방송사별 기존시청점유율〉

(단위 : %)

방송사	A	B	C	D	E	F	G	H	I	J	K	L	기타
기존 시청점유율	15.0	16.0	7.5	20.0	10.0	10.5	14.0	10.0	9.5	5.5	5.0	1.5	1.8

07 다음 중 방송사별 시청점유율에 대한 설명으로 옳지 않은 것은?

① 통합시청점유율 순위와 기존시청점유율 순위가 같은 방송사는 B, J, K이다.
② 기존시청점유율이 가장 높은 방송사는 D이다.
③ 기존시청점유율이 다섯 번째로 높은 방송사는 F이다.
④ 기타를 제외한 통합시청점유율과 기존시청점유율의 차이가 가장 작은 방송사는 G이다.
⑤ 기타를 제외한 통합시청점유율과 기존시청점유율의 차이가 가장 큰 방송사는 A이다.

08 다음은 N스크린 영향력의 범위를 표시한 그래프이다. (가) ~ (마)의 범위에 들어갈 방송국이 옳게 짝지어진 것은?

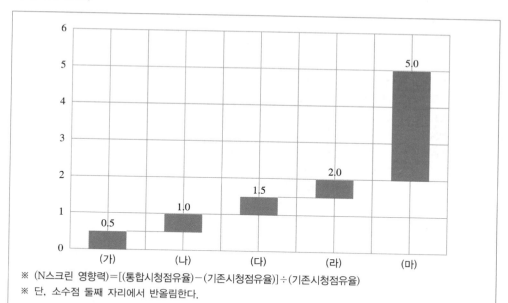

※ (N스크린 영향력)＝[(통합시청점유율)－(기존시청점유율)]÷(기존시청점유율)
※ 단, 소수점 둘째 자리에서 반올림한다.

① (가)＝A
② (나)＝C
③ (다)＝F
④ (라)＝H
⑤ (마)＝K

09 오늘 철도씨는 종합병원에 방문하여 A ~ C과 진료를 모두 받아야 한다. 〈조건〉이 다음과 같을 때, 가장 빠르게 진료를 받을 수 있는 순서는?(단, 주어진 조건 외에는 고려하지 않는다)

> **조건**
> • 모든 과의 진료와 예약은 오전 9시 시작이다.
> • 모든 과의 점심시간은 오후 12시 30분부터 1시 30분이다.
> • A과와 C과는 본관에 있고 B과는 별관동에 있다. 본관과 별관동 이동에는 셔틀로 약 30분이 소요되며, 점심시간에는 셔틀이 운행하지 않는다.
> • A과는 오전 10시부터 오후 3시까지만 진료를 한다.
> • B과는 점심시간 후에 사람이 몰려 약 1시간의 대기시간이 필요하다.
> • A과 진료는 단순 진료로 30분 정도 소요될 예정이다.
> • B과 진료는 치료가 필요하여 1시간 정도 소요될 예정이다.
> • C과 진료는 정밀 검사가 필요하여 2시간 정도 소요될 예정이다.

① A - B - C
② A - C - B
③ B - C - A
④ C - B - A
⑤ C - A - B

10 다음 사례에서 나타난 논리적 오류는?

> 〈사례〉
>
> A : 내가 어제 귀신과 싸워서 이겼다.
> B : 귀신이 있어야 귀신과 싸우지.
> A : 내가 봤다니까. 귀신 없는 거 증명할 수 있어?

① 성급한 일반화의 오류
② 무지에 호소하는 오류
③ 거짓 딜레마의 오류
④ 대중에 호소하는 오류
⑤ 인신공격의 오류

11 한국전력공사의 A팀 가 대리, 나 사원, 다 사원, 라 사원, 마 대리 중 1명이 어제 출근하지 않았다. 이와 관련하여 5명의 직원이 다음과 같이 말했고, 이들 중 2명이 거짓말을 한다고 할 때, 다음 중 출근하지 않은 사람은 누구인가?(단, 출근을 하였어도, 결근 사유를 듣지 못할 수도 있다)

> 가 대리 : 나는 출근했고, 마 대리도 출근했다. 누가 왜 출근하지 않았는지는 알지 못한다.
> 나 사원 : 다 사원은 출근하였다. 가 대리님의 말은 모두 사실이다.
> 다 사원 : 라 사원은 출근하지 않았다.
> 라 사원 : 나 사원의 말은 모두 사실이다.
> 마 대리 : 출근하지 않은 사람은 라 사원이다. 라 사원이 개인 사정으로 인해 출석하지 못한다고 가 대리님에게 전했다.

① 가 대리   ② 나 사원
③ 다 사원   ④ 라 사원
⑤ 마 대리

12 신종 감염병을 해결하기 위해 한 제약사에서 신약 A ~ E를 연구 중에 있다. 최종 임상실험에 가 ~ 마 5명이 지원하였고, 그 결과가 다음과 같을 때 개발에 성공한 신약은?(단, 성공한 신약을 먹으면 반드시 병이 치료된다)

> 가 : A와 B를 먹었고 C는 먹지 않았다. 나머지는 먹었을 수도, 안 먹었을 수도 있다.
> 나 : C와 D를 먹었다. 나머지는 먹었을 수도, 안 먹었을 수도 있다.
> 다 : A와 B를 먹었고 E는 먹지 않았다. 나머지는 먹었을 수도, 안 먹었을 수도 있다.
> 라 : B를 먹었고 A와 D는 먹지 않았다. 나머지는 먹었을 수도, 안 먹었을 수도 있다.
> 마 : A와 D를 먹었고 B, E는 먹지 않았다. 나머지는 먹었을 수도, 안 먹었을 수도 있다.
> ※ 두 명만 병이 치료되었다.
> ※ '나'는 병이 치료되지 않았다.

① A   ② B
③ C   ④ D
⑤ E

※ 다음 자료를 바탕으로 이어지는 질문에 답하시오. [13~14]

<표>

〈지역별 폐기물 현황〉

지역	1일 폐기물 배출량	인구수
용산구	305.2톤/일	132,259명
중구	413.7톤/일	394,679명
종로구	339.9톤/일	240,665명
서대문구	240.1톤/일	155,106명
마포구	477.5톤/일	295,767명

〈지역별 폐기물 집하장 위치 및 이동시간〉

다음은 각 지역별 폐기물 집하장 간 이동에 걸리는 시간을 표시한 것이다.

지역	용산구	중구	종로구	서대문구	마포구
용산구		50분	200분	150분	100분
중구	50분		60분	70분	100분
종로구	200분	60분		50분	100분
서대문구	150분	70분	50분		80분
마포구	100분	100분	100분	80분	

13 1인당 1일 폐기물 배출량이 가장 많은 곳에 폐기물 처리장을 만든다고 한다면, 다음 중 어느 구에 설치해야 하는가?(단, 소수점 셋째 자리에서 반올림한다)

① 용산구
② 중구
③ 종로구
④ 서대문구
⑤ 마포구

14 13번 문제의 결과를 참고하여 폐기물 처리장이 설치된 구에서 폐기물 수집 차량이 출발하여 1인당 1일 폐기물 배출량이 많은 순서대로 수거하고 다시 돌아올 때, 걸리는 최소 시간은?

① 3시간 10분

② 4시간 20분

③ 5시간 40분

④ 6시간 00분

⑤ 7시간 10분

15 다음 주 당직 근무에 대한 일정표를 작성하고 있는데, 작성하고 봤더니 잘못된 점이 보여 수정을 하려 한다. 한 사람만 옮겨 일정표를 완성하려고 할 때, 일정을 변경해야 하는 사람은?

〈당직 근무 규칙〉

• 낮에 2명, 야간에 2명은 항상 당직을 서야 하고, 더 많은 사람이 당직을 설 수도 있다.
• 낮과 야간을 합하여 하루에 최대 6명까지 당직을 설 수 있다.
• 같은 날에 낮과 야간 당직 근무는 함께 설 수 없다.
• 낮과 야간 당직을 합하여 주에 세 번 이상 다섯 번 미만으로 당직을 서야 한다.
• 월요일부터 일요일까지 모두 당직을 선다.

〈당직 근무 일정〉

직원	낮	야간	직원	낮	야간
가	월요일	수요일, 목요일	바	금요일, 일요일	화요일, 수요일
나	월요일, 화요일	수요일, 금요일	사	토요일	수요일, 목요일
다	화요일, 수요일	금요일, 일요일	아	목요일	화요일, 금요일
라	토요일	월요일, 수요일	자	목요일, 금요일	화요일, 토요일
마	월요일, 수요일	화요일, 토요일	차	토요일	목요일, 일요일

① 나

② 라

③ 마

④ 바

⑤ 사

16 H팀은 정기행사를 진행하기 위해 공연장을 대여하려 한다. H팀의 상황을 고려하여 공연장을 대여한다고 할 때, 비용은 얼마인가?

〈공연장 대여비용〉

구분	공연 준비비	공연장 대여비	소품 대여비	보조진행요원 고용비
단가	50만 원	20만 원(1시간)	5만 원(1세트)	5만 원(1인, 1시간)
할인	총비용 150만 원 이상 : 10%	2시간 이상 : 3% 5시간 이상 : 10% 12시간 이상 : 20%	3세트 : 4% 6세트 : 10% 10세트 : 25%	2시간 이상 : 5% 4시간 이상 : 12% 8시간 이상 : 25%

※ 할인은 각 품목마다 개별적으로 적용된다.

〈H팀 상황〉

A : 저희 총예산은 수입보다 많으면 안 됩니다. 티켓은 4만 원이고, 50명 정도 관람할 것으로 예상됩니다.

B : 공연은 2시간이고, 리허설 시간 2시간이 필요하며, 공연 준비 및 정리를 위해 공연 앞뒤로 1시간씩은 필요합니다.

C : 소품은 공연 때 2세트 필요한데, 예비로 1세트 더 준비하도록 하죠.

D : 진행은 저희끼리 다 못하니까 주차장을 관리할 인원 1명을 고용해서 공연 시간 동안과 공연 앞뒤로 1시간씩은 공연장 주변을 정리하게 하죠. 총예산이 모자라면 예비 소품 1세트 취소, 보조진행요원 미고용, 리허설 시간 1시간 축소 순서로 줄이도록 하죠.

① 1,800,000원 ② 1,850,000원
③ 1,900,000원 ④ 2,050,000원
⑤ 2,100,000원

※ 다음은 A기업이 1분기에 해외로부터 반도체를 수입한 거래내역과 거래일의 환율이다. 이어지는 질문에 답하시오. [17~18]

날짜	수입	환율
1월	4달러	1,000원/달러
2월	3달러	1,120원/달러
3월	2달러	1,180원/달러

※ (평균 환율)= $\dfrac{(총\ 원화금액)}{(환전된\ 총\ 달러금액)}$

17 다음 중 1분기 평균환율은 얼마인가?

① 1,180원/달러 　　　　　② 1,120원/달러
③ 1,100원/달러 　　　　　④ 1,080원/달러

18 현재 창고에 A기업이 수입한 반도체 재고가 200달러만큼 존재할 때, **17**번 문제에서 구한 평균환율로 환산한 창고 재고 금액은 얼마인가?

① 200,000원 　　　　　② 216,000원
③ 245,000원 　　　　　④ 268,000원

19 둘레길이가 456m인 호수 둘레를 따라 가로수가 4m 간격으로 일정하게 심어져 있다. 출입구에 심어져 있는 가로수를 기준으로 6m 간격으로 재배치하려고 할 때, 새롭게 옮겨 심어야 하는 가로수는 최소 몇 그루인가?(단, 불필요한 가로수는 제거한다)

① 38그루 　　　　　② 37그루
③ 36그루 　　　　　④ 35그루

※ 다음은 국민건강보험공단의 여비규정에 대한 자료이다. 이어지는 질문에 답하시오. [20~21]

〈국내여비 정액표〉

구분		대상	가군	나군	다군
운임	항공운임		실비(1등석/비지니스)	실비(2등석/이코노미)	
	철도운임		실비(특실)		실비(일반실)
	선박운임		실비(1등급)	실비(2등급)	
	자동차운임	버스운임	실비		
		자가용승용차운임	실비		
일비(1일당)			2만 원		
식비(1일당)			2만 5천 원	2만 원	
숙박비(1박당)			실비	실비(상한액 : 서울특별시 7만 원, 광역시·제주도 6만 원, 그 밖의 지역 5만 원)	

〈실비 단가(1일당 상한액)〉

구분	가군	나군	다군
항공운임	100만 원	50만 원	
철도운임	7만 원		3만 원
선박운임	50만 원	20만 원	
버스운임	1,500원		
자가용승용차운임	20만 원		
숙박비	15만 원	–	–

20 지난 주 출장을 다녀온 A부장의 출장 내역이 다음과 같을 때, A부장이 받을 수 있는 최대 여비는?

〈A부장 출장 내역〉

- 2박 3일 동안 가군으로 출장을 간다.
- 항공은 첫째 날과 셋째 날에 이용한다.
- 철도는 첫째 날과 둘째 날에 이용한다.
- 자가용은 출장 기간 동안 매일 이용한다.

① 315만 5천 원 ② 317만 원
③ 317만 5천 원 ④ 318만 원

21 다음 중 영업팀 3명이 각각 다른 군으로 출장을 간다면, 영업팀이 받는 총 여비는?

〈영업팀 출장 내역〉

- 1박 2일 동안 출장을 간다.
- 비용은 최대로 받는다.
- 항공은 첫째 날에 이용한다.
- 선박은 둘째 날에 이용한다.
- 기차는 출장 기간 동안 매일 이용한다.
- 버스는 출장 기간 동안 매일 이용한다.
- 자가용은 출장 기간 동안 매일 이용한다.
- 나군은 서울에 해당한다.
- 다군은 제주도에 해당한다.

---

① 485만 9천 원

② 488만 6천 원

③ 491만 6천 원

④ 497만 9천 원

22 다음은 국민건강보험공단의 재난적 의료비 지원사업에 대한 자료이다. 이에 대해 바르게 알고 있는 사람을 〈보기〉에서 모두 고르면?

〈재난적 의료비 지원사업〉

• 개요
질병·부상 등으로 인한 치료·재활 과정에서 소득·재산 수준 등에 비추어 과도한 의료비가 발생해 경제적 어려움을 겪게 되는 상황으로 의료비 지원이 필요하다고 인정된 사람에게 지원합니다.

• 대상질환
1. 모든 질환으로 인한 입원환자
2. 중증질환으로 외래진료를 받은 환자
※ 중증질환 : 암, 뇌혈관, 심장, 희귀, 중증난치, 중증화상질환

• 소득기준
– 기준중위소득 100% 이하 : 지원 원칙(건보료 기준)
– 기준중위소득 100 ~ 200% 이하 : 연소득 대비 의료비부담비율을 고려해 개별심사 후 지원
※ 재산 과표 5.4억 원 초과 고액재산보유자는 지원 제외

• 의료비기준
1회 입원에 따른 가구의 연소득 대비 의료비 발생액[법정본인부담, 비급여 및 예비(선별)급여 본인부담]기준금액 초과 시 지원
– 기초생활수급자, 차상위계층 : 80만 원 초과 시 지원
– 기준중위소득 50% 이하 : 160만 원 초과 시 지원
– 기준중위소득 100% 이하 : 연소득의 15% 초과 시 지원

보기

가 : 18세로 뇌혈관 치료 때문에 외래진료를 받은 학생에게 이 사업에 대해 알려주었어. 학생의 집은 기준중위소득 100%에 해당되기 때문에 지원을 받을 수 있을 거야.

나 : 이번에 개인 환자로 입원했는데, 200만 원이 나왔어. 기준중위소득 50%에 해당되는데 지원금을 받을 수 있어 다행이야.

다 : 어머니가 심장이 안 좋으셔서 외래진료를 받고 있는데 돈이 많이 들어. 기준중위소득 200%에 속하는데 현금은 없지만 재산이 5.4억 원이어서 공단에서 지원하는 사업에 지원도 못하고 요즘 힘드네.

라 : 요즘 열이 많이 나서 근처 병원으로 통원 치료를 하고 있어. 기초생활수급자인 내 형편으로 볼 때, 지원금을 받는 데 문제없겠지?

① 가, 나　　　　　　　　　② 가, 다
③ 나, 다　　　　　　　　　④ 다, 라

※ 다음은 국민건강보험공단의 조직도와 2022년도 개편기준에 대한 자료이다. 이어지는 질문에 답하시오. [23~24]

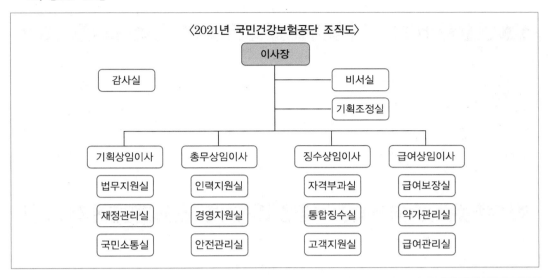

〈2021년 국민건강보험공단 조직도〉

〈2022년 조직 개편기준〉

- 급여상임이사 소속으로 의료기관지원실, 건강관리실, 보장지원실을 추가한다.
- 정보화 시대에 맞춰 빅데이터 전략본부를 조직한다.
- 이사장 직속인 기획조정실을 기획상임이사 소속으로 이동한다.
- 총무상임이사 소속인 안전관리실을 안전관리본부로 새롭게 개편한다.
- 인재개발원을 신설 부서로 만들어 이사장 직속 부서로 추가한다.
- 급여상임이사 소속인 급여보장실과 급여관리실은 하나의 부서인 급여지원실로 통합한다.

❘ 국민건강보험공단 / 문제해결능력

23 다음 중 2021년 국민건강보험공단 조직도를 잘못 이해한 직원은?

① A사원 : 각 상임이사 소속으로는 3개의 부서가 있다.
② B사원 : 우리 공단 이사장 직속 부서로는 비서실, 기획조정실, 감사실이 있다.
③ C대리 : 급여보장실은 급여관리실과 같은 소속이다.
④ D대리 : 자격부과실과 고객지원실은 이사장에게 바로 보고하지 않는다.

❘ 국민건강보험공단 / 문제해결능력

24 다음 중 2022년 조직 개편기준에 따라 개편한 내용으로 옳지 않은 것은?

① 급여상임이사 소속 부서는 5개가 될 것이다.
② 징수상임이사 소속 부서는 개편이 되어도 변하는 내용이 없을 것이다.
③ 기획상임이사 소속으로 기획조정실이 추가될 것이다.
④ 총무상임이사 소속 부서는 인력지원실, 경영지원실, 안전관리실이 될 것이다.

※ 다음은 노트북 상품에 대한 자료이다. 이어지는 질문에 답하시오. [25~26]

<표>

〈노트북별 정보〉

노트북	가격	속도	모니터	메모리	제조년도
TR-103	150만 원	1.8GHz	13.3인치	4GB	2021년 5월
EY-305	200만 원	1.9GHz	14.5인치	6GB	2021년 4월
WS-508	110만 원	1.7GHz	14인치	3GB	2021년 1월
YG-912	160만 원	2GHz	15인치	5GB	2021년 3월
NJ-648	130만 원	2.1GHz	15인치	2GB	2021년 4월

※ 속도가 높을수록 성능이 좋다.
※ 메모리 용량이 클수록 성능이 좋다.

〈노트북 평가 점수〉

1위	2위	3위	4위	5위
5점	4점	3점	2점	1점

〈노트북 구입 조건〉

• 같은 순위가 있을 경우 동순위로 하고 차순위는 다다음 순위로 한다.
  예 1위가 TR-103, 2위가 EY-305이고 3위가 WS-508와 YG-912로 동점일 때, 마지막 NJ-648는 5위
  이다.
• 가격은 낮을수록 점수가 높다.
• 속도는 빠를수록 점수가 높다.
• 모니터는 크기가 클수록 점수가 높다.
• 메모리는 용량이 클수록 점수가 높다.
• 제조년도는 최근 것일수록 점수가 높다.
• 순위가 높은 순서대로 점수를 높게 측정한다.

| 한국산업인력공단 / 자원관리능력

25 A사원은 평가 점수의 합이 가장 높은 노트북을 구입하려고 한다. 다음 중 어떤 노트북을 구입하겠
는가?

① TR-103   ② EY-305
③ WS-508   ④ YG-912
⑤ NJ-648

26 한국산업인력공단은 총 600만 원의 예산으로 5대의 노트북을 구입하려 한다. 노트북 구입 시 모니터 크기 대신 노트북 무게를 기준으로 삼는다고 할 때, 노트북의 무게는 YG-912, TR-103, NJ-648, EY-305, WS-508 순서로 가볍다. 무게가 가벼울수록 점수가 높을 경우, 공단에서 구입할 노트북은?(단, 5대 이상의 노트북을 구입할 경우 노트북별 할인율에 따라 할인을 제공한다)

〈할인율〉				
TR-103	EY-305	WS-508	YG-912	NJ-648
10%	할인 없음	10%	10%	30%

① TR-103
② EY-305
③ WS-508
④ YG-912
⑤ NJ-648

27 Q운송업체는 A ~ I지점에서 물건을 운반한다. 본사에서 출발하여 B지점과 D지점에서 물건을 수거하고, 본사로 돌아와 물건을 하차하는 데 걸리는 최소시간은?(단, 모든 지점을 다 거칠 필요는 없다)

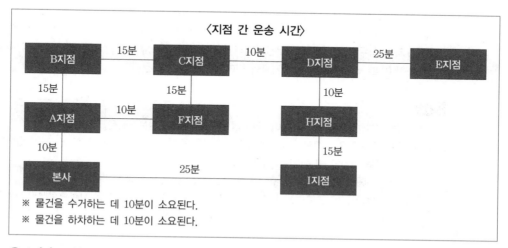

※ 물건을 수거하는 데 10분이 소요된다.
※ 물건을 하차하는 데 10분이 소요된다.

① 1시간 50분
② 2시간
③ 2시간 5분
④ 2시간 10분
⑤ 2시간 15분

28 다음은 한국산업인력공단의 임직원행동강령 제25조의 일부이다. 이를 근거로 바르게 말한 사람을 〈보기〉에서 모두 고르면?

제25조[금품 등의 수수(收受) 금지]

① 임직원은 직무 관련 여부 및 기부·후원·증여 등 그 명목에 관계없이 동일인으로부터 1회에 100만 원 또는 매 회계연도에 300만 원을 초과하는 금품 등을 받거나 요구 또는 약속해서는 아니 된다.

② 임직원은 직무와 관련하여 대가성 여부를 불문하고 제1항에서 정한 금액 이하의 금품 등을 받거나 요구 또는 약속해서는 아니 된다.

③ 제37조의 외부강의 등에 관한 사례금 또는 다음 각 호의 어느 하나에 해당하는 금품 등은 제1항 또는 제2항에서 수수(收受)를 금지하는 금품 등에 해당하지 아니한다.

   1. 공공기관의 장이 소속 임직원이나 파견 임직원에게 지급하거나 상급자가 위로·격려·포상 등의 목적으로 하급자에게 제공하는 금품 등

   2. 원활한 직무수행 또는 사교·의례 또는 부조의 목적으로 제공되는 음식물·경조사비·선물 등으로서 별표 2-2에서 정하는 가액 범위 안의 금품 등

   3. 사적 거래(증여는 제외한다)로 인한 채무의 이행 등 정당한 권원(權原)에 의하여 제공되는 금품 등

   4. 임직원의 친족(민법 제777조에 따른 친족을 말한다)이 제공하는 금품 등

   5. 임직원과 관련된 직원상조회·동호인회·동창회·향우회·친목회·종교단체·사회단체 등이 정하는 기준에 따라 구성원에게 제공하는 금품 등 및 그 소속 구성원 등 임직원과 특별히 장기적·지속적인 친분관계를 맺고 있는 자가 질병·재난 등으로 어려운 처지에 있는 임직원에게 제공하는 금품 등

   6. 임직원의 직무와 관련된 공식적인 행사에서 주최자가 참석자에게 통상적인 범위에서 일률적으로 제공하는 교통, 숙박, 음식물 등의 금품 등

   7. 불특정 다수인에게 배포하기 위한 기념품 또는 홍보용품 등이나 경연·추첨을 통하여 받는 보상 또는 상품 등

   8. 그 밖에 사회상규(社會常規)에 따라 허용되는 금품 등

④ 임직원은 제3항 제5호에도 불구하고 같은 호에 따라 특별히 장기적·지속적인 친분관계를 맺고 있는 자가 직무관련자 또는 직무관련임직원으로서 금품 등을 제공한 경우에는 그 수수 사실을 별지 제10호 서식에 따라 소속기관의 장에게 신고하여야 한다.

보기

A : 대가성 여부나 직무와 상관없이 매년 300만 원을 초과하는 금품을 받을 수 없어.

B : 장기적·지속적으로 친분관계를 맺고 있고, 같은 공단에 근무하는 친우로부터 개인 질병에 대한 지원금을 400만 원을 받은 경우는 신고하지 않아도 돼.

C : 상업자 G씨에게 1년 동안 단 한 번, 150만 원을 받은 경우에는 문제가 되지 않아.

D : 작년에 같은 공단에 근무하는 사촌을 금전적으로 도와주었고, 지난 달 사촌으로부터 200만 원을 받았어. 그러나 직무와 상관없어 신고하지는 않았어.

① A, B
② A, C
③ A, D
④ B, D
⑤ C, D

29 다음은 한국산업인력공단 일학습병행 운영규칙이다. 자료에 대한 설명으로 옳지 않은 것은?

〈한국산업인력공단 일학습병행 운영규칙〉

제2조(정의)

이 규칙에서 사용하는 용어의 뜻은 다음과 같다.

1. '사업주'란 고용보험 성립신고 적용 단위의 학습기업 사업주를 말하며, 개인 또는 법인이 될 수 있다.
2. '사업장'이란 고용보험 성립신고 적용 개별 단위사업장으로서 학습기업의 지정단위가 되며 동일한 사업주하에 2개 이상의 사업장이 존재할 수 있다.
3. '훈련과정'이란 학습기업으로 지정된 이후 법 제11조 제1항에 따른 일학습병행을 실시할 수 있는 직종(이하 '일학습병행 직종'이라 한다) 및 해당 직종별 교육훈련기준(이하 '교육훈련기준'이라 한다)을 활용하여 학습기업에 맞게 개발된 규정 제2조 제5호에 따른 일학습병행과정을 말한다.
4. '학습도구'란 학습근로자의 훈련내용, 평가사항 등을 정리하여 제시한 자료를 말한다.
5. '훈련과정 개발·인정시스템(이하 'PDMS'라 한다)'이란 훈련과정 개발신청, 개발, 인정신청, 인정 등 절차를 관리할 수 있도록 운영하는 전산시스템을 말한다.
6. '모니터링'이란 훈련현장 방문, 전화, 면담, 훈련진단, 컨설팅 및 근로자직업능력 개발법 제6조에 따른 직업능력개발정보망(이하 'HRD-Net'이라 한다) 등을 통하여 얻은 훈련 관련 자료의 조사·분석으로 훈련실태 및 직업능력개발훈련 사업의 부정·부실 등 문제점을 파악하고 이를 시정하거나 연구용역·제도개선 등에 활용하는 일련의 업무를 말한다.
7. '일학습병행 지원기관'이란 일학습병행 기업 발굴, 컨설팅, 홍보 등을 지원하는 일학습전문지원센터, 특화업종(특구) 지원센터, 관계부처전담기관을 말한다.

---

① 학습도구에는 학습근로자의 훈련내용이 정리된 자료여야 한다.
② PDMS는 훈련과정 개발신청부터 인정까지 모든 절차를 관리한다.
③ 특화업종(특구) 지원센터는 일학습병행 지원기관에 속한다.
④ 본사와 지사가 있는 사업장은 신청할 수 없다.
⑤ 한 사업주가 10개의 사업장을 가질 수 있다.

30 다음은 NCS의 정의와 도입 영향에 대한 글이다. 이를 근거로 추론 가능한 효과로 옳지 않은 것은?

- NCS(National Competency Standards : 국가직무능력표준)란?
  산업현장에서 직무를 수행하는 데 필요한 능력(지식, 기술, 태도)을 국가가 표준화한 것으로, 교육
  훈련·자격에 NCS를 활용하여 현장중심의 인재를 양성할 수 있도록 지원하고 있다.
- NCS 도입 영향
  1. 직업훈련으로 이직률이 감소하였다.
  2. 교육훈련 프로그램으로 숙련도는 증가하였고, 이직률은 감소하였다.
  3. 교육훈련 프로그램으로 현장기반 실무를 익힐 수 있게 되었고, 로열티를 지급하는 관행을 깰
     수 있게 되었다.
  4. NCS를 활용하여 교육과정을 설계함으로써 체계적으로 교육훈련과정을 운영할 수 있고, 이를
     통해 산업현장에서 필요로 하는 실무형 인재를 양성할 수 있게 되었다.
  5. 국가기술자격을 직무중심(NCS 활용)으로 개선해서 실제로 그 일을 잘할 수 있는 사람이 자격
     증을 취득할 수 있도록 도와준다.
  6. NCS로 직무를 나누고 직무별로, 수준별로 교육하기 시작하면서 신입들의 업무적응력이 눈에
     띄게 빨라졌다.
  7. NCS기반 자격을 설계하여 현장과 교육, 자격의 미스매치가 줄어들었다.

---

① 높은 이직률을 해소하는 데 도움이 된다.
② 로열티를 지급해야 훈련을 받을 수 있다.
③ 업무에 적합한 실무를 익힐 수 있다.
④ 신입사원 교육이 더 쉬워질 수 있다.
⑤ 실무에 필요한 자격을 취득할 수 있다.

31 다음은 한국산업인력공단의 HRD 동향 3월호의 일부이다. 이를 토대로 마련할 수 있는 고용지원 대책으로 옳지 않은 것은?

---

1. 우선 당장 소득이 없어 생계가 불안정한 취약계층 약 81만 명에게 소득안정지원금을 늦어도 3월 초까지 신속하게 지급하기로 했다. 택배, 배달, 프리랜서 긴급고용안정지원금의 경우 기 수혜자 56.7만 명은 2월 초 지급이 완료됐고, 신규 신청한 17만 명에 대해 소득심사 등을 거쳐 3월 초 일괄 지급할 계획이다.

2. 코로나19 장기화로 고용유지에 어려움을 겪고 있는 사업주를 지원하기 위해 올해 계획된 고용유지지원금 지원인원(78만 명)의 52%(40만 명)를 1분기 내 집중적으로 지원하기로 했다. 아울러 자금 여력 부족으로 무급휴직을 선택한 기업에 종사하는 근로자의 생계안정을 위해 올해 한시로 무급휴직지원금 지급기간을 90일 연장(180 → 270일)하여 지원하는 한편, 파견·용역 및 10인 미만 사업장 등 취약사업장 근로자에 대한 고용유지지원도 강화해 나가기로 했다.

3. 고용충격이 가장 클 1분기에 실업자 등 취약계층 보호를 위해 공공·민간부문 일자리사업과 직업훈련도 속도감 있게 추진한다. 1분기에 디지털·신기술 분야 2,000명, 국가기간·전략산업 분야 등 11.5만 명에게 직업훈련을 제공하고, 저소득층 생계비 대부(1 → 2천만 원) 및 훈련수당(11.6 → 30만 원) 확대를 통해 훈련기간 중 저소득층의 생계안정도 함께 지원하기로 했다.

4. 저소득, 청년 등 고용충격 집중계층의 고용안전망 강화도 차질 없이 추진한다. 올해 계획된 국민취업지원제도 목표인원(59만 명)의 32%(18.9만 명)를 1분기에 신속하게 지원하고, 비경제활동 인구로 유입되는 청년층의 구직활동을 촉진하기 위해 1분기에 청년층 5만 명에게 구직 촉진수당(50만 원×6개월) 및 일 경험 프로그램 등 맞춤형 취업지원서비스를 적극 제공할 계획이다.

---

① 중장년층의 일자리를 확대하기 위한 고용정책을 논의해야 한다.
② 당장 소득이 없어 생계가 불안전한 계층을 조사해야 한다.
③ 코로나19의 장기화로 인한 기업의 피해 규모를 파악해야 한다.
④ 실업자에게 맞춤 훈련을 할 수 있는 프로그램을 기획해야 한다.
⑤ 청년들이 구직하는 데 직접적으로 도움이 되는 일자리 마련을 논의해야 한다.

32 A씨는 기간제로 6년을 일하였고, 시간제로 6개월을 근무하였다. 다음과 같은 연차 계산법을 활용하였을 때, A씨의 연차는 며칠인가?(단, 소수점 첫째 자리에서 올림한다)

<연차 계산법>

- 기간제 : [(근무 연수)×(연간 근무 일수)]÷365일×15
- 시간제 : (근무 총 시간)÷365

※ 근무는 1개월을 30일, 1년을 365일로, 1일 8시간 근무로 계산한다.

① 86일   ② 88일
③ 92일   ④ 94일
⑤ 100일

33 다음과 같은 상황에서 A의 의사소통을 저해하는 요소로 가장 적절한 것은?

<상황>

A : B씨, 회의 자료 인쇄했어요?
B : 네? 말씀 안 하셔서 몰랐어요.
A : 아니, 사람이 이렇게 센스가 없어서야. 그런 건 알아서 해야지.

① 상호작용 부족   ② 경쟁적인 메시지
③ 감정의 억제 부족   ④ 잘못된 선입견
⑤ 복잡한 메시지

34 다음 중 업무상 명함 예절로 옳지 않은 것은?

① 명함은 악수하기 전에 건네주어야 한다.
② 명함은 아랫사람이 윗사람에게 먼저 준다.
③ 명함은 오른손으로 준다.
④ 명함을 계속 만지지 않는다.
⑤ 명함을 받으면 바로 명함지갑에 넣지 않고 몇 마디 나눈다.

※ 다음 상황을 보고 이어지는 질문에 답하시오. [35~36]

> **〈상황〉**
>
> 갑, 을, 병, 정, 무가 서로 가위바위보를 한 번씩 해서 이기면 2점, 비기면 1점, 지면 0점인 게임을 하였다. 갑은 유일하게 한 번도 안 졌고, 무는 유일하게 한 번도 못 이겼다.

35 갑, 을, 병, 정, 무 순서대로 점수가 높았고, 총점이 각각 2점씩 차이가 났다면 갑 ~ 무의 점수를 모두 합한 점수로 옳은 것은?

① 19점   ② 20점
③ 21점   ④ 22점
⑤ 23점

36 다음 중 게임에서 결과가 결정되는 판은 몇 번째 판인가?

① 6번째 판   ② 7번째 판
③ 8번째 판   ④ 9번째 판
⑤ 10번째 판

37 다음은 물품을 효과적으로 관리하기 위한 물적자원관리 과정이다. ㉠, ㉡에 들어갈 단어로 적절한 것은?

> 사용 물품과 보관 물품의 구분 → ___㉠___ 및 ___㉡___ 물품으로의 분류 → 물품 특성에 맞는 보관 장소 선정

    ㉠   ㉡   ㉠   ㉡
① 가치   귀중   ② 동일   유사
③ 진가   쓸모   ④ 유용   중요
⑤ 무게   재질

38 다음 중 상향식 기술선택과 하향식 기술선택에 대한 설명으로 옳지 않은 것은?

① 상향식 기술선택은 연구자나 엔지니어들이 자율적으로 기술을 선택한다.

② 상향식 기술선택은 기술 개발자들의 창의적인 아이디어를 활용할 수 있다.

③ 상향식 기술선택은 기업 간 경쟁에서 승리할 수 없는 기술이 선택될 수 있다.

④ 하향식 기술선택은 단기적인 목표를 설정하고 달성하기 위해 노력한다.

⑤ 하향식 기술선택은 기업이 획득해야 하는 대상 기술과 목표기술수준을 결정한다.

39 다음 중 노하우(Know-how)와 노와이(Know-why)에 대한 설명으로 옳은 것은?

① 노와이는 과학자, 엔지니어 등이 가지고 있는 체화된 기술이다.

② 노하우는 이론적인 지식으로서 과학적인 탐구에 의해 얻어진다.

③ 노하우는 Technique 혹은 Art라고도 부른다.

④ 기술은 원래 노와이의 개념이 강했으나, 시간이 지나면서 노와이와 노하우가 결합하게 되었다.

⑤ 노와이는 기술을 설계하고, 생산하고, 사용하기 위해 필요한 정보, 기술, 절차 등을 갖는 데 필요하다.

※ K부서는 보안을 위해 부서원들만 알 수 있는 비밀번호를 생성하려고 한다. 이를 위해 부서원에게 다음과 같은 메일을 보냈다. 이어지는 질문에 답하시오. [40~41]

〈신규 비밀번호 생성방법〉

• 각자의 컴퓨터에 보안을 위해 새로운 비밀번호를 생성하십시오.
• 비밀번호 생성방법은 다음과 같습니다.
  1. 앞 두 자리는 성을 제외한 이름의 첫 자음으로 합니다. → 마동석＝ㄷㅅ
  2. 한글의 경우 대응되는 순서의 알파벳으로 변형합니다. → ㄷ＝C, ㅅ＝G
  3. 세 번째와 네 번째 자리는 생년월일의 일로 합니다. → 10월 3일＝03
  4. 다섯 번째와 여섯 번째 자리는 첫 번째와 두 번째 자리의 알파벳 순서에 3을 더한 알파벳으로 합니다.
     → C＝F, G＝J
  5. 가장 마지막 자리는 직급의 번호로 합니다.
     → (사원＝01, 대리＝11, 과장＝12, 차장＝22, 부장＝03)

┃ 건강보험심사평가원 / 문제해결능력

40 새로 발령을 받은 공효주 사원은 9월 13일생이다. 이 사원이 생성할 비밀번호로 옳은 것은?

① NI13QL11
② NI13QL01
③ NI13JV01
④ NI45QL01
⑤ WK13QL01

┃ 건강보험심사평가원 / 문제해결능력

41 다음 부서원들이 만든 비밀번호 중 잘못 만들어진 비밀번호는?

① 김민경 사원(12월 6일생) → EA06HD01
② 유오성 대리(2월 25일생) → HG25KJ11
③ 손흥민 과장(3월 30일생) → NE30QH12
④ 김연경 차장(11월 14일생) → HA14KD22
⑤ 황희찬 부장(4월 8일생) → NJ08QN03

※ 약품 공급을 위해 관련 업체들을 사전조사한 후 가장 좋은 높은 점수의 업체와 계약을 맺으려고 한다. 이어지는 질문에 답하시오. **[42~43]**

<후보 업체 사전조사 결과>

구분	가격 점수	유통성 점수	안정성 점수
A업체	4	7	9
B업체	5	4	8
C업체	6	10	3
D업체	9	6	7
E업체	7	5	8

조건

- 점수는 선정 위원들이 준 점수를 10점 만점으로 부여한 점수의 평균값이다.
- 각 점수를 모두 합하여 1차 점수를 산정하고, 1차 점수가 높은 후보 업체 3개를 1차 선정한다.
- 안정성이 가장 중요하다고 생각되어 1차 선정된 후보 업체 중 안정성 점수에 1 : 1 : 2 가중치로 합산하여 2차 점수를 산정한다.
- 2차 점수가 가장 높은 1개의 업체를 최종적으로 선정한다. 만일 2차 선정된 후보 업체들의 점수가 동일한 경우, 가격 점수가 가장 높은 후보업체를 선정한다.

| 건강보험심사평가원 / 문제해결능력

42 다음 중 최종적으로 선정될 업체는 어디인가?

① A업체
② B업체
③ C업체
④ D업체
⑤ E업체

| 건강보험심사평가원 / 문제해결능력

43 처음 조사를 할 때 인지도 점수 부분이 빠진 것을 알고 다시 선정하였다. 업체별 인지도 점수가 다음과 같을 때, 최종적으로 선정될 업체는?

<업체별 인지도 점수>

구분	A	B	C	D	E
인지도 점수	6	7	9	5	8

① A업체
② B업체
③ C업체
④ D업체
⑤ E업체

44 건강보험심사평가원 A팀은 9월 연차 계획을 짜고 있다. A팀의 팀장 B는 업무에 지장이 가지 않는 범위 내에서 남은 연차 3일을 연속으로 사용해 가족과 여행을 가고자 한다. 〈조건〉을 토대로 다음 중 B가 여행을 갈 수 있는 날짜는?

조건

- 첫째 주에는 팀원이 연차이므로 연차를 사용할 수 없다.
- 연차는 추석연휴에 붙일 수 없다.
- 매주 월요일에는 부서회의가 있어 연차를 사용할 수 없다.
- 이번 달 안으로 해결해야 하는 프로젝트가 있다. 둘째 주에 2일, 셋째 주에 1일, 넷째 주에 1일 동안 팀장이 포함되어 작업해야 한다. 이 작업은 부서회의가 있는 날에는 하지 않는다.

〈9월 달력〉

일요일	월요일	화요일	수요일	목요일	금요일	토요일
			1	2	3	4
5	6	7	8	9	10	11
12	13	14	15	16	17	18
19	20	21	22	23	24	25
26	27	28	29	30		

※ 주중에만 근무함
※ 20 ~ 22일은 추석 연휴
※ 주말은 휴일이므로 연차는 주중에 사용함

① 8 ~ 10일

② 14 ~ 16일

③ 16 ~ 18일

④ 22 ~ 24일

⑤ 27 ~ 29일

45 다음 중 대기오염에 대한 설명으로 옳지 않은 것은?

공장 굴뚝에서 방출된 연기나 자동차의 배기가스 등의 대기오염물질은 기상이나 지형 조건에 의해 다른 지역으로 이동·확산되거나 한 지역에 농축된다. 대기권 중 가장 아래층인 대류권 안에서 기온의 일반적인 연직 분포는 위쪽이 차갑고 아래쪽이 따뜻한 불안정한 상태를 보인다. 이러한 상황에서, 따뜻한 공기는 위로, 차가운 공기는 아래로 이동하는 대류 운동이 일어나게 되고, 이 대류 운동에 의해 대기오염물질이 대류권에 확산된다.

반면, 아래쪽이 차갑고 위쪽이 따뜻한 경우에는 공기층이 매우 안정되기 때문에 대류 운동이 일어나지 않는다. 이와 같이 대류권의 정상적인 기온 분포와 다른 현상을 '기온 역전 현상'이라 하며, 이로 인해 형성된 공기층을 역전층이라 한다. 기온 역전 현상은 일교차가 큰 계절이나, 지표가 눈으로 덮이는 겨울, 호수나 댐 주변 등에서 많이 발생한다. 또한 역전층 상황에서는 지표의 기온이 낮기 때문에 공기 중의 수증기가 응결하여 안개가 형성되는데, 여기에 오염물질이 많이 포함되어 있으면 스모그가 된다. 안개는 해가 뜨면 태양의 복사열로 지표가 데워지면서 곧 사라지지만, 스모그는 오염물질이 포함되어 있어 오래 지속되기도 한다.

자동차 배기가스는 잘 보이지 않기 때문에 이동 양상을 관찰하기 어렵지만, 공장의 오염물질은 연기 형태로 대량 방출되므로 이동 양상을 관찰하기 쉽다. 연기의 형태는 기온과 바람의 연직 분포에 따라 다른 모양을 보이기 때문이다. 즉, 대기가 불안정하고 강한 바람이 불어 대류 혼합이 심할 때에는 연기의 형태가 환상형을 이룬다. 또, 날씨가 맑고 따뜻할수록 대류 운동이 활발하게 일어나기 때문에 연기가 빨리 분산된다. 반면, 평평하고 반듯한 부채형은 밤이나 이른 새벽에 많이 나타난다. 밤이나 새벽에는 지표가 흡수하는 태양 복사열이 거의 없으므로 지표의 온도가 내려가 역전층이 형성되고 대기가 안정되기 때문이다.

지형이나 건물로 인해 발생하는 난류도 대기오염물질의 이동 양상과 밀접한 관계가 있다. 바람이 건물에 부딪쳐 분리되면 건물 뒤에는 소용돌이가 생기면서 공동(Cavity)이 형성된다. 공동 부분과 바람의 주 흐름 간에는 혼합이 별로 없기 때문에 공동 부분에 오염물질이 흘러 들어가면 장기간 머물게 되고, 그 결과 오염 농도가 증가하게 된다. 이러한 공동은 높은 언덕의 뒷부분에서도 생길 수 있다.

오염물질의 이동 양상은 공장 굴뚝의 높이에 따라서도 달라질 수 있다. 건물 앞에 굴뚝이 위치하고 있다고 하자. 굴뚝이 건물보다 높으면 연기가 건물에 부딪치지 않으므로 오염물질이 멀리까지 날려가지만, 굴뚝이 건물보다 낮으면 오염물질이 건물 뒤편의 공동 부분에 갇히게 된다. 따라서 건물이나 건물 가까이에 굴뚝을 세울 때에는 통상적으로 건물 높이의 2.5배 이상으로 세워야 한다.

① 대기오염물질은 발생 지역에만 있는 것이 아니라 이동을 하기도 한다.

② 공장 굴뚝에서 발생하는 오염물질은 굴뚝의 높이에 따라 이동하는 양상이 달라질 수 있다.

③ 대기가 안정적일 때는 공장의 연기 형태가 환상형을 이룬다.

④ 아래쪽에 차가운 공기가 모이고, 위쪽에 뜨거운 공기가 모이면 그렇지 않은 경우보다 스모그가 생기기 쉽다.

46 다음 기사문을 읽고 한국동서발전에서 시행하는 사업에 대한 설명으로 옳지 않은 것은?

> 한국동서발전이 울산광역시 울주군과 손잡고 친환경 신재생에너지 사업에 나선다. 앞서 한국동서발전은 작년 9월 경기도 파주시에 8MW급 생활 SOC형 연료전지 1호 사업을 성공적으로 준공한 바 있다.
>
> 한국동서발전은 울주군청에서 한국동서발전 사장과 울주군수, 울주군 경제산업국장 등이 참석한 가운데 '울주 미래 희망에너지 타운 조성' 공동추진 상호협력 협약을 체결했다고 밝혔다.
>
> 미래 희망에너지 타운은 탄소중립시대 울주군이 청정에너지 도시로 도약할 수 있도록 울주군 내 유휴부지에 친환경에너지 사업을 추진하는 사업이다. 앞서 한국동서발전은 작년에 경기도 파주시에 8MW급 생활 SOC형 연료전지 1호 사업을 성공적으로 준공한 바 있다.
>
> 이번 협약에 따라 울주군은 사업추진에 필요한 유휴부지 정보 제공 등 행정적 지원을 맡고, 한국동서발전은 태양광·풍력·수소융복합·미래 등 테마별 신재생에너지 사업 추진을 담당한다.
>
> 1단계로 울주군 상천리 지역의 도로 유휴부지를 활용해 태양광(0.6MW)과 연료전지(8MW급)를 융합한 '햇빛상생 발전사업'을 내년 3월 착공을 목표로 추진한다. 이 사업은 도시가스 미공급지역인 상천리 주민 117세대에 도시가스 배관 설치를 지원해 주는 '생활 SOC(사회간접자본)형' 연료전지 발전사업이다.
>
> 한국동서발전은 울주군의 약 70%가 산지임을 감안해 자연환경 훼손이 없도록 건물 지붕 등 입체공간과 장기간 유휴부지를 활용해 신재생에너지 설비를 설치한다. 또 사업 추진 시 지역주민을 대상으로 상시 정보를 공개하고, 이익공유와 지역일자리 창출 등 지역사회와의 상생 방안도 적극 모색할 방침이다.

① 한국동서발전은 연료전지 1호 사업을 울주군에 성공적으로 유치하였다.
② 미래 희망에너지 타운 건설 사업은 친환경적인 목적을 가지고 있다.
③ 여러 가지 신재생에너지 사업 중 가장 먼저 활용될 기술은 태양광이다.
④ 미래 희망에너지 타운 건설은 울주군의 자연환경을 고려하여 자연 파괴가 최소화되는 방향으로 시행될 예정이다.

47 다음 중 기사문의 내용으로 옳지 않은 것은?

> 이산화탄소 감축 목표 달성을 위해 신재생에너지를 활용·확산해야 한다는 목소리가 나왔다. 한국
> 산업인력공단과 한국직업능력연구원은 이런 내용을 담은 'ESG(환경·사회·지배구조)를 통한 녹
> 색기술 인력양성 대응 전략'에 대한 2021년 3분기 이슈브리프를 발간했다. 18개 산업별 인적자원
> 개발위원회(ISC)가 발간한 이슈리포트를 토대로 만들어진 이번 이슈브리프는 친환경 산업 구조의
> 변화를 살펴보고, 이에 대응하기 위한 인력 양성 방안 등이 담겼다. 이슈브리프는 먼저 "세계 각국
> 의 이산화탄소 감축 목표 달성을 위한 실행 전략의 핵심은 신재생에너지를 활용·확산하는 것이므
> 로 다양한 분야에서 기술 개발이 필요하다."고 강조하며 "현장 중심의 실무형 인재 양성을 위해 국
> 가직무능력표준(NCS)을 개발·개선해야 한다."고 제안했다. 그러면서 시멘트 산업에 대해서는 "대
> 표적인 에너지 다소비 업종 중 하나로, 업계는 친환경 원료 개발 등을 통해 온실가스 감축을 위해
> 노력하고 있다."며 "재학생·재직자를 대상으로 한 탄소중립 특화 교육프로그램 등 정부 지원 교육
> 사업을 활성화해야 한다."고 강조했다.
> 이외에도 이슈브리프는 섬유 패션산업과 관련해 "정규교육과정에 친환경 섬유 교육 프로그램을 도
> 입해야 한다."며 "4차 산업혁명에 발맞춰 원·부자재 수급부터 생산, 최종제품 판매, 소비까지 전
> 과정을 분석해 제품 개발에 반영할 수 있는 인력을 양성해야 한다."고 조언했다.

① 화석에너지 사용을 줄이고 신재생에너지로 대체할 때 이산화탄소를 감축할 수 있다.

② 신재생에너지 기술 개발과 더불어, 친환경 산업 구조에 적합한 인재를 양성하는 것도 중요하다.

③ 에너지를 많이 소비하는 산업에서는 특히나 친환경 산업 교육을 할 필요성이 있다.

④ 경쟁이 치열한 산업 분야에서는 이산화탄소 감축보다 산업 규모 성장을 우선 목표로 해야 한다.

48 다음 중 기사문을 읽고 조력발전소에 대한 설명으로 옳지 않은 것은?

조력발전이 다시 주목받고 있다. 민주당 의원은 2021년 10월 18일 환경부 산하기관 대상 국정감사에서 시화호 사례를 들어 새만금 조력발전 필요성을 제기했다. 수질 악화로 몸살을 앓고 있는 새만금호에 조력발전소를 설치해 해수 유통을 실시하여 전기를 생산한다면 환경도 살리고 깨끗한 에너지도 얻을 수 있다는 논리이다. 6월 4일 환경부 장관은 시화호에서 열린 환경의 날 기념식에서 "중기 계획 중 하나로 조력발전을 확대하는 것에 대한 예비타당성조사가 계획된 상태"라며, "타당성조사 등을 검토한 후에 진행해 나갈 것"이라고 말했다.

하지만 조력발전이 해양생태계를 파괴한다는 상반된 주장도 제기된 바 있다. 2010년 시화호에 조력발전소를 설치할 당시 환경단체들은 "조력발전소가 갯벌을 죽이고 해양생태계를 파괴한다."고 주장한 바 있다. 어업으로 생활을 영위하는 주민들도 설립 초기에 생태계 파괴 우려로 반대의 목소리가 높았다.

1994년, 6년 7개월간의 공사 끝에 방조제 끝막이 공사가 완료되고 시화호는 바다로부터 분리됐다. 그로부터 2년 후 인근 공단 지역에서 흘러든 오염물질로 인해 시화호는 죽음의 호수로 전락했다. 착공 전부터 수질오염에 대한 우려가 끊임없이 제기됐지만 개발 위주의 정책을 바꾸기엔 역부족이었다. 착공 당시 중동 건설경기 침체로 인해 갈 곳을 잃은 건설근로자와 장비들을 놀리지 않고, 국내경기를 활성화하며 대규모 산업단지가 들어설 '새 땅'을 확보하겠다는 목표를 세웠기 때문에 환경피해에 대한 고려는 우선순위에 들어가지 않았다.

정부는 부랴부랴 담수 방류를 결정하고 하수처리장 신·증설 등 수질개선 대책을 내놨지만 눈에 띄는 성과가 나타나지 않았다. 2000년에는 담수화 계획을 전면 포기했고, 이듬해 해수 상시 유통을 결정했다. 2002년 12월 시화호 방조제에 조력발전소를 건설하기로 확정하고 2004년부터 착공에 들어갔다. 2011년 준공된 시화호 조력발전소는 시설용량 254MW의 세계최대 조력발전소로 기록됐다.

조력발전소의 발전은 밀물이 들어오는 힘으로 수차 발전기를 돌려 전기를 생산하는 방식이다. 썰물 때는 수차가 작동하지 않고 배수만 진행되며, 지난해 12월까지 44억kWh의 전기를 생산했다. 이 발전소에서 연간 생산되는 전력량은 인구 40만~50만 명의 도시 소비량과 맞먹는다.

제방을 터 바다로 물을 흘려보내고 밀물이 들어오게 하면서 수질은 개선됐다. 상류 주거지역과 공단 지역의 하수처리 시설을 확충하면서 오염물질 유입량이 줄어든 것도 수질 개선을 도왔다.

현재 시화호 지역은 눈에 띄게 환경이 개선됐다. 1997년에 17.4mg/L에 이르던 연도별 평균 COD는 해수 유통 이후 낮아졌고, 2020년엔 2.31mg/L를 기록했다. 수질평가지(WQI)에 의한 수질 등급은 정점 및 시기별로 변화가 있지만 2020년의 연평균 수질은 II등급으로 개선됐다. 수질이 개선되면서 시화호 지역의 생태계도 살아나고 있다.

조력발전이 생태계를 살려냈다고 하기보다는 담수화 포기, 해수유통의 영향이라고 보는 것이 타당하다. 조력발전은 해수유통을 결정한 이후 배수 갑문으로 흘러 나가는 물의 흐름을 이용해 전기를 생산하는 것으로 해수유통의 부차적 결과물이기 때문이다.

① 조력발전소에서는 밀물을 통해 전기를 생산하고 있으며, 최근 주목받고 있는 발전소이다.

② 시화호 발전소의 1년 전기 생산량으로 인구 40만의 도시에 전기 공급이 가능하다.

③ 조력발전소가 설치된 이후 시화호의 수질이 악화되었으나, 해수유통을 통해 다시 수질을 회복할 수 있었다.

④ 우리나라에 세계 최대 규모의 조력발전소가 있다.

49 다음은 이번 달 O사원의 초과 근무 기록이다. O사원의 연봉은 3,600만 원이고, 시급 산정 시 월평균 근무시간은 200시간이다. O사원이 받는 야근 및 특근 수당은 모두 얼마인가?(단, 소득세는 고려하지 않는다)

〈이번 달 초과 근무 기록〉

일요일	월요일	화요일	수요일	목요일	금요일	토요일
			1	2 18:00 ~19:00	3	4
5 09:00 ~11:00	6	7 19:00 ~21:00	8	9	10	11
12	13	14	15 18:00 ~22:00	16	17	18 13:00 ~16:00
19	20 19:00 ~20:00	21	22	23	24	25
26	27	28	29 19:00 ~23:00	30 18:00 ~21:00	31	

〈초과 근무 수당 규정〉

- 평일 야근 수당은 시급에 1.2배를 한다.
- 주말 특근 수당은 시급에 1.5배를 한다.
- 식대는 10,000원을 지급하며(야근·특근 수당에 포함되지 않는다), 평일 야근 시 20시 이상 근무할 경우에 지급한다(주말 특근에는 지급하지 않는다).
- 야근시간은 오후 7 ~ 10시이다(초과시간 수당 미지급).

① 265,500원
② 285,500원
③ 300,000원
④ 310,500원
⑤ 330,500원

50 다음 글을 읽고 시력 저하 예방 사업과 그 핵심 내용의 연결로 옳지 않은 것은?

> 예전에 비해 안경이나 콘택트렌즈 등 일상생활을 영위하기 위해 시력 보조 도구를 사용해야 하는 사람들이 증가하고 있는 추세이다. 이는 모니터나 서류 같은 시각 자료들을 오랫동안 보아야 하는 현대인들의 생활 패턴과도 관계가 있다고 할 수 있다. 근시와 난시 같은 시력 저하의 문제도 심각하지만, 그와 별개로 안압 증가 등의 이유로 시력에 영구적인 손상을 입어 시각 장애 판정을 받거나, 사고로 실명이 될 수도 있다. 옛말에 몸이 천 냥이라면 눈이 구백 냥이라는 말이 있듯이, 시력은 우리 생활에서 중요한 부분을 차지하기 때문에 문제가 생겼을 때, 그만큼 일상생활조차 힘들어질 수 있다. 그래서 한국실명예방재단에서는 다양한 이유로 생길 수 있는 시력 저하에 대해서 예방할 수 있는 여러 사업을 시행하고 있다.
>
> 첫 번째로 '눈 건강 교육'을 시행하고 있다. 눈 건강 교육 사업이란 흔히 노안이라고 하는 노인 저시력 현상 원인에 대한 교육과 전문가들의 상담을 제공함으로써, 노인 집단에서 저시력 위험군을 선별하여 미리 적절한 치료를 받을 수 있도록 하고 개안 수술, 재활 기구 및 재활 훈련을 지원하는 사업이다. 노인분들을 대상으로 하는 사업이기 때문에 어르신들의 영구적인 시각 장애나 실명 등을 예방할 수 있고, 특히 의료 서비스에서 소외되어 있는 취약 계층의 어르신들께 큰 도움이 될 수 있다. 또한, 비슷한 맥락에서 취약 계층의 눈 건강 보호를 위하여 '안과 취약지역 눈 검진' 사업 또한 시행하고 있다. 안과 관련 진료를 받기 힘든 의료 사각지대에 있는 취약계층에 해당하는 어르신과 어린이, 외국인 근로자를 대상으로 안과의사 등 전문 인력을 포함한 이동검진팀이 지역을 순회하면서 무료 안과검진을 실시하고 있다. 눈 관련 질병은 조기에 발견하여 치료를 받으면 치료의 효과가 극대화될 수 있기 때문에 정기적인 안과검진이 더욱 중요하다. 그러나 정기적인 검진을 받기 힘든 분들을 위하여 이동검진을 통한 조기발견과 적기 치료를 추구하고 있다. 재단은 전국 시·군·구 보건소로부터 검진신청을 받아 안과의사를 포함한 이동 안과 검진팀이 의료장비와 약약, 돋보기를 준비하여 환자에게 치료 및 상담과 수술이 필요한 저소득층에게는 지역 안과와 연계하여 수술비를 지원하고 있다. 안과 취약지역 눈 검진 일정은 매년 초 지역 시·군·구보건소에서 재단에 신청, 일정을 편성하고 있으며, 개별신청은 받지 않는다.

① 눈 건강 교육 - 저시력 문제에 취약한 노인층을 사업의 대상으로 한다.
② 눈 건강 교육 - 사업을 통해 개안 수술과 재활 훈련을 지원받을 수 있다.
③ 안과 취약지역 눈 검진 - 취약 계층 안구 질환의 조기발견과 적기 치료가 사업의 목표이다.
④ 안과 취약지역 눈 검진 - 수술이 필요한 경우 서울에 위치한 재단 연계 병원에서 수술받게 된다.
⑤ 안과 취약지역 눈 검진 - 보건소를 통하지 않고 개인이 직접 신청할 수는 없다.

PART 1

직업기초능력검사

CHAPTER 01

의사소통능력

합격 CHEAT KEY

의사소통능력은 평가하지 않는 공사·공단이 없을 만큼 필기시험에서 중요도가 높은 영역이다. 또한, 일부 공사·공단을 제외하고 의사소통능력의 문제 출제 비중은 가장 높은 편이다. 이러한 점을 볼 때, 의사소통능력은 공사·공단 NCS를 준비하는 수험생이라면 반드시 정복해야 하는 과목이다.

국가직무능력표준에 따르면 의사소통능력의 세부 유형은 문서이해, 문서작성, 의사표현, 경청, 기초외국어로 나눌 수 있다. 문서이해·문서작성과 같은 제시문에 대한 주제, 일치 문제의 출제 비중이 높으며, 공문서·기획서·보고서·설명서 등 문서의 특성을 파악하는 문제도 일부 공사·공단에서 출제되고 있다. 따라서 이러한 분석을 바탕으로 전략을 세우는 것이 매우 중요하다.

01 문제에서 요구하는 바를 먼저 파악하라!

의사소통능력에서 가장 중요한 것은 제한된 시간 안에 빠르고 정확하게 답을 찾아내는 것이다. 그러기 위해서는 우리가 의사소통능력을 공부하는 이유를 잊지 말아야 한다. 우리는 지식을 쌓기 위해 의사소통능력 지문을 보는 것이 아니다. 의사소통능력에서는 지문이 아니라 문제가 주인공이다! 지문을 보기 전에 문제를 먼저 파악해야 한다. 주제 찾기 문제라면 첫 문장과 마지막 문장 또는 접속어를 주목하자! 내용일치 문제라면 지문과 문항의 일치 / 불일치 여부만 파악한 뒤 빠져 나오자! 지문에 빠져드는 순간 소중한 시험 시간은 속절없이 흘러 버린다!

02 잠재되어 있는 언어능력을 발휘하라!

의사소통능력에는 끝이 없다! 의사소통의 방대함에 포기한 적이 있는가? 세상에 글은 많고 우리가 학습할 수 있는 시간은 한정적이다. 이를 극복할 수 있는 방법은 다양한 글을 접하는 것이다. 실제 시험장에서 어떤 내용의 지문이 나올지 아무도 예측할 수 없다. 따라서 평소에 신문, 소설, 보고서 등 여러 글을 접하는 것이 필요하다. 잠재되어 있는 글에 대한 안목이 시험장에서 빛을 발할 것이다.

03 상황을 가정하라!

업무 수행에 있어 상황에 따른 언어 표현은 중요하다. 같은 말이라도 상황에 따라 다르게 해석될 수 있기 때문이다. 그런 의미에서 자신의 의견을 효과적으로 전달할 수 있는 능력을 평가하는 것은 당연하다. 따라서 다양한 상황에서의 언어표현능력을 함양하기 위한 연습의 과정이 요구된다. 업무를 수행하면서 발생할 수 있는 여러 상황을 가정하고 그에 따른 올바른 언어표현을 정리하는 것이 필요하다. 의사표현 영역의 경우 출제 빈도가 높지는 않지만 상황에 따른 판단력을 평가하는 문항인 만큼 대비하는 것이 필요하다.

04 말하는 이의 입장에서 생각하라!

잘 듣는 것 또한 하나의 능력이다. 상대방의 이야기에 귀 기울이고 공감하는 태도는 업무를 수행하는 관계 속에서 필요한 요소이다. 그런 의미에서 다양한 상황에서의 듣는 능력을 평가하는 것이다. 말하는 이가 요구하는 듣는 이의 태도를 파악하고, 이에 따른 판단을 할 수 있도록 언제나 말하는 사람의 입장이 되는 연습이 필요하다.

05 반복만이 살길이다!

학창 시절 외국어를 공부하던 때를 떠올려 보자! 셀 수 없이 많은 표현들을 익히기 위해 얼마나 많은 반복의 과정을 거쳤는가? 의사소통능력 역시 그러하다. 하나의 문제 유형을 마스터하기 위해 가장 중요한 것은 바로 여러 번, 많이 풀어 보는 것이다.

┌ 연속출제 ┐

다음은 노인장기요양보험법의 일부 내용이다. 다음 중 법령을 잘못 이해 한 것은?

제4조 국가 및 지방자치단체의 책무 등

① 국가 및 지방자치단체는 노인이 일상생활을 혼자서 수행할 수 있는 온전한 심신상태를 유지하는 데 필요한 사업(이하 "노인성질환예방사업"이라 한다)을 실시하여야 한다.

② 국가는 노인성질환예방사업을 수행하는 지방자치단체 또는 국민건강보험법에 따른 국민건강보험공단(이하 "공단"이라 한다)에 대하여 이에 소요되는 비용을 지원할 수 있다. ❷

③ 국가 및 지방자치단체는 노인인구 및 지역특성 등을 고려하여 장기요양급여가 원활하게 제공될 수 있도록 적정한 수의 장기요양기관을 확충하고 장기요양기관의 설립을 지원하여야 한다.

④ 국가 및 지방자치단체는 장기요양급여가 원활히 제공될 수 있도록 공단에 필요한 행정적 또는 재정적 지원을 할 수 있다. ❸

… (생략) …

제6조 장기요양기본계획

① 보건복지부장관은 노인 등에 대한 장기요양급여를 원활하게 제공하기 위하여 5년 단위로 다음 각 호의 사항이 포함된 장기요양기본계획을 수립·시행하여야 한다. ❶

　1. 연도별 장기요양급여 대상인원 및 재원조달 계획

　2. 연도별 장기요양기관 및 장기요양전문인력 관리 방안

　3. 장기요양요원의 처우에 관한 사항

　4. 그 밖에 노인 등의 장기요양에 관한 사항으로서 대통령령으로 정하는 사항

② 지방자치단체의 장은 제1항에 따른 장기요양기본계획에 따라 세부시행계획을 수립·시행하여야 한다. ❹

---

① 보건복지부장관은 5년 단위로 장기요양기본계획을 수립한다.　　　── 국가

✅ 노인성질환예방사업을 수행하는 데에 소요되는 비용은 지방자치단체 가 지원한다.

③ 국가는 공단의 장기요양급여 제공에 있어 행정적 또는 재정적으로 지원한다.

④ 장기요양기본계획에 따른 세부시행계획은 지방자치단체의 장이 수립·시행한다.

풀이순서

1) 질문의도
　: 법령이해

2) 선택지 키워드 찾기

3) 지문독해
　: 선택지와 비교

4) 정답도출

📋 **유형 분석**
- 주어진 지문을 읽고 일치하는 선택지를 고르는 전형적인 독해 문제이다.
- 지문은 주로 신문기사(보도자료 등), 업무 보고서, 시사 등이 제시된다.
- 대체로 지문이 긴 경우가 많아 푸는 시간이 많이 소요된다.

　응용문제 : 지문의 주제를 찾는 문제나 지문의 핵심내용을 근거로 추론하는 문제가 출제된다.

📋 **풀이 전략**　　먼저 선택지의 키워드를 체크한 후, 지문의 내용과 비교하며 내용의 일치유무를 신속히 판단한다.

문서이해 ②

┌연속출제┐

다음은 외국인 건강보험 제도변경에 대한 안내문이다. 다음 안내문을 이해한 내용 으로 적절하지 않은 것은?

〈외국인 건강보험 제도변경 안내〉

- 6개월 이상 체류하는 경우 건강보험 당연 가입
  - 유학 또는 결혼이민의 경우는 입국하여 외국인 등록한 날 가입 ❶
    ※ 가입 제외 신청 대상 : 외국의 법령·보험 및 사용자의 계약에 따라 법 제41조에 따른 요양 급여에 상당하는 의료보장을 받을 수 있는 경우
- 자격은 등록된 체류지(거소지)에 따라 개인별로 관리(취득)되며, 건강보험료도 개인별로 부과
  - 다만, 같은 체류지(거소지)에 배우자 및 만 19세 미만 자녀와 함께 거주하여 가족 단위로 보험료 납부를 원하는 경우에는 가족관계를 확인할 수 있는 서류를 지참하여 방문 신청 필요 ❷
- 매월 25일까지 다음 달 보험료 납부 ❺-1
- 보험료 미납하면 불이익 발생
  - 병·의원 이용 시 건강보험 혜택 제한
  - 비자 연장 등 각종 체류 허가 제한(법무부 출입국·외국인 관서) ❹
  - 기한을 정하여 독촉하고, 그래도 납부하지 않으면 소득, 재산, 예금 등 압류하여 강제 징수 ❺-2
    ※ 건강보험 혜택은 대한민국 국민과 동일(입원, 외래진료, 중증질환, 건강검진 등) ❸

① 외국인 유학생 A씨의 경우 체류 기간과 관계없이 외국인 등록을 한 날에 건강보험에 가입된다.
② 배우자와 국내에 함께 체류 중인 외국인 B씨가 가족 단위로 보험료를 납부하고자 할 경우에는 별도의 신청이 필요하다.
✔ 보험료를 매월 납부하고 있는 외국인 C씨의 경우 외래진료 시에는 보험 혜택을 받을 수 있지만, 건강검진은 제공되지 않는다.
④ 보험료가 미납된 외국인 D씨가 비자 연장을 신청할 경우 신청이 제한될 수 있다.
⑤ 건강보험에 가입된 외국인 E씨는 보험료를 매월 25일까지 납부하여야 하며, 독촉 기한에도 납부하지 않을 경우 소득이나 재산이 압류될 수 있다.

풀이순서

1) 질문의도
   : 내용이해 → 적용

2) 지문파악

4) 지문독해
   : 선택지와 비교

3) 선택지 키워드 찾기

📋✓ **유형** 분석
- 주어진 지문에 대한 이해를 바탕으로 유추할 수 있는 내용을 고르는 문제이다.
- 지문은 주로 업무 보고서, 기획서, 보도자료 등이 제시된다.
- 일반적인 독해 문제와는 달리 선택지의 내용이 애매모호한 경우가 많으므로 꼼꼼히 살펴보아야 한다.

📋✓ **풀이** 전략
주어진 지문이 어떠한 내용을 다루고 있는지 파악한 후 선택지의 키워드를 체크한다. 그리고 나서 지문의 내용에서 도출할 수 있는 내용을 선택지에서 찾아야 한다.

┌ 연속출제 ┐
다음 중 밑줄 친 단어와 의미가 유사한 것은?

> 흑사병은 페스트균에 의해 발생하는 급성 열성 감염병으로, 쥐에 기생하는 벼룩에 의해 사람에게 전파된다. 국가위생건강위원회의 자료에 따르면 중국에서는 최근에도 <u>간헐적</u>으로 흑사병 확진 판정이 나온 바 있다. 지난 2014년에는 중국 북서부에서 38세의 남성이 흑사병으로 목숨을 잃었으며, 2016년과 2017년에도 각각 1건씩 발병 사례가 확인됐다.

① 근근이
☑ 이따금
⑤ 흔히

② 자못
④ 빈번히

풀이순서

1) 질문의도
   : 유의어

2) 지문파악
   : 문맥을 보고 단어의 뜻 유추

3) 정답도출

📋 **유형 분석**
- 주어진 지문에서 밑줄 친 단어의 유의어를 찾는 문제이다.
- 자료는 지문, 보고서, 약관, 공지 사항 등 다양하게 제시된다.
- 다른 문제들에 비해 쉬운 편에 속하지만 실수를 하기 쉽다.

응용문제 : 틀린 단어를 올바르게 고치는 등 맞춤법과 관련된 문제가 출제된다.

📋 **풀이 전략** 앞뒤 문장을 읽어 문맥을 파악하여 밑줄 친 단어의 의미를 찾는다.

┌─연속출제─┐

다음 중 공문서 작성 요령 으로 적절하지 않은 것은?

① 전문 용어 사용을 지양한다.
✔ 1. → 1) → (1) → 가. → 가)와 같이 항목을 순서대로 표시한다.
③ 첨부물이 있다면 붙임 표시문 다음에 '끝'을 표시한다.
④ 뜻을 정확하게 전달하기 위해 괄호 안에 한자를 함께 적을 수 있다.
⑤ 쌍점(:)은 앞말에 붙여 쓰고 뒷말과는 띄어 쓴다.

풀이순서

1) 질문의도
 : 문서작성 방법

2) 선택지 확인
 : 공문서 작성법

3) 정답도출
 : 공문서의 번호체계
 는 1. → 가. → (1)
 → (가) → 1)과 같
 이 적용한다.

PART 1
PART 2
PART 3
PART 4

📋 **유형 분석**
- 실무에서 적용할 수 있는 공문서 작성 방법의 개념을 익히고 있는지 평가하는 문제이다.
- 지문은 실제 문서 형식, 조언하는 말하기, 조언하는 대화가 주로 제시된다.

응용문제 : 문서 유형별 문서작성 방법에 대한 내용이 출제된다. 맞고 틀리고의 문제가 아니라 적합한 방법을 묻는 것이기 때문에 구분이 안 되어 있으면 틀리기 쉽다.

📋 **풀이 전략**
공문서 작성법을 익히고 해당 내용이 올바르게 적용되었는지 파악한다.

┌ 연속출제 ┐

다음 빈칸에 들어갈 경청 단계 가 차례대로 연결된 것은?

<경청의 5단계>

단계	경청 정도	내용
㉠	0%	상대방은 이야기를 하지만, 듣는 사람에게 전달되는 내용은 하나도 없는 단계
㉡	30%	상대방의 이야기를 듣는 태도는 취하고 있지만, 자기 생각 속에 빠져 있어 이야기의 내용이 전달되지 않는 단계
㉢	50%	상대방의 이야기를 듣기는 하나, 자신이 듣고 싶은 내용을 선택적으로 듣는 단계
㉣	70%	상대방이 어떤 이야기를 하는지 내용에 집중하면서 듣는 단계
㉤	100%	상대방의 이야기에 집중하면서 의도와 목적을 추측하고, 이해한 내용을 상대방에게 확인하면서 듣는 단계

	㉠	㉡	㉢	㉣	㉤
①	선택적 듣기	무시	듣는 척하기	공감적 듣기	적극적 듣기
②	듣는 척하기	무시	선택적 듣기	적극적 듣기	공감적 듣기
③	듣는 척하기	무시	선택적 듣기	공감적 듣기	적극적 듣기
✓	무시	듣는 척하기	선택적 듣기	적극적 듣기	공감적 듣기

풀이순서

1) 질문의도
   : 경청 방법

2) 지문파악
   : 경청 정도에 따른
     단계

3) 정답도출

📋 **유형 분석**
- 경청 단계에 대해 이해하고 있는지를 묻는 문제이다.
- 경청 방법에 대한 지식이 있어도 대화 상황이나 예가 제시되었을 때 그 자료를 해석하지 못하면 소용이 없다. 지식과 예를 연결지어 학습해야 한다.

  응용문제 : 경청하는 태도와 방법에 대한 질문, 경청을 방해하는 요인 등의 지식을 묻는 문제들이 출제된다.

📋 **풀이 전략**   경청하는 단계에 대한 지식을 익히고 문제에 적용한다.

┌연속출제┐

다음 제시문에 나타난 의사소통의 저해요인으로 가장 적절한 것은?

> '말하지 않아도 알아요.' TV 광고 음악에 많은 사람이 공감했던 것과 같이 과거 우리 사회에서는 자신의 의견을 직접적으로 드러내지 않는 것을 미덕이라고 생각했다. 하지만 직접 말하지 않아도 상대가 눈치껏 판단하고 행동해주길 바라는 '눈치' 문화가 오히려 의사소통 과정에서의 불신과 오해를 낳는다.

① 의사소통 기법의 미숙
② 부족한 표현 능력
③ 평가적이며 판단적인 태도
✔ 선입견과 고정관념
⑤ 폐쇄적인 의사소통 분위기

풀이순서

1) 질문의도
   : 의사소통 저해요인

2) 지문파악
   : 과거의 미덕
     → 불신과 오해

3) 정답도출
   : 사회적으로 미덕으로 인식되던 긍정적 고정관념이 시대가 변함에 따라 불신과 오해를 낳는 이유가 되었다는 것이 제시문의 내용이다.

 유형 분석
- 상황에 적합한 의사표현법에 대한 이해를 묻는 문제이다.
- 의사표현 방법에 대한 지식이 있어도 대화 상황이나 예가 제시되었을 때 그 자료를 해석하지 못하면 소용이 없다. 지식과 예를 연결지어 학습해야 한다.

  응용문제 : 의사표현방법, 의사표현을 방해하는 요인 등의 지식을 묻는 문제들이 출제된다.

풀이 전략 의사소통의 저해요인에 대한 지식을 익히고 문제에 적용한다.

01 다음 글을 통해 추론할 수 있는 사실로 옳은 것은?

> 매이먼의 루비 레이저가 개발된 이후 기체, 액체, 고체, 반도체 등의 매질로 많은 종류의 레이저가 만들어졌으며 그들의 특성은 다양하다. 하지만 모든 레이저광선은 기본적으로 단일한 파장과 방향성을 가진 광자로 이루어져 있고, 거의 완벽하게 직진하므로 다른 방향으로 퍼지지 않는다. 또한 렌즈를 통해 극히 작은 점에 빛을 수렴시킬 수 있다. 이는 다양한 광자로 이루어져 있고, 다른 방향으로 쉽게 퍼지며, 렌즈를 통해서 쉽게 수렴이 되지 않는 보통의 빛과 크게 다른 점이다.
>
> 이러한 특성들을 바탕으로 레이저광선은 보통의 빛이 도저히 할 수 없는 일을 해내고 있다. 공중에 원하는 글자나 멋진 그림을 펼쳐 보이고, CD의 음악을 재생한다. 제조업에서는 레이저광선으로 다양한 물체를 정밀하게 자르거나 태우고, 의사는 환자의 수술에 레이저광선을 활용한다. 단위 시간에 엄청난 양의 통신 정보를 실어 나를 수 있는 통신 매체의 기능을 하기도 한다. 이제 레이저는 현대의 거의 모든 제품과 서비스에 막대한 영향을 끼치는 최첨단 기술로 자리 잡았다.

① 레이저광선은 빛의 성질을 닮아 다른 방향으로 쉽게 퍼지지 않는다.
② 보통의 빛은 단일한 파장과 방향성을 갖는 광자로 이루어져 있다.
③ 빛의 특성을 잘 이용한다면, 보통의 빛을 통해서도 CD의 음악을 재생할 수 있다.
④ 반도체 레이저의 광선은 서로 다른 파장과 방향성을 가진 광자로 이루어져 있다.
⑤ 레이저는 과거보다 현재 더 높은 경제적 가치를 지닌다.

02 다음 글을 읽고 나눈 대화로 적절하지 않은 것은?

식사 후 달고 시원한 수박 한 입이면 하루 종일 더위에 지친 몸이 되살아나는 느낌이다. 한 번 먹기 시작하면 쉽게 멈추기가 힘든 수박, 때문에 살찔 걱정을 하는 이들도 많다. 그러나 수분이 대부분인 수박은 100g당 21kcal에 불과하다. 당도는 높지만 수분이 대부분을 차지하고 있어 다이어트를 하는 이들에게도 도움이 된다. 또한 수박의 붉은 과육에는 항산화 성분인 라이코펜이 토마토보다 훨씬 더 많이 함유되어 있고, 칼륨이 많아 나트륨을 배출하는 데도 효과적이다.

많은 사람이 수박을 고를 때 수박을 손으로 두들겨 보는데, 이는 수박을 두들겨 경쾌한 소리가 난다면 잘 익었는지를 확인할 수 있기 때문이다. 그런데 이것저것 두들겨도 잘 모르겠다면 눈으로 확인하면 된다. 먼저 수박의 검은색 줄무늬가 진하고 선명한지를 확인하고 꼭지 반대편에 있는 배꼽을 확인한다. 배꼽은 꽃이 떨어진 자리로, 배꼽이 크면 덜 익은 수박일 가능성이 높으며, 작게 여물었으면 대체로 잘 익은 수박일 가능성이 높다.

일반 과일보다 큰 수박을 한 번에 섭취하기란 쉽지 않다. 수박을 반으로 잘라 랩으로 보관하는 경우가 많은데, 이 경우 수박 껍질에 존재하는 세균이 수박 과육까지 침투하여 과육에도 많은 세균이 자랄 수 있다. 따라서 수박을 보관할 때는 수박 껍질에 남아있는 세균과 농약 성분이 과육으로 침투되지 않도록 수박을 깨끗이 씻은 후 과육만 잘라내어 밀폐 용기에 넣어 냉장 보관하는 것이 좋다.

① 갑 : 수박은 손으로 두들겨보았을 때 경쾌한 소리가 나는 것이 잘 익은 거야.
② 을 : 그래도 잘 모르겠다면 배꼽이 큰 것을 고르면 돼.
③ 병 : 다이어트 중이라 일부러 수박을 피했는데, 오히려 도움이 되는 과일이네!
④ 정 : 맞아, 하지만 보관할 때 세균과 농약이 침투하지 않도록 과육만 잘라 보관해야 해.
⑤ 무 : 수박은 라이코펜과 칼륨이 풍부한 과일이구나.

03 다음 문단을 읽고, 이어질 내용을 논리적 순서대로 나열한 것은?

전 세계적으로 온난화 기체 저감을 위한 습지 건설 기술은 아직 보고된 바가 없으며 관련 특허도 없다.

(A) 동남아시아 등에서 습지를 보존하고 복원하는 데 국내 개발 기술을 활용하면
(B) 이산화탄소를 고정하고 메탄을 배출하지 않는 인공 습지를 개발하면
(C) 기존의 목적에 덧붙여 온실가스를 제거하는 새로운 녹색 성장 기술로 사용할 수 있으며
(D) 기술 이전에 따른 별도 효과도 기대할 수 있을 것이다.

① (A) – (B) – (C) – (D)　　　　② (A) – (C) – (B) – (D)
③ (B) – (A) – (C) – (D)　　　　④ (B) – (C) – (A) – (D)
⑤ (A) – (D) – (B) – (C)

04 다음 중 밑줄의 ㉠과 같은 의미로 쓰인 것은?

언어 없이 사고가 불가능하다는 이론도 그렇다. 생각은 있되, 그 생각을 표현할 적당한 말이 없는 경우도 얼마든지 있으며, 생각은 분명히 있지만 말을 잊어서 표현에 곤란을 느끼는 경우도 흔한 것이다. 음악가는 언어라는 매개를 ㉠ 통하지 않고 작곡을 하여 어떤 생각이나 사상을 표현하며, 조각가는 언어 없이 조형을 한다. 또 우리는 흔히 새로운 물건, 새로운 생각을 이제까지 없던 새 말로 만들어 명명하기도 한다.

① 그의 주장은 앞뒤가 잘 통하지 않는다.
② 바람이 잘 통하는 곳에 빨래를 널어야 잘 마른다.
③ 그 시상식은 텔레비전을 통해 전국에 중계되었다.
④ 청소년들은 기성세대와 말이 통하지 않는다고 말한다.
⑤ 부부는 어떤 일을 하든 서로 뜻이 잘 통해야 한다.

05 다음 글의 주장에 대한 비판으로 가장 적절한 것은?

> 사회 현상을 볼 때는 돋보기로 세밀하게, 그리고 때로는 멀리 떨어져서 전체 속에 어떻게 위치하고 있는가를 동시에 봐야 한다. 숲과 나무는 서로 다르지만 따로 떼어 생각할 수 없기 때문이다. 현대 사회 현상의 최대 쟁점인 과학 기술에 대해 평가할 때도 마찬가지이다. 로봇 탄생의 숲을 보면, 그 로봇 개발에 투자한 사람과 로봇을 개발한 사람들의 의도가 드러난다. 그리고 나무인 로봇을 세밀히 보면, 그 로봇이 생산에 이용되는지 아니면 감옥의 죄수들을 감시하기 위한 것인지 그 용도를 알 수가 있다. 이 광범한 기술의 성격을 객관적이고 물질적이어서 가치관이 없다고 쉽게 생각하면 로봇에 당하기 십상이다.
>
> 자동화는 자본주의의 실업을 늘려 실업자에 대해 생계의 위협을 가하는 측면뿐 아니라, 기존 근로자에 대한 감시를 더욱 효율적으로 해내는 역할도 수행한다. 자동화를 적용하는 기업 측에서는 자동화가 인간의 삶을 증대시키는 이미지로 일반 사람들에게 인식되기를 바란다. 그래야 자동화 도입에 대한 노동자의 반발을 무마하고 기업가의 구상을 관철시킬 수 있기 때문이다. 그러나 자동화나 기계화 도입으로 인해 실업을 두려워하고, 업무 내용이 바뀌는 것을 탐탁해 하지 않았던 유럽의 노동자들은 자동화 도입에 대해 극렬히 반대했던 경험들을 갖고 있다.
>
> 지금도 자동화·기계화는 좋은 것이라는 고정관념을 가진 사람들이 많고, 현실에서 이러한 고정관념이 가져오는 파급 효과는 의외로 크다. 예를 들어 은행에 현금을 자동으로 세는 기계가 등장하면 은행원들이 현금을 세는 작업량은 줄어든다. 손님들도 기계가 현금을 재빨리 세는 것을 보고 감탄해 하면서 행원이 세는 것보다 더 많은 신뢰를 보낸다. 그러나 현금 세는 기계의 도입에는 이익 추구라는 의도가 숨어 있다. 현금 세는 기계는 은행원의 수고를 덜어 준다. 그러나 현금 세는 기계를 들여옴으로써 실업자가 생기고 만다. 사람이 잘만 이용하면 잘 써먹을 수 있을 것만 같은 기계가 엄청나게 혹독한 성품을 지닌 프랑켄슈타인으로 돌변하는 것이다.
>
> 자동화와 정보화를 추진하는 핵심 조직이 기업이란 것에서도 알 수 있듯이 기업은 이윤 추구에 도움이 되지 않는 행위는 무가치하다고 판단한다. 그러므로 자동화는 그 계획 단계에서부터 기업의 의도가 스며들어가 탄생된다. 또한 그 의도대로 자동화나 정보화가 진행되면, 다른 한편으로 의도하지 않은 결과를 초래한다. 자동화와 같은 과학 기술이 풍요를 생산하는 수단이라고 생각하는 것은 하나의 고정관념에 불과하다.
>
> 채플린이 제작한 영화 〈모던 타임즈〉에 나타난 것처럼 초기 산업화 시대에는 기계에 종속된 인간의 모습이 가시적으로 드러날 수밖에 없었다. 그래서 이러한 종속에 저항하고자 하는 인간의 노력도 적극적인 모습을 보였다. 그러나 현대의 자동화기기는 그 첨병이 정보 통신기기로 바뀌면서 문제는 질적으로 달라진다. 무인 생산까지 진전된 자동화나 정보 통신화는 인간에게 단순 노동을 반복시키는 그런 모습을 보이지 않는다. 그래서인지는 몰라도 정보 통신은 별 무리 없이 어느 나라에서나 급격하게 개발·보급되고 보편화되어 있다. 그런데 문제는 이 자동화기기가 생산에만 이용되는 것이 아니라, 노동자를 감시하거나 관리하는 데도 이용될 수 있다는 것이다. 오히려 정보 통신의 발달로 이전보다 사람들은 더 많은 감시와 통제를 받게 되었다.

① 기업의 이윤 추구가 사회 복지 증진과 직결될 수 있음을 간과하고 있어.
② 기계화·정보화가 인간의 삶의 질 개선에 기여하고 있음을 경시하고 있어.
③ 기계화를 비판하는 주장만 되풀이할 뿐, 구체적인 근거를 제시하지 않고 있어.
④ 화제의 부분적 측면에 관계된 이론을 소개하여 편향적 시각을 갖게 하고 있어.
⑤ 현대의 기술 문명이 가져다줄 수 있는 긍정적인 측면을 과장하여 강조하고 있어.

06 다음 토론에 대한 설명으로 적절하지 않은 것은?

> 사회자 : 최근 사람들의 교통 편의를 위해 공공 자전거 서비스를 제공하는 지방 자치 단체가 늘고 있습니다. 공공 자전거 서비스 제도는 지방 자치 단체에서 사람들에게 자전거를 무상으로 빌려주어 일상생활에서 이용하게 하는 제도입니다. 이에 대해 '공공 자전거 서비스 제도를 시행해야 한다.'라는 논제로 토론을 하고자 합니다. 먼저 찬성 측 입론해 주십시오.
>
> 찬성 측 : 최근 회사나 학교 주변의 교통 체증이 심각한 상황입니다. 특히, 출퇴근 시간이나 등하교 시간에는 많은 자동차가 한꺼번에 쏟아져 나와 교통 혼잡이 더욱 가중되고 있습니다. 공공 자전거 서비스 제도를 도입하여 많은 사람이 자전거를 이용하여 출퇴근하게 되면 출퇴근이나 등하교 시의 교통 체증 문제를 완화할 수 있을 것입니다. 또한, 공공 자전거 서비스 제도를 시행하면 자동차의 배기가스로 인한 대기 오염을 줄일 수 있고, 경제적으로도 교통비가 절감되어 가계에 도움이 될 것입니다.
>
> 사회자 : 반대 측에서 반대 질의해 주십시오.
>
> 반대 측 : 공공 자전거 서비스 제도를 실시하면 교통 체증 문제를 완화할 수 있다고 하셨는데, 그럴 경우 도로에 자전거와 자동차가 섞이게 되어 오히려 교통 혼잡 문제가 발생하지 않을까요?
>
> 찬성 측 : 자전거 전용 도로를 만들면 자전거와 자동차가 뒤섞여 빚는 교통 혼잡을 막을 수 있어서 말씀하신 문제점을 해결할 수 있습니다.
>
> 사회자 : 이번에는 반대 측에서 입론해 주십시오.
>
> 반대 측 : 공공 자전거 서비스 제도가 도입되면 자전거를 구입하거나 유지하는 데 드는 비용, 자전거 대여소를 설치하고 운영하는 데 드는 경비 등을 모두 지방 자치 단체에서 충당해야 합니다. 그런데 이 비용들은 모두 사람들의 세금으로 마련되는 것입니다. 따라서 자전거를 이용하지 않는 사람들도 공공 자전거 서비스에 필요한 비용을 지불해야 하기 때문에 형평성의 문제가 발생할 수 있습니다. 자신의 세금 사용에 대해 문제를 제기할 수 있는 사람들의 요구를 고려하여 신중한 접근이 필요하다고 봅니다.
>
> 사회자 : 그러면 이번에는 찬성 측에서 반대 질의해 주십시오.
>
> 찬성 측 : 공공 자전거 서비스 제도의 운용 경비를 모두 지방 자치 단체에서 충당해야 한다고 하셨는데, 통계 자료에 따르면 공공 자전거 서비스 제도를 시행하고 있는 지방 자치 단체 열 곳 중 여덟 곳이 공공 자전거 대여소를 무인으로 운영하고 있으며, 운영 경비의 70%를 정부로부터 지원받고 있다고 합니다. 이런 점에서 지방 자치 단체가 운영 경비를 모두 부담한다고 보기 어렵지 않나요? 그리고 공공 자전거 서비스는 사람들 모두가 이용할 수 있는 혜택이므로 세금 사용의 형평성 문제가 발생한다고 보기 어렵다고 생각합니다.
>
> 반대 측 : 물론 그렇게 볼 수도 있습니다만, 정부의 예산도 국민의 세금에서 지출되는 것입니다. 공공 자전거 무인 대여소 설치에 들어가는 비용은 얼마나 되는지, 우리 구에 정부 예산이 얼마나 지원될 수 있는지 등을 더 자세하게 살펴봐야 합니다.

① 반대 측은 형평성을 근거로 공공 자전거 서비스 제도에 대해 문제를 제기하고 있다.

② 찬성 측과 반대 측은 공공 자전거 서비스 시행 시 발생할 수 있는 교통 체증 문제에 대립하는 논점을 가지고 있다.

③ 찬성 측은 공공 자전거 서비스 제도의 효과에 대해 구체적인 근거를 제시하고 있다.

④ 반대 측은 예상되는 상황을 제시해서 찬성 측의 주장에 대해 의문을 제기하고 있다.

⑤ 반대 측은 찬성 측의 주장을 일부 인정하고 있다.

07 다음은 중소기업 방송광고 활성화(제작비) 지원사업 절차이다. 이에 대한 설명으로 옳지 않은 것은?

〈중소기업 방송광고 활성화(제작비) 지원사업 절차〉

사업 시행 공고 (한국방송광고진흥공사)	3월, 7월	홈페이지 등에 공고

⇩

지원 신청(해당 기업)	3월, 7월	• 신청자격 : 이노비즈 등 인증 중소기업으로 접수 마감일 기준 최근 1년 이내 지상파(전국) 또는 종합편성방송사에 방송광고 집행 실적이 없는 기업 • 신청 접수 : (1차) 3월 21일 ~ 4월 1일 　　　　　　　 (2차) 7월 18일 ~ 7월 29일

⇩

지원대상 선정 (지원협의회)	4월, 8월	• 예비심사(필요 시 시행) • 본심사

⇩

사업 수행 협약 체결 (지원대상기업, 한국방송광고진흥공사)	4월, 8월	선정 통보 후 5일 이내 협약 체결

⇩

사업 수행(지원대상기업)	협약 후 3개월 이내	• 방송광고 제작 계약서 제출(협약 후 45일 이내) • 방송광고 제작 • 방송광고 청약

⇩

사업 수행 완료 후 기금 지원 신청(지원대상기업 → 한국방송광고진흥공사)	협약 후 3개월 이내	• 완성된 방송광고물 • 완성된 방송광고물의 제작비 상세 명세서 • 완성된 방송광고물의 방송광고 심의 소재 등록증 • 방송광고 청약서 등과 함께 기금 지원 신청서 제출

⇩

검증 및 기금 지원 결정 (지원협의회)	기금 지원 신청 익월	• 기금 지원 신청 금액 및 완성된 방송광고물의 검증 • 지원협의회 최종 승인 및 지급

① 1차 접수를 원한다면 3월에 사업 시행 공고를 보고 4월 1일까지 신청 접수하면 된다.
② 4월과 8월에 지원협의회에서 지원대상을 선정하는데 모두 예비심사와 본심사를 받아야 한다.
③ 지원대상 선정과 같은 달에 사업 수행 협약을 체결한다.
④ 협약 후 45일 이내에 방송광고 제작 계약서를 제출하고, 3개월 이내에 방송광고물을 제작한다.
⑤ 이노비즈 등 인증 중소기업이어야 지원 신청이 가능하다.

안심Touch

상품을 만들어 파는 사람이 그 수고의 대가를 받고 이익을 누리는 것은 당연하다. 하지만 그 이익이 다른 사람의 고통을 무시하고 얻어진 경우에는 정당하지 않을 수 있다. 제3세계에 사는 많은 환자가, 신약 가격을 개발국인 선진국의 수준으로 유지하는 거대 제약회사의 정책 때문에 고통 속에서 죽어가고 있다. 그 약값을 감당할 수 있는 선진국이 보기에도 이는 이익이란 명분 아래 발생하는 끔찍한 사례이다. 비난의 목소리가 높아지자 제약회사의 대규모 투자자 중 일부는 자신들의 행동이 윤리적인지 고민하기 시작했다. 사람들이 약값 때문에 약을 구할 수 없다는 것은 분명히 잘못된 일이다. 하지만 그렇다고 해서 국가가 제약회사에게 손해를 감수하라는 요구를 할 수는 없다는 데 사태의 복잡성이 있다.

신약을 개발하는 일에는 막대한 비용과 시간이 들며, 그 안전성 검사가 법으로 정해져 있어서 추가 비용이 발생한다. 이를 상쇄하기 위해 제약회사들은 시장에서 최대한 이익을 뽑아내려 한다. 얼마나 많은 환자가 신약을 통해 고통에서 벗어나는가에 대한 관심을 이들에게 기대하긴 어렵다. 그러나 만약 제약회사들이 존재하지 않는다면 신약개발도 없을 것이다.

상업적 고려와 인간의 건강 사이에 존재하는 긴장을 어떻게 해소해야 할까? 제3세계의 환자를 치료하는 일은 응급사항이며, 제약회사들이 자선하리라고 기대하는 것은 비현실적이다. 그렇다면 그 대안은 명백하다. _____ 물론 여기에도 문제는 있다. 이 대안이 왜 실현되기 어려운 걸까? 그 이유가 무엇인지는 우리가 자신의 주머니에 손을 넣어 거기에 필요한 돈을 꺼내는 순간 분명해질 것이다.

① 제3세계에 제공되는 신약 가격을 선진국과 같게 해야 한다.
② 제3세계 국민에게 필요한 신약을 선진국 국민이 구매하여 전달해야 한다.
③ 선진국들은 자국의 제약회사가 제3세계에 신약을 저렴하게 공급하도록 강제해야 한다.
④ 각국 정부는 거대 제약회사의 신약 가격 결정에 자율권을 주어 개발 비용을 보상받을 수 있게 해야 한다.
⑤ 거대 제약회사들이 제3세계 국민을 위한 신약 개발에 주력하도록 선진국 국민이 압력을 행사해야 한다.

다음 글을 읽고 이해한 것으로 가장 적절한 것은?

1896년 『독립신문』 창간을 계기로 여러 가지의 애국가 가사가 신문에 게재되기 시작했는데, 어떤 곡조에 따라 이 가사들을 노래로 불렀는지는 명확하지 않다. 다만 대한제국이 서구식 군악대를 조직해 1902년 '대한제국 애국가'라는 이름의 국가(國歌)를 만들어 나라의 주요 행사에 사용했다는 기록은 남아 있다. 오늘날 우리가 부르는 애국가의 노랫말은 외세의 침략으로 나라가 위기에 처해있던 1907년을 전후하여 조국애와 충성심을 북돋우기 위하여 만들어졌다.

1935년 해외에서 활동 중이던 안익태는 오늘날 우리가 부르고 있는 국가를 작곡하였다. 대한민국 임시정부는 이 곡을 애국가로 채택해 사용했으나 이는 해외에서만 퍼져나갔을 뿐, 국내에서는 광복 이후 정부수립 무렵까지 애국가 노랫말을 스코틀랜드 민요에 맞춰 부르고 있었다. 그러다가 1948년 대한민국 정부가 수립된 이후 현재의 노랫말과 함께 안익태가 작곡한 곡조의 애국가가 정부의 공식 행사에 사용되고 각급 학교 교과서에도 실리면서 전국적으로 애창되기 시작하였다.

애국가가 국가로 공식화되면서 1950년대에는 대한뉴스 등을 통해 적극적으로 홍보가 이루어졌다. 그리고 '국기게양 및 애국가 제창 시의 예의에 관한 지시(1966)' 등에 의해 점차 국가의례의 하나로 간주되었다.

1970년대 초에는 공연장에서 본공연 전에 애국가가 상영되기 시작하였다. 이후 1980년대 중반까지 주요 방송국에서 국기강하식에 맞춰 애국가를 방송하였다. 주요 방송국의 국기강하식 방송, 극장에서의 애국가 상영 등은 1980년대 후반 중지되었으며 음악회와 같은 공연 시 애국가 연주도 이때 자율화되었다.

오늘날 주요 행사 등에서 애국가를 제창하는 경우에는 부득이한 경우를 제외하고 4절까지 제창하여야 한다. 애국가는 모두 함께 부르는 경우에는 전주곡을 연주한다. 다만, 약식 절차로 국민의례를 행할 때 애국가를 부르지 않고 연주만 하는 의전행사(외국에서 하는 경우 포함)나 시상식·공연 등에서는 전주곡을 연주해서는 안 된다.

① 1940년에 해외에서는 안익태가 만든 애국가 곡조를 들을 수 없었다.
② 1990년대 초반에는 국기강하식 방송과 극장에서의 애국가 상영이 의무화되었다.
③ 오늘날 우리가 부르는 애국가의 노랫말은 1896년 『독립신문』에 게재되지 않았다.
④ 시상식에서 애국가를 부르지 않고 연주만 하는 경우에는 전주곡을 연주할 수 있다.
⑤ 안익태가 애국가 곡조를 작곡한 해로부터 대한민국 정부 공식 행사에 사용될 때까지 채 10년이 걸리지 않았다.

10 다음 글에서 맞춤법이 틀린 단어는 모두 몇 개인가?

> **관심지구 알리미**
> '관심지구 알리미'란 K공단은 콜센터로 분양 및 임대를 받고자 하는 관심지구를 등록한 고객에 대하여 해당지구 모집공고 시 안내사항을 장문메시지(LMS; Long Message Service)로 발송해 드리는 서비스입니다.
>
> 1. **등록기간**
>   월 ～ 금요일, 오전 9시 ～ 오후 6시(주말과 공휴일은 관심지구 등록이 제공되지 안습니다)
> 2. **등록방법**
>   • 국번 없이 1600-1004
>   일반통화요금이 부가되며, 별도의 정보이용료는 없습니다.
>   • 관심지구 알리미 서비스는 1인에 한하여 3개 지역(시, 군, 구 단위)까지 신청가능하며, 신청한 지역벌 1개의 공급유형을 선택하실 수 있습니다.
>   • 등록일 기준 1년간 서비스되며, 기간만료 시 향후 연장이 가능합니다.

① 없음
② 1개
③ 2개
④ 3개
⑤ 4개

11 다음 중 글의 흐름상 필요 없는 문장으로 옳은 것은?

> 가을을 맞아 기획바우처 행사가 전국 곳곳에서 마련된다. (가) <u>기획바우처는 문화소외계층을 상대로 '모셔오거나 찾아가는' 맞춤형 예술 체험 프로그램이다.</u> (나) <u>서울 지역의 '함께 하는 역사 탐방'은 독거노인을 모셔 와서 역사 현장을 찾아 연극을 관람하고 체험하는 프로그램이다.</u> (다) <u>경기도에서도 가족과 함께 낭만과 여유를 즐길 수 있는 다양한 문화행사를 준비하고 있다.</u> (라) <u>강원도 강릉과 영월에서는 저소득층 자녀를 대상으로 박물관 관람 프로그램을 준비하고 있다.</u> (마) <u>부산 지역의 '어울림'은 방문 공연 서비스로서 지역예술가들이 가난한 동네를 돌아다니며 직접 국악, 클래식, 미술 등 재능을 기부한다.</u>

① (가)
② (나)
③ (다)
④ (라)
⑤ (마)

※ 다음 글을 읽고 이어지는 질문에 답하시오. [12~13]

인공 지능을 면접에 활용하는 것은 바람직하지 않다. 인공 지능 앞에서 면접을 보느라 진땀을 흘리는 인간의 모습을 생각하면 너무 안타깝다. 미래에 인공 지능이 인간의 고유한 영역까지 대신할 것이라고 사람들은 말하는데, ㉠ 인공 지능이 인간을 대신할 수 있을까? 인간과 인공 지능의 관계는 어떠해야 할까?

인공 지능은 인간의 삶을 편리하게 돕는 도구일 뿐이다. 인간이 만든 도구인 인공 지능이 인간을 평가할 수 있는지에 대해 생각해 볼 필요가 있다. 도구일 뿐인 기계가 인간을 평가하는 것은 정당하지 않다. 인간이 개발한 인공 지능이 인간을 판단한다면 ㉡ 주체와 객체가 뒤바뀌는 상황이 발생할 것이다.

인공 지능이 발전하더라도 인간과 같은 사고는 불가능하다. 인공 지능은 겉으로 드러난 인간의 말과 행동을 분석하지만, 인간은 말과 행동 이면의 의미까지 고려하여 사고한다. 인공 지능은 빅데이터를 바탕으로 결과를 도출해 내는 기계에 불과하므로 통계적 분석을 할 뿐 타당한 판단을 할 수 없다. 기계가 타당한 판단을 할 것이라는 막연한 기대를 한다면 머지않아 인간이 기계에 예속되는 상황이 벌어질지도 모른다.

인공 지능은 사회적 관계를 맺을 수 없다. 반면 인간은 사회에서 의사소통을 통해 관계를 형성한다. 이 과정에서 축적된 인간의 경험이 바탕이 되어야 타인의 잠재력을 발견할 수 있다.

12 다음 중 밑줄 친 ㉠에 대한 글쓴이의 주장으로 가장 적절한 것은?

① 인공 지능은 인간을 대신하여 인간의 말과 행동을 분석하고, 통계적 분석을 바탕으로 판단을 내린다. 즉, 인공 지능이 인간의 대리인 역할을 수행한다.

② 인공 지능은 인간을 온전히 대신할 수 없다. 다만, 인공 지능은 인간의 부족한 부분을 채워주며 인간과 상호 보완의 관계를 갖는다.

③ 현재의 인공 지능은 인간을 대체할 수 없다. 그러나 기술이 계속 발전한다면 미래의 인공 지능은 인간과 같은 사고를 하게 될 것이다.

④ 인공 지능이 인간을 대신한다는 것은 어불성설이다. 인간과의 사회적 의사소통을 통해 경험을 충분히 쌓은 뒤에야 인간과 대등한 관계를 맺을 수 있다.

⑤ 인공 지능은 인간을 대체할 수 없다. 인간의 삶을 결정하는 주체는 인간이고, 인공 지능은 인간이 이용하는 객체일 뿐이다.

13 다음 중 밑줄 친 ㉡에 해당하는 한자성어로 적절한 것은?

① 괄목상대(刮目相對) 　　　　② 청출어람(靑出於藍)

③ 과유불급(過猶不及) 　　　　④ 당랑거철(螳螂拒轍)

⑤ 객반위주(客反爲主)

※ A화장품 회사에서는 식품의약품안전처가 발표한 화장품 표시·광고 관리 가이드라인에 따라 기존 광고를 검토 중이다. 자료를 보고 이어지는 질문에 답하시오. [14~15]

〈화장품 표시·광고 관리 가이드라인〉

[별표 1] 화장품 표시·광고의 표현 범위 및 기준

구분	금지 표현	비고
질병을 진단·치료·경감·처치 또는 예방, 의학적 효능·효과 관련	아토피, 모낭충, 심신피로 회복, 건선, 노인소양증, 살균·소독, 항염·진통, 해독, 이뇨, 항암, 항진균·항바이러스, 근육 이완, 통증 경감, 면역 강화, 항알레르기, 찰과상, 화상 치료·회복, 관절, 림프선 등 피부 이외 신체 특정부위에 사용하여 의학적 효능, 효과 표방	
	여드름, 기미·주근깨(과색소침착증), 항균	단, [별표 2]에 해당하는 표현은 제외하되, 이 경우에도 액체비누에 대해 트리클로산 또는 트리클로카반 함유로 인해 항균 효과가 '더 뛰어나다', '더 좋다' 등의 비교 표시·광고는 금지

[별표 2]

구분	실증 대상	비고
화장품 표시·광고 실증에 관한 규정 (식약처 고시) 별표에 따른 표현	• 여드름성 피부에 사용하기 적합 • 항균(인체세정용 제품에 한함) • 일시적 셀룰라이트 감소 • 붓기 완화 • 다크서클 완화 • 피부 혈행 개선	인체적용 시험자료로 입증
	피부노화 완화, 안티에이징, 피부노화징후 감소	인체적용 시험자료 또는 인체 외 시험자료로 입증
	• 콜라겐 증가, 감소 또는 활성화 • 효소 증가, 감소 또는 활성화	기능성화장품에서 해당 기능을 실증한 자료로 입증
	기미, 주근깨 완화에 도움	미백 기능성화장품 심사(보고)자료로 입증

14 다음 화장품 광고 문구 중 수정되어야 할 부분이 있는 것은?

① 맑고 투명한 피부를 위한 □□□ 에센스!
② 피지잡는 □□ 크림!
③ 여드름성 피부에 적합한 단 하나의 케어 솔루션!
④ 피부를 해독하고 혈행을 개선시키는 멀티 스킨!
⑤ 다크서클 완화에 효과적인 마법의 아이크림

15 전략팀에서 새로운 광고 문구를 넣기 위해 가이드라인을 검토했더니 이 문구를 쓰기 위해서는 미백 기능성화장품 심사자료로 사실을 입증해야 한다는 것을 발견했다. 이 광고 문구는 무엇인가?

① 피부노화 완화
② 안티에이징
③ 콜라겐 증가
④ 기미, 주근깨 완화
⑤ 효소 활성화

PART 1

PART 2

PART 3

PART 4

16 다음 문단을 읽고, 이어질 내용을 논리적 순서대로 바르게 나열한 것은?

> 초콜릿은 많은 사람이 좋아하는 간식이다. 어릴 때 초콜릿을 많이 먹으면 이가 썩는다는 부모님의 잔소리를 안 들어본 사람은 별로 없을 것이다. 그러면 이러한 초콜릿은 어떻게 등장하게 된 것일까?

> (A) 한국 또한 초콜릿의 열풍을 피할 수는 없었는데, 한국에 초콜릿이 전파된 것은 개화기 이후 서양 공사들에 의해서였다고 전해진다. 일제강점기 이후 한국의 여러 제과회사는 다양한 변용을 통해 다채로운 초콜릿 먹거리를 선보이고 있다.
> (B) 초콜릿의 원료인 카카오 콩의 원산지는 남미로 전해진다. 대항해시대 이전, 즉 유럽인들이 남미에 진입하기 이전에는 카카오 콩은 예식의 예물로 선물하기도 하고 의약품의 대용으로 사용되는 등 진귀한 대접을 받는 물품이었다.
> (C) 유럽인들이 남미로 진입한 이후, 여타 남미산 작물이 그러하였던 것처럼 카카오 콩도 유럽으로 전파되어 선풍적인 인기를 끌게 된다. 다만 남미에서 카카오 콩에 첨가물을 넣지 않았던 것과는 달리 유럽에서는 설탕을 넣어 먹었다고 한다.
> (D) 카카오 콩에 설탕을 넣어 먹은 것이 바로 우리가 간식으로 애용하는 초콜릿의 원형이라고 생각된다. 설탕과 카카오 콩의 결합물로서의 초콜릿은 알다시피 이후 세계를 풍미하는 간식의 대표주자가 된다.

① (B) − (C) − (D) − (A)
② (B) − (D) − (C) − (A)
③ (B) − (D) − (A) − (C)
④ (C) − (B) − (D) − (A)
⑤ (C) − (B) − (A) − (D)

안심Touch

17 다음 글을 읽고 작성방법을 분석한 것으로 가장 적절한 것은?

교육센터는 7가지 코스로 구성된다. 먼저, 기초훈련코스에서는 자동차 특성의 이해를 통해 안전운전의 기본능력을 향상시킨다. 자유훈련코스는 운전자의 운전자세 및 공간 지각능력에 따른 안전위험 요소를 교육한다. 위험회피코스에서는 돌발 상황 발생 시 위험회피 능력을 향상시키며, 직선제동코스에서는 다양한 도로환경에 적응하여 긴급 상황 시 효과적으로 제동할 수 있도록 교육한다. 빗길제동코스에서는 빗길 주행 시 위험요인을 체득하여 안전운전 능력을 향상시키고, 곡선주행코스에서는 미끄러운 곡선주행에서 안전운전을 할 수 있도록 가르친다. 마지막으로 일반·고속주행코스에서는 속도에 따라 발생할 수 있는 다양한 위험요인의 대처 능력을 향상시켜 방어운전 요령을 습득하도록 돕는다. 이외에도 친환경 운전 방법 '에코 드라이브'에 대해 교육하는 에코 드라이빙존, 안전한 교차로 통행방법을 가르치는 '딜레마존'이 있다.

안전운전의 기본은 운전자의 올바른 습관이다. 교통안전 체험교육센터에서 교육만 받더라도 교통사고 발생확률이 크게 낮아진다.

① 여러 가지를 비교하면서 그 우월성을 논하고 있다.
② 각 구조에 따른 특성을 대조하고 있다.
③ 상반된 결과를 통해 결론을 도출하고 있다.
④ 각 구성에 따른 특징과 그에 따른 기대효과를 설명하고 있다.
⑤ 의견의 타당성을 검증하기 위해 수치를 제시하고 있다.

18 다음 글의 주제 또는 주제어로 가장 적절한 것은?

높은 유류세는 자동차를 사용함으로써 발생하는 다음과 같은 문제들을 줄이는 교정적 역할을 수행한다. 첫째, 유류세는 사람들의 대중교통수단 이용을 유도하고, 자가용 사용을 억제함으로써 교통혼잡을 줄여준다. 둘째, 교통사고 발생 시 대형 차량이나 승합차가 중소형 차량보다 치명적인 피해를 줄 가능성이 높다. 이와 관련해서 유류세는 유류를 많이 소비하는 대형 차량을 운행하는 사람에게 더욱 많은 비용을 치르게 함으로써 교통사고 위험에 대한 간접적인 비용을 징수하는 효과를 가진다. 셋째, 유류세는 유류 소비를 억제함으로써 대기오염을 줄이는 데 기여한다.

① 유류세의 용도
② 높은 유류세의 정당성
③ 유류세의 지속적 인상
④ 에너지 소비 절약
⑤ 유류세의 감소 원인

19 다음 '철학의 여인'의 논지를 따를 때, 밑줄 친 ㉠으로 적절한 것을 〈보기〉에서 모두 고르면?

다음은 철학의 여인이 비탄에 잠긴 보에티우스에게 건네는 말이다.

"나는 이제 네 병의 원인을 알겠구나. 이제 네 병의 원인을 알게 되었으니 ㉠ 너의 건강을 회복할 방법을 찾을 수 있게 되었다. 그 방법은 병의 원인이 되는 잘못된 생각을 바로잡아 주는 것이다. 너는 너의 모든 소유물을 박탈당했다고, 사악한 자들이 행복을 누리게 되었다고, 네 운명의 결과가 불의하게도 제멋대로 바뀌었다는 생각으로 비탄에 빠져 있다. 그런데 그런 생각은 잘못된 전제에서 비롯된 것이다. 네가 눈물을 흘리며 너 자신이 추방당하고 너의 모든 소유물을 박탈당했다고 생각하는 것은 행운이 네게서 떠났다고 슬퍼하는 것과 다름없는데, 그것은 네가 운명의 본모습을 모르기 때문이다. 그리고 사악한 자들이 행복을 가졌다고 생각하는 것이나 사악한 자가 선한 자보다 더 행복을 누린다고 한탄하는 것은 네가 실로 만물의 목적이 무엇인지 모르고 있기 때문이다. 다시 말해 만물의 궁극적인 목적이 선을 지향하는 데 있다는 것을 모르고 있기 때문이다. 또한 너는 세상이 어떤 통치 원리에 의해 다스려지는지 잊어버렸기 때문에 제멋대로 흘러가는 것이라고 믿고 있다. 그러나 만물의 목적에 따르면 악은 결코 선을 이길 수 없으며 사악한 자들이 행복할 수는 없다. 따라서 세상은 결국에는 불의가 아닌 정의에 의해 다스려지게 된다. 그럼에도 불구하고 너는 세상의 통치 원리가 정의와는 거리가 멀다고 믿고 있다. 이는 그저 병의 원인일 뿐 아니라 죽음에 이르는 원인이 되기도 한다. 그러나 다행스럽게도 자연은 너를 완전히 버리지는 않았다. 이제 너의 건강을 회복할 작은 불씨가 생명의 불길로 타올랐으니 너는 조금도 두려워할 필요가 없다."

보기

ㄱ. 만물의 궁극적인 목적이 선을 지향하는 데 있다는 것을 아는 것
ㄴ. 세상이 제멋대로 흘러가는 것이 아니라 정의에 의해 다스려진다는 것을 깨닫는 것
ㄷ. 자신이 박탈당했다고 여기는 모든 것, 즉 재산, 품위, 권좌, 명성 등을 되찾을 방도를 아는 것

① ㄱ   ② ㄴ
③ ㄱ, ㄴ   ④ ㄴ, ㄷ
⑤ ㄱ, ㄴ, ㄷ

20 다음 글의 주된 서술 방식으로 가장 적절한 것은?

> 고객은 제품의 품질에 대해 나름의 욕구를 가지고 있다. 카노는 품질에 대한 고객의 욕구와 만족도를 설명하는 모형을 개발하였다. 카노는 일반적으로 고객이 세 가지 욕구를 가지고 있다고 하였다. 그는 그것을 각각 기본적 욕구, 정상적 욕구, 감동적 욕구라고 지칭했다.
> 기본적 욕구는 고객이 가지고 있는 가장 낮은 단계의 욕구로서, 그들이 구매하는 제품이나 서비스에 당연히 포함되어 있을 것으로 기대되는 특성들이다. 만약 이런 특성들이 제품이나 서비스에 결여되어 있다면, 고객은 예외 없이 크게 불만족스러워 한다. 그러나 기본적 욕구가 충족되었다고 해서 고객이 만족감을 느끼는 것은 아니다. 정상적 욕구는 고객이 직접 요구하는 욕구로서, 이 욕구가 충족되지 못하면 고객은 불만족스러워 한다. 그러나 이 욕구가 충족되면 될수록, 고객은 만족을 더 많이 느끼게 된다.
> 감동적 욕구는 고객이 지니고 있는 가장 높은 단계의 욕구로서, 고객이 기대하지는 않는 욕구이다. 감동적 욕구가 충족되면 고객은 큰 감동을 느끼지만, 충족되지 않아도 상관없다고 생각한다. 카노는 이러한 고객의 욕구를 확인하기 위해 설문지 조사법을 제안하였다.
> 세 가지 욕구와 관련하여 고객이 식당에 가는 상황을 생각해 보자. 의자와 식탁이 당연히 깨끗해야 한다고 생각하는 고객은 의자와 식탁이 깨끗하다고 해서 만족감을 느끼지는 않는다. 그러나 그렇지 않으면 그 고객은 크게 불만족스러워 한다. 한편 식탁의 크기가 적당해야 만족감을 느끼는 고객은 식탁이 좁으면 불만족스러워 한다. 그러나 자신의 요구로 식탁의 크기가 적당해지면 고객의 만족도는 높아진다. 여기에 더해 꼭 필요하지는 않지만, 식탁 위에 장미가 놓여 있으면 좋겠다고 생각하는 고객이 실제로 식탁 위에 장미가 놓여 있는 것을 보면, 단순한 만족 이상의 감동을 느낀다. 그러나 이런 것이 없다고 해서 그 고객이 불만족스러워 하지는 않는다.
> 제품이나 서비스에 대한 고객의 기대가 항상 고정적이지는 않다. 고객의 기대는 시간이 지남에 따라 바뀐다. 즉, 감동적 욕구를 충족시킨 제품이나 서비스의 특성은 시간이 지나면 정상적 욕구를 충족시키는 특성으로, 시간이 더 지나면 기본적 욕구만을 충족시키는 특성으로 바뀐다. 또한 고객의 욕구는 일정한 단계를 지닌다. 고객의 기본적 욕구를 충족시키지 못하는 제품은 고객의 정상적 욕구를 절대로 충족시킬 수 없다. 마찬가지로 고객의 정상적 욕구를 충족시키지 못하는 제품은 고객의 감동적 욕구를 충족시킬 수 없다.

① 구체적인 사례를 들어 독자의 이해를 돕고 있다.
② 대상의 변화 과정과 그것의 문제점을 언급하고 있다.
③ 화제와 관련한 질문을 통해 독자의 관심을 환기하고 있다.
④ 개념 사이의 장단점을 비교하여 차이점을 부각하고 있다.
⑤ 이론이 등장하게 된 사회적 배경을 구체적으로 소개하고 있다.

CHAPTER 02

문제해결능력

문제해결능력은 업무를 수행하면서 여러 가지 문제 상황이 발생하였을 때, 창의적이고 논리적인 사고를 통하여 이를 올바르게 인식하고 적절히 해결하는 능력을 말한다. 하위능력으로는 사고력과 문제처리능력이 있다.

문제해결능력은 NCS 기반 채용을 진행하는 대다수의 공사·공단에서 채택하고 있으며, 문항 수는 평균 24% 정도로 상당히 많이 출제되고 있다. 하지만 많은 수험생들은 더 많이 출제되는 다른 영역에 몰입하고 문제해결능력은 집중하지 않는 실수를 하고 있다. 다른 영역보다 더 많은 노력이 필요할 수는 있지만 그렇기에 차별화를 할 수 있는 득점 영역이므로 포기하지 말고 꾸준하게 노력해야 한다.

01 질문의 의도를 정확하게 파악하라!

문제해결능력은 문제에서 무엇을 묻고 있는지 정확하게 파악하여 먼저 풀이 방향을 설정하는 것이 가장 효율적인 방법이다. 특히, 조건이 주어지고 답을 찾는 창의적·분석적인 문제가 주로 출제되고 있기 때문에 처음에 정확한 풀이 방향이 설정되지 않는다면 시간만 허비하고 결국 문제도 풀지 못하게 되므로 첫 번째로 출제의도 파악에 집중해야 한다.

02 중요한 정보는 반드시 표시하라!

위에서 말한 출제의도를 정확히 파악하기 위해서는 문제의 중요한 정보는 반드시 표시나 메모를 하여 하나의 조건, 단서도 잊고 넘어가는 일이 없도록 해야 한다. 실제 시험에서는 시간의 압박과 긴장감으로 정보를 잘못 적용하거나 잊어버리는 실수가 많이 발생하므로 사전에 충분한 연습이 필요하다.

가령 명제 문제의 경우 주어진 명제와 그 명제의 대우를 본인이 한눈에 파악할 수 있도록 기호화, 도식화하여 메모하면 흐름을 이해하기가 더 수월하다. 이를 통해 자신만의 풀이 순서와 방향, 기준 또한 생길 것이다.

03 반복 풀이를 통해 취약 유형을 파악하라!

길지 않은 한정된 시간 동안 모든 문제를 다 푸는 것은 조금은 어려울 수도 있다. 따라서 고득점을 할 수 있는 효율적인 문제 풀이 방법을 찾아야 한다. 이때, 반복적인 문제 풀이를 통해 자신이 취약한 유형을 파악하는 것이 중요하다. 취약 유형 파악은 종료 시간이 임박했을 때 빛을 발할 것이다. 풀 수 있는 문제부터 빠르게 풀고 취약한 유형은 나중에 푸는 효율적인 문제 풀이를 통해 최대한의 고득점을 하는 것이 중요하다. 그러므로 본인의 취약 유형을 파악하기 위해서는 많은 문제를 풀어 봐야 한다.

04 타고나는 것이 아니므로 열심히 노력하라!

대부분의 수험생들이 문제해결능력은 공부해도 실력이 늘지 않는 영역이라고 생각한다. 하지만 그렇지 않다. 문제해결능력이야말로 노력을 통해 충분히 고득점이 가능한 영역이다. 정확한 질문 의도 파악, 취약한 유형의 반복적인 풀이, 빈출유형 파악 등의 방법으로 충분히 실력을 향상시킬 수 있다. 자신감을 갖고 공부하기 바란다.

┌연속출제─

다음 명제가 모두 참일 때, 반드시 참인 명제는?

- 도보로 걷는 사람은 자가용을 타지 않는다.
  p $\sim q$
- 자전거를 타는 사람은 자가용을 탄다. $r \rightarrow q$의 대우 : $\sim q \rightarrow \sim r$
  r q
- 자전거를 타지 않는 사람은 버스를 탄다.
  $\sim r$ s

1) 질문의도
  : 명제추리

① 자가용을 타는 사람은 도보로 걷는다. $q \rightarrow p$

② 버스를 타지 않는 사람은 자전거를 타지 않는다. $\sim s \rightarrow \sim r$

2) 문장분석
  : 기호화

③ 버스를 타는 사람은 도보로 걷는다. $s \rightarrow p$

④ 도보로 걷는 사람은 버스를 탄다. $p \rightarrow s$

3) 정답도출
  : $p \rightarrow \sim q$
  $\sim q \rightarrow \sim r$
  $\sim r \rightarrow s$
  $\therefore p \rightarrow s$

📋 **유형 분석**
- 주어진 문장을 토대로 논리적으로 추론하여 참 또는 거짓을 구분하는 문제이다.
- 대체로 연역추론을 활용한 명제 문제가 출제되고 있다.

응용문제 : 자료를 제시하고 새로운 결과나 자료에 주어지지 않은 내용을 추론해 가는 형식의 문제가 출제된다.

📋 **풀이 전략**
각 문장에 있는 핵심단어 또는 문구를 기호화하여 정리한 뒤, 선택지와 비교하여 참 또는 거짓을 판단한다.

┌연속출제┐

다음은 2021년 상반기 노동시장의 특징 및 주요 요인에 대한 자료이다. 다음 〈보기〉 중 자료에 대한 설명으로 옳지 않은 것을 모두 고른 것은?

풀이순서

1) 질문의도
   : 요인 → 주요 특징
   ⇒ 피라미드 기법

2) 사고법 적용

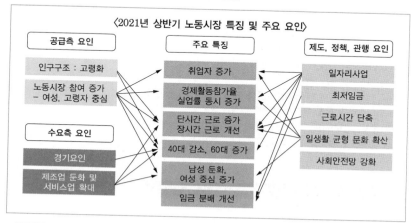

〈2021년 상반기 노동시장 특징 및 주요 요인〉

공급측 요인	주요 특징	제도, 정책, 관행 요인
인구구조 : 고령화	취업자 증가	일자리사업
노동시장 참여 증가 – 여성, 고령자 중심	경제활동참가율 실업률 동시 증가	최저임금
수요측 요인	단시간 근로 증가 장시간 근로 개선	근로시간 단축
경기요인	40대 감소, 60대 증가	일생활 균형 문화 확산
제조업 둔화 및 서비스업 확대	남성 둔화, 여성 중심 증가	사회안전망 강화
	임금 분배 개선	

보기

ㄱ. 정부의 일자리사업으로 60대 노동자가 증가하였다.

ㄴ. 제조업이 둔화함에 따라 남성 중심의 노동시장이 둔화하고 있다.

ㄷ. 정부의 최저임금 정책으로 단시간 근로자 수가 증가하였다.

ㄹ. 여성의 노동시장 참여가 늘어나면서 전체 취업자 수가 증가하였다.

ㅁ. 인구 고령화가 심화됨에 따라 경제활동참가율과 실업률이 동시에 증가하고 있다.

① ㄱ, ㄴ

② ㄱ, ㄷ

③ ㄴ, ㄹ

④ ㄴ, ㅁ

☑ ㄷ, ㅁ

3) 정답도출

📋 **유형** 분석
- 문제해결에 필요한 사고력을 평가하기 위한 문제이다.
- 주로 피라미드 구조 기법, 5Why 기법, So What 기법 등을 활용한 문제들이 출제되고 있다.

📋 **풀이** 전략
질문을 읽고 문제를 해결하기 위해 필요한 사고법을 선별한 뒤 적용하여 풀어 나간다.
- 피라미드 구조 기법 : 하위의 사실이나 현상으로부터 상위의 주장을 만들어 나가는 방법
- 5Why 기법 : 주어진 문제에 대해서 계속하여 이유를 물어 가장 근본이 되는 원인을 찾는 방법
- So What 기법 : '그래서 무엇이지?'라고 자문자답하며 눈앞에 있는 정보로부터 의미를 찾아내어 가치 있는 정보를 이끌어 내는 방법

┌연속출제┐

다음은 K공사가 추진 중인 '그린수소' 사업에 관한 보도 자료와 K공사에 대한 SWOT 분석 결과이다. SWOT 분석 결과를 참고할 때, '그린수소' 사업이 해당하는 전략은 무엇인가?

풀이순서

1) 질문의도
   : SWOT 분석

K공사는 전라남도, 나주시와 '그린수소 사업 협력 MOU'를 체결하였다. 지난 5월 정부는 탄소 배출 없는 그린수소 생산을 위해 K공사를 사업자로 선정하였고, 재생에너지 잉여전력을 활용한 수전해(P2G) 기술을 통해 그린수소를 만들어 저장하는 사업을 정부 과제로 선정하여 추진하기로 하였다.

그린수소 사업은 정부의 '재생에너지 3020 계획'에 따라 계속 증가하는 재생에너지를 활용해 수소를 생산함으로써 재생에너지 잉여전력 문제를 해결할 것으로 예상된다.

MOU 체결식에서 K공사 사장은 "K공사는 전라남도, 나주시와 지속적으로 협력하여 정부 에너지전환 정책에 부응하고, 사업에 필요한 기술개발을 위해 더욱 노력할 것"이라고 밝혔다.

⟨SWOT 분석 결과⟩

강점(Strength)	약점(Weakness)
• 적극적인 기술개발 의지 • 차별화된 환경기술 보유	• 해외시장 진출에 대한 두려움 • 경험 많은 기술 인력의 부족
기회(Opportunity)	위협(Threat)
• 발전설비를 동반한 환경설비 수출 유리 • 세계 전력 시장의 지속적 성장	• 재생에너지의 잉여전력 증가 • 친환경 기술 경쟁 심화

2) 결과분석

① SO전략
③ WO전략
⑤ OT전략

☑ ST전략
④ WT전략

3) 정답도출

📋 **유형** 분석
- 상황에 대한 환경 분석 결과를 통해 주요 과제를 도출하는 문제이다.
- 주로 3C 분석 또는 SWOT 분석을 활용한 문제들이 출제되고 있으므로 해당 분석도구에 대한 사전 학습이 요구된다.

📋 **풀이** 전략
문제에서 제시된 분석도구가 무엇인지 확인한 후, 분석 결과를 종합적으로 판단하여 각 선택지의 전략 과제와 일치하는지를 판단한다.

┌─연속출제─┐

K씨는 인터넷뱅킹 사이트에 가입하기 위해 가입절차에 따라 정보를 입력하는데 그중 패스워드 만드는 과정이 까다로워 계속 실패 중이다. 사이트 가입 시 패스워드 〈조건〉이 다음과 같을 때, <u>〈조건〉에 부합하는 패스워드</u>는 무엇인가?

```
조건
```
• 패스워드는 7자리이다. ❺
• 영어 대문자와 소문자, 숫자, 특수기호를 적어도 하나씩 포함해야 한다. ❹ · ❺
• 숫자 0은 다른 숫자와 연속해서 나열할 수 없다. ❶
• 영어 대문자는 다른 영어 대문자와 연속해서 나열할 수 없다. ❶ · ❺
• 특수기호를 첫 번째로 사용할 수 없다. ❸

① a?102CB   ☑ 7!z0bT4
③ #38Yup0   ④ ssng99&
⑤ 6LI◇23

풀이순서

1) 질문의도
   : 패스워드 조합

2) 조건확인

3) 정답도출

PART 1   PART 2   PART 3   PART 4

📋 **유형 분석**
• 주어진 상황과 정보를 종합적으로 활용하여 풀어 가는 문제이다.
• 비용, 시간, 순서, 해석 등 다양한 주제를 다루고 있어 문제유형을 한 가지로 단일화하기가 어렵다.
• 대체로 2문제 혹은 3문제가 묶여서 출제되고 있으며, 문제가 긴 경우가 많아 푸는 시간이 많이 걸린다.

📋 **풀이 전략**
먼저 문제에서 묻는 것을 파악한 후, 필요한 상황과 정보를 찾아 이를 활용하여 문제를 풀어 간다.

안심Touch

정답 및 해설 p.17

※ 다음은 GE 맥킨지 매트릭스 모델에 대한 자료이다. 이어지는 질문에 답하시오. [1~2]

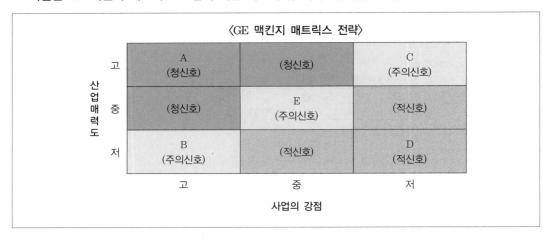

01 다음 중 GE 맥킨지 매트릭스 전략에 대한 설명으로 옳지 않은 것은?

① BCG 매트릭스보다 발전된 기법으로 평가받고 있다.
② 좌상의 청신호 지역은 지속적으로 성장시키는 전략이 필요하다.
③ 대각선상의 주의신호 지역은 선별적인 투자 전략이 필요하다.
④ 우하의 적신호 지역은 사업을 철수하거나 투자를 최소화해야 한다.
⑤ 사업단위 간의 상호작용을 고려하므로 실제 산업에 적용하기 쉽다.

02 다음 중 자료의 A ~ E사업에 대한 설명으로 옳지 않은 것은?

① A사업은 매력적인 사업으로, 집중적으로 투자하여 시장 지위를 유지하면서 새로운 진출을 모색해야 한다.
② B사업은 강점은 있지만 시장 매력이 적은 사업으로, 시장 지위를 보호해야 한다.
③ C사업은 시장 매력은 있지만 강점이 없는 사업으로, 선택적으로 투자하고 사업의 회수 및 철수시기를 파악해야 한다.
④ D사업은 시장 매력이 낮고 강점이 없는 사업으로, 사업을 축소하거나 매각해야 한다.
⑤ E사업은 현상을 유지하면서 앞으로의 계획을 수립해야 한다.

03 다음 중 A ~ D가 키우는 동물의 종류에 대해 추론한 것으로 옳은 것은?

- A는 개, C는 고양이, D는 닭을 키운다.
- B는 토끼를 키우지 않는다.
- A가 키우는 동물은 B도 키운다.
- A와 C는 같은 동물을 키우지 않는다.
- A, B, C, D 각각은 2종류 이상의 동물을 키운다.
- A, B, C, D는 개, 고양이, 토끼, 닭 이외의 동물은 키우지 않는다.

① B는 개를 키우지 않는다.
② B와 C가 공통으로 키우는 동물 종류는 없다.
③ C는 키우지 않지만 D가 키우는 동물 종류가 있다.
④ 3명이 공통으로 키우는 동물 종류는 없다.
⑤ 3가지 종류의 동물을 키우는 사람은 없다.

04 정 과장은 신입직원들을 대상으로 기업의 미래 사업이라는 주제에 대해 토론을 하고자 한다. 정 과장은 직원들이 최대한 자유롭게 다양한 아이디어를 제시할 수 있도록 동기부여를 해야겠다고 생각했다. 이런 상황에서 정 과장이 직원들에게 할 수 있는 말로 가장 적절한 것은?

① 우리 기업의 비전이나 미션을 생각해보고, 그에 부합하는 주제로 이야기를 시작해보면 좋을 것 같아요.
② 오늘의 토론 주제는 미래사업입니다. 어차피 정답도 없고, 지금 현실을 꼭 반영하지 않아도 되니까 이 순간 머리에 떠오르는 것, 아무거나 자유롭게 얘기해 보세요.
③ 현재 우리 기업에서 주력으로 하고 있는 사업들이 무엇인지 한번 생각해보고 그와 관련된 단어들을 이야기해 보면 좋을 것 같아요.
④ 기업 홈페이지 사업안내에 제시되어 있는 사업 분야 중 미래에도 지속적 경영이 가능한 주제를 골라서 이에 대한 이야기를 해 주세요.
⑤ 자신의 부서업무를 바탕으로 미래사업 분야와 관련된 아이디어를 적어도 하나씩 발표하면 좋을 것 같아요.

05 새롭게 비품관리를 담당하게 된 A사원은 기존에 거래하던 ○○문구와 다른 업체들과의 가격 비교를 위해 △△문구와 □□문구에 견적서를 요청한 뒤 세 곳을 비교하려고 한다. 비품의 성능 차이는 다르지 않으므로 비교 후 가격이 저렴한 곳과 거래할 예정이다. 견적서의 총액과 최종적으로 거래할 업체를 바르게 짝지은 것은?(단, 배송료는 총 주문금액 계산 이후 더하며 백 원 미만은 절사한다)

○○문구			
품명	수량	단가	공급가액
MLT – D209S[호환]	1	28,000원	32,000원
A4 복사용지 80G(2박스 묶음)	1	18,900원	31,900원
친환경 진행 문서 파일	1	1,500원	2,500원

※ 총주문금액에서 20% 할인 쿠폰 사용 가능
※ 배송료 : 4,000원(10만 원 이상 구매 시 무료 배송)

△△문구			
품명	수량	단가	공급가액
PGI – 909 – PINK[호환]	1	20,000원	25,000원
더블비 A4 복사용지 80G(2박스 묶음)	1	17,800원	22,800원
친환경 진행 문서 파일	1	1,200원	1,800원

※ 4만 원 이상 구매 시 판매가의 7% 할인
※ 배송료 : 2,500원(7만 원 이상 구매 시 무료 배송)

□□문구			
품명	수량	단가	공급가액
MST – D128S	1	20,100원	24,100원
A4 복사용지 75G(2박스 묶음)	1	18,000원	28,000원
문서 파일	1	1,600원	3,600원

※ 첫 구매 적립금 4,000포인트 사용 가능
※ 5만 원 이상 구매 시 문서 파일 1개 무료 증정
※ 배송료 : 4,500원(6만 원 이상 구매 시 무료 배송)

① ○○문구 – 49,000원
② △△문구 – 46,100원
③ □□문구 – 48,200원
④ △△문구 – 48,600원
⑤ □□문구 – 51,700원

06 A과장은 월요일에 사천연수원에서 진행될 세미나에 참석해야 한다. 세미나는 월요일 낮 12시부터 시작이며, 수요일 오후 6시까지 진행된다. 갈 때는 세미나에 늦지 않게만 도착하면 되지만, 올 때는 목요일 회의 준비를 위해 최대한 일찍 서울로 올라와야 한다. 교통비는 회사에 청구하지만 가능한 적은 비용으로 세미나 참석을 원할 때, 교통비는 얼마가 들겠는가?

〈KTX〉

구분	월요일		수요일		가격
서울 – 사천	08:00 ~ 11:00	09:00 ~ 12:00	08:00 ~ 11:00	09:00 ~ 12:00	65,200원
사천 – 서울	16:00 ~ 19:00	20:00 ~ 23:00	16:00 ~ 19:00	20:00 ~ 23:00	66,200원 (10% 할인 가능)

※ 사천역에서 사천연수원까지 택시비는 22,200원이며, 30분이 걸린다.

〈비행기〉

구분	월요일		수요일		가격
서울 – 사천	08:00 ~ 09:00	09:00 ~ 10:00	08:00 ~ 09:00	09:00 ~ 10:00	105,200원
사천 – 서울	19:00 ~ 20:00	20:00 ~ 21:00	19:00 ~ 20:00	20:00 ~ 21:00	93,200원 (10% 할인 가능)

※ 사천공항에서 사천연수원까지 택시비는 21,500원이며, 30분이 걸린다.

① 168,280원
② 178,580원
③ 192,780원
④ 215,380원
⑤ 232,080원

※ 자동차에 번호판을 부여하는 규칙이 다음과 같을 때, 이어지는 질문에 답하시오. **[7~8]**

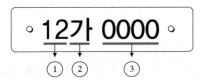

〈자동차 번호판 부여 규칙〉

각 숫자는 다음의 사항을 나타낸다.
① 자동차의 종류
② 자동차의 용도
③ 자동차의 등록번호

▶ 자동차의 종류

구분	숫자 기호
승용차	01 ~ 69
승합차	70 ~ 79
화물차	80 ~ 97
특수차	98 ~ 99

▶ 자동차의 용도

구분		문자 기호
비사업용		가, 나, 다, 라, 마, 거, 너, 더, 러, 머, 서, 어, 저, 고, 노, 도, 로, 모, 보, 소, 오, 조, 구, 누, 두, 루, 무, 부, 수, 우, 주
사업용	택시	아, 바, 사, 자
	택배	배
	렌터카	하, 허, 호

▶ 자동차의 등록번호 차량의 고유번호로 임의로 부여

07 A씨는 이사하면서 회사와 거리가 멀어져 출퇴근을 위해 새 승용차를 구입하였다. A씨가 부여받을 수 있는 자동차 번호판으로 옳지 않은 것은?

① 23겨 4839 ② 67거 3277
③ 42서 9961 ④ 31주 5443
⑤ 12모 4839

08 다음 자동차 번호판 중 성격이 다른 하나는?

① 80가 8425 ② 84배 7895
③ 92보 1188 ④ 81오 9845
⑤ 97주 4763

09 퇴직을 앞둔 회사원 L씨는 1년 뒤 샐러드 도시락 프랜차이즈 가게를 운영하고자 한다. 다음은 L씨가 회사 근처 샐러드 도시락 프랜차이즈 가게에 대해 SWOT 분석을 실시한 결과이다. 분석에 따른 대응 전략으로 적절한 것을 〈보기〉에서 모두 고르면?

강점(Strength)	약점(Weakness)
• 다양한 연령층을 고려한 메뉴 • 월별 새로운 메뉴 제공	• 부족한 할인 혜택 • 홍보 및 마케팅 전략의 부재
기회(Opportunity)	위협(Threat)
• 건강한 식단에 대한 관심 증가 • 회사원들의 간편식 점심 수요 증가	• 경기 침체로 인한 외식 소비 위축 • 주변 음식점과의 경쟁 심화

보기

ㄱ. 다양한 연령층이 이용할 수 있도록 새로운 한식 도시락을 출시한다.
ㄴ. 계절 채소를 이용한 샐러드 런치 메뉴를 출시한다.
ㄷ. 제품의 가격 상승을 유발하는 홍보 방안보다 먼저 품질 향상 방안을 마련해야 한다.
ㄹ. 주변 회사와 제휴하여 이용 고객에 대한 할인 서비스를 제공한다.

① ㄱ, ㄴ ② ㄱ, ㄷ
③ ㄴ, ㄷ ④ ㄴ, ㄹ
⑤ ㄷ, ㄹ

※ K공사는 직원들의 명함을 다음의 명함 제작 기준에 따라 제작한다. 다음을 읽고 이어지는 질문에 답하시오. **[10~11]**

〈명함 제작 기준〉

(단위 : 원)

구분	100장	추가 50장
국문	10,000	3,000
영문	15,000	5,000

※ 고급종이로 제작할 경우 정가의 10% 가격 추가

10 올해 신입사원이 입사해서 국문 명함을 만들었다. 명함은 1인당 150장씩 지급하고 일반종이로 만들어 총 제작비용이 195,000원이라고 할 때, 신입사원은 총 몇 명인가?

① 12명
② 13명
③ 14명
④ 15명
⑤ 16명

11 이번 신입사원 중 해외영업 부서로 배치받은 사원이 있다. 해외영업부 사원들에게는 고급종이로 영문 명함을 200장씩 만들어 주려고 한다. 총인원이 8명일 때, 명함 제작에 드는 총액은 얼마인가?

① 158,400원
② 192,500원
③ 210,000원
④ 220,000원
⑤ 247,500원

12 같은 해에 입사한 동기 A ~ E는 모두 K기업 소속으로 서로 다른 부서에서 일하고 있다. 이들이 근무하는 부서와 해당 부서의 성과급은 다음과 같다. 부서배치에 관한 조건, 휴가에 관한 조건을 참고했을 때 다음 중 항상 옳은 것은?

<부서별 성과급>

비서실	영업부	인사부	총무부	홍보부
60만 원	20만 원	40만 원	60만 원	60만 원

※ 각 사원은 모두 각 부서의 성과급을 동일하게 받는다.

<부서배치 조건>

• A는 성과급이 평균보다 적은 부서에서 일한다.
• B와 D의 성과급을 더하면 나머지 세 명의 성과급 합과 같다.
• C의 성과급은 총무부보다는 적지만 A보다는 많이 받는다.
• C와 D 중 한 사람은 비서실에서 일한다.
• E는 홍보부에서 일한다.

<휴가 조건>

• 영업부 직원은 비서실 직원보다 휴가를 더 늦게 가야 한다.
• 인사부 직원은 첫 번째 또는 제일 마지막으로 휴가를 가야 한다.
• B의 휴가 순서는 이들 중 세 번째이다.
• E는 휴가를 반납하고 성과급을 두 배로 받는다.

① A의 3개월 치 성과급은 C의 2개월 치 성과급보다 많다.
② C가 맨 먼저 휴가를 갈 경우, B가 맨 마지막으로 휴가를 가게 된다.
③ D가 C보다 성과급이 많다.
④ 휴가철이 끝난 직후, 급여명세서에 D와 E의 성과급 차이는 세 배이다.
⑤ B는 A보다 휴가를 먼저 출발한다.

13 K공단에서는 약 2개월 동안 근무할 인턴사원을 선발하고자 다음과 같은 공고를 게시하였다. 이에 지원한 A ~ E 중에서 K공단의 인턴사원으로 가장 적절한 지원자는?

〈인턴 모집 공고〉

• 근무기간 : 약 2개월(6 ~ 8월)
• 자격 요건
 – 1개월 이상 경력자
 – 포토샵 가능자
 – 근무 시간(9 ~ 18시) 이후에도 근무가 가능한 자
• 기타 사항
 – 경우에 따라서 인턴 기간이 연장될 수 있음

A지원자	• 경력 사항 : 출판사 3개월 근무 • 컴퓨터 활용 능력 中(포토샵, 워드 프로세서) • 대학 휴학 중(9월 복학 예정)
B지원자	• 경력 사항 : 없음 • 포토샵 능력 우수 • 전문대학 졸업
C지원자	• 경력 사항 : 마케팅 회사 1개월 근무 • 컴퓨터 활용 능력 上(포토샵, 워드 프로세서, 파워포인트) • 4년제 대학 졸업
D지원자	• 경력 사항 : 제약 회사 3개월 근무 • 포토샵 가능 • 저녁 근무 불가
E지원자	• 경력 사항 : 마케팅 회사 1개월 근무 • 컴퓨터 활용 능력 中(워드 프로세서, 파워포인트) • 대학 졸업

① A지원자
② B지원자
③ C지원자
④ D지원자
⑤ E지원자

14 제시된 자료와 〈보기〉를 바탕으로 철수, 영희, 민수, 철호가 상품을 구입한 쇼핑몰을 순서대로 바르게 연결한 것은?

<단락>

〈이용약관의 주요내용〉

쇼핑몰	주문 취소	환불	배송비	포인트 적립
A	주문 후 7일 이내 취소 가능	10% 환불수수료＋송금수수료 차감	무료	구입 금액의 3%
B	주문 후 10일 이내 취소 가능	환불수수료＋송금수수료 차감	20만 원 이상 무료	구입 금액의 5%
C	주문 후 7일 이내 취소 가능	환불수수료＋송금수수료 차감	1회 이용 시 1만 원	없음
D	주문 후 당일에만 취소 가능	환불수수료＋송금수수료 차감	5만 원 이상 무료	없음
E	취소 불가능	고객 귀책 사유에 의한 환불 시에만 10% 환불수수료	1만 원 이상 무료	구입 금액의 10%
F	취소 불가능	원칙적으로 환불 불가능 (사업자 귀책 사유일 때만 환불 가능)	100g당 2,500원	없음

보기

ㄱ. 철수는 부모님의 선물로 등산용품을 구입하였는데, 판매자의 업무착오로 배송이 지연되어 판매자에게 전화로 환불을 요구하였다. 판매자는 판매금액 그대로를 통장에 입금해주었고 구입 시 발생한 포인트도 유지하여 주었다.

ㄴ. 영희는 옷을 구매할 때 배송료를 고려하여 한 가지씩 여러 번에 나누어 구매하기보다는 가능한 한 한꺼번에 주문하곤 하였다.

ㄷ. 인터넷 사이트에서 영화티켓을 20,000원에 주문한 민수는 다음날 같은 티켓을 18,000원에 파는 가게를 발견하고 전날 주문한 물건을 취소하려 했지만 취소가 되지 않아 곤란을 겪은 적이 있다.

ㄹ. 가방을 100,000원에 구매한 철호는 도착한 물건의 디자인이 마음에 들지 않아 환불 및 송금수수료와 배송료를 감수하는 손해를 보면서도 환불할 수밖에 없었다.

	철수	영희	민수	철호
①	E쇼핑몰	B쇼핑몰	C쇼핑몰	D쇼핑몰
②	F쇼핑몰	E쇼핑몰	D쇼핑몰	B쇼핑몰
③	E쇼핑몰	D쇼핑몰	F쇼핑몰	C쇼핑몰
④	F쇼핑몰	C쇼핑몰	E쇼핑몰	B쇼핑몰
⑤	E쇼핑몰	C쇼핑몰	B쇼핑몰	D쇼핑몰

15 자동차 회사에 근무하고 있는 P씨는 중국 공장에 점검차 방문하기 위해 교통편을 알아보고 있다. 내일 새벽 비행기를 타기 위한 여러 가지 방법 중 가장 적은 비용으로 공항에 도착하는 방법은?

〈숙박요금〉

구분	공항 근처 모텔	공항 픽업 호텔	회사 근처 모텔
요금	80,000원	100,000원	40,000원

〈대중교통 요금 및 소요시간〉

구분	버스	택시
회사 → 공항 근처 모텔	20,000원 / 3시간	40,000원 / 1시간 30분
회사 → 공항 픽업 호텔	10,000원 / 1시간	20,000원 / 30분
회사 → 회사 근처 모텔	근거리이므로 무료	
공항 픽업 호텔 → 공항	픽업으로 무료	
공항 근처 모텔 → 공항		
회사 근처 모텔 → 공항	20,000원 / 3시간	40,000원 / 1시간 30분

※ 소요시간도 금액으로 계산한다(시간당 10,000원).

① 공항 근처 모텔로 버스 타고 이동 후 숙박
② 공항 픽업 호텔로 버스 타고 이동 후 숙박
③ 공항 픽업 호텔로 택시 타고 이동 후 숙박
④ 회사 근처 모텔에서 숙박 후 버스 타고 공항 이동
⑤ 회사 근처 모텔에서 숙박 후 택시 타고 공항 이동

16 제시된 자료를 읽고 K사원이 2022년 1월 출장여비로 받을 수 있는 총액을 바르게 구한 것은?

〈출장여비 계산기준〉

• 출장여비는 출장수당과 교통비의 합으로 계산된다.
• 출장수당의 경우 업무추진비 사용 시 1만 원이 차감되며, 교통비의 경우 관용차량 사용 시 1만 원이 차감된다.

〈출장지별 출장여비〉

출장지	출장수당	교통비
D시	10,000원	20,000원
D시 외	20,000원	30,000원

※ D시 이외 지역으로 출장을 갈 경우 13시 이후 출장 시작 또는 15시 이전 출장 종료 시 출장수당에서 1만 원 차감된다.

〈K사원의 2022년 1월 출장내역〉

출장일	출장지	출장 시작 및 종료 시각	비고
1월 8일	D시	14 ~ 16시	관용차량 사용
1월 16일	S시	14 ~ 18시	–
1월 19일	B시	09 ~ 16시	업무추진비 사용

① 6만 원
② 7만 원
③ 8만 원
④ 9만 원
⑤ 10만 원

17 실속과 품격을 따지기로 유명한 G회사에서 새로운 기계를 구매하기 위해 검토 중이라는 소문을 B회사 영업사원인 귀하가 입수했다. G회사 구매 담당자인 A상무는 회사 방침에 따라 실속(가격)이 최우선이며 그다음이 품격(디자인)이고 구매하려는 기계의 제작사들이 비슷한 기술력을 가지고 있기 때문에 성능은 다 같다고 생각하고 있다. 따라서 사후관리(A/S)를 성능보다 우선시하고 있다고 한다. 귀하는 오늘 경쟁사와 자사 기계에 대한 종합 평가서를 참고하여 A상무를 설득시킬 계획이다. 귀하가 A상무에게 할 수 있는 설명으로 옳지 않은 것은?

〈종합 평가서〉

구분	A사	B사	C사	D사	E사	F사
성능(높은 순)	1	4	2	3	6	5
디자인(평가가 좋은 순)	3	1	2	4	5	6
가격(낮은 순)	1	3	5	6	4	2
A/S 특징(신속하고 철저한 순)	6	2	5	3	1	4

※ 숫자는 순위를 나타낸다.

① A사 제품은 가격은 가장 저렴하나 A/S가 늦고 철저하지 않습니다. 우리 제품을 사면 제품 구매 비용은 A사보다 많이 들어가나 몇 년 운용을 해보면 실제 A/S 지체 비용으로 인한 손실액이 A사보다 적기 때문에 실제로 이익입니다.

② C사 제품보다는 우리 회사 제품이 가격이나 디자인 면에서 우수하고 A/S 또한 빠르고 정확하기 때문에 비교할 바가 안 됩니다. 성능이 우리 것보다 조금 낮다고는 하나 사실 이 기계의 성능은 서로 비슷하기 때문에 우리 회사 제품이 월등하다고 볼 수 있습니다.

③ D사 제품은 먼저 가격에서나 디자인 그리고 A/S에서 우리 제품을 따라올 수 없습니다. 성능도 엇비슷하기 때문에 결코 우리 회사 제품과 견줄 것이 못 됩니다.

④ E사 제품은 A/S 면에서 가장 좋은 평가를 받고 있으나 성능 면에서 가장 뒤처지기 때문에 고려할 가치가 없습니다. 특히 A/S가 잘되어 있다면 오히려 성능이 뒤떨어져서 일어나는 사인이기 때문에 재고할 가치가 없습니다.

⑤ F사 제품은 우리 회사 제품보다 가격은 저렴하지만 A/S나 디자인 면에서 우리 제품이 더 좋은 평가를 받고 있으므로 우리 회사 제품이 더 뛰어납니다.

18 K공사는 직원들의 교양증진을 위해 사내 도서관에 도서를 2권 추가하고자 한다. 새로 구매할 도서는 직원들을 대상으로 한 사전조사 결과를 바탕으로 한 선정점수를 결정한다. 다음 〈조건〉에 따라 추가로 구매할 도서를 선정할 때, 최종 선정될 도서로 옳은 것은?

〈후보 도서 사전조사 결과〉

도서명	저자	흥미도 점수	유익성 점수
재테크, 답은 있다	정우택	6	8
여행학개론	W. George	7	6
부장님의 서랍	김수권	6	7
IT혁명의 시작	정인성, 유오진	5	8
경제정의론	S. Collins	4	5
건강제일주의	임시학	8	5

조건

• 공사는 전 직원들을 대상으로 후보 도서들에 대한 사전조사를 하였다. 각 후보 도서들에 대한 흥미도 점수와 유익성 점수는 전 직원들이 10점 만점으로 부여한 점수의 평균값이다.
• 흥미도 점수와 유익성 점수를 3 : 2의 가중치로 합산하여 1차 점수를 산정하고, 1차 점수가 높은 후보 도서 3개를 1차 선정한다.
• 1차 선정된 후보 도서 중 해외저자의 도서는 가점 1점을 부여하여 2차 점수를 산정한다.
• 2차 점수가 가장 높은 2개의 도서를 최종선정한다. 만일 선정된 후보 도서들의 2차 점수가 모두 동일한 경우, 유익성 점수가 가장 낮은 후보 도서는 탈락시킨다.

① 재테크, 답은 있다 / 여행학개론
② 재테크, 답은 있다 / 건강제일주의
③ 여행학개론 / 부장님의 서랍
④ 여행학개론 / 건강제일주의
⑤ IT혁명의 시작 / 건강제일주의

19 철수, 영희, 상수는 재충전 횟수에 따른 업체들의 견적을 비교하여 리튬이온배터리를 구매하려고 한다. 다음 〈조건〉을 바탕으로 할 때, 옳지 않은 것은?

방수액 재충전	유	무
0회 이상 100회 미만	5,000원	5,000원
100회 이상 300회 미만	10,000원	5,000원
300회 이상 500회 미만	20,000원	10,000원
500회 이상 1,000회 미만	30,000원	15,000원
12,000회 이상	50,000원	20,000원

조건

철수 : 재충전이 12,000회 이상은 되어야 해.
영희 : 나는 그렇게 많이는 필요하지 않고, 200회면 충분해.
상수 : 나는 무조건 방수액을 발라야 해.

① 철수, 영희, 상수 세 사람이 리튬이온배터리를 가장 저렴하게 구매하는 가격의 총합은 30,000원이다.
② 철수, 영희, 상수 세 사람이 리튬이온배터리를 가장 비싸게 구매하는 가격의 총합은 110,000원이다.
③ 영희가 리튬이온배터리를 가장 저렴하게 구매하는 가격은 10,000원이다.
④ 영희가 가장 비싸게 구매하는 가격과 상수가 가장 비싸게 구매하는 가격의 차이는 30,000원 이상이다.
⑤ 상수가 구매하는 리튬이온배터리의 가장 저렴한 가격과 가장 비싼 가격의 차이는 45,000원이다.

20 N공사의 기획팀 B팀장은 C사원에게 N공사에 대한 마케팅 전략 보고서를 요청하였다. C사원이 B팀장에게 제출한 SWOT 분석이 다음과 같을 때, 밑줄 친 ㉠~㉤ 중 SWOT 분석에 들어갈 내용으로 적절하지 않은 것은?

강점(Strength)	• 새롭고 혁신적인 서비스 • ㉠ 직원들에게 가치를 더하는 공사의 다양한 측면 • 특화된 마케팅 전문 지식
약점(Weakness)	• 낮은 품질의 서비스 • ㉡ 경쟁자의 시장 철수로 인한 시장 진입 가능성
기회(Opportunity)	• ㉢ 합작회사를 통한 전략적 협력 구축 가능성 • 글로벌 시장으로의 접근성 향상
위협(Threat)	• ㉣ 주력 시장에 나타난 신규 경쟁자 • ㉤ 경쟁 기업의 혁신적 서비스 개발 • 경쟁 기업과의 가격 전쟁

① ㉠

② ㉡

③ ㉢

④ ㉣

⑤ ㉤

CHAPTER 03

자원관리능력

자원관리능력은 현재 많은 NCS 기반 채용을 진행하는 공사·공단에서 핵심영역으로 자리 잡아, 일부를 제외한 대부분의 시험에서 출제 영역으로 꼽히고 있다. 전체 문항수의 10 ~ 15% 비중으로 출제되고 있고, 난이도가 상당히 높기 때문에 NCS를 치를 수험생이라면 반드시 준비해야 할 필수 과목이다.

실제 시험 기출 키워드를 살펴보면 비용 계산, 해외파견 지원금 계산, 주문 제작 단가 계산, 일정 조율, 일정 선정, 행사 대여 장소 선정, 최단거리 구하기, 시차 계산, 소요시간 구하기, 해외파견 근무 기준에 부합한 또는 부합하지 않는 직원 고르기 등 크게 자원계산, 자원관리문제 유형이 출제된다. 대표유형문제를 바탕으로 응용되는 방식의 문제가 출제되고 있기 때문에 비슷한 유형을 계속해서 풀어보면서 감을 익히는 것이 중요하다.

01 시차를 먼저 계산하자!

시간자원관리문제의 대표유형 중 시차를 계산하여 일정에 맞는 항공권을 구입하거나 회의시간을 구하는 문제에서는 각각의 나라 시간을 한국 시간으로 전부 바꾸어 계산하는 것이 편리하다. 조건에 맞는 나라들의 시간을 전부 한국 시간으로 바꾸고 한국 시간과의 시차만 더하거나 빼주면 시간을 단축하여 풀 수 있다.

02 보기를 활용하자!

예산자원관리문제의 대표유형에서는 계산을 해서 값을 요구하는 문제들이 있다. 이런 문제유형에서는 문제 보기를 먼저 본 후 자리 수가 몇 단위로 끝나는지 확인한다. 예를 들어 412,300원, 426,700원, 434,100원, 453,800원인 보기가 있다고 하자. 이 보기는 100원 단위로 끝나기 때문에 제시된 조건에서 100원 단위로 나올 수 있는 항목을 찾아 그 항목만 계산하여 시간을 단축시키는 방법이 있다.
또한, 일일이 계산하는 문제가 많은데 예를 들어 640,000원, 720,000원, 810,000원 등의 수를 이용해 푸는 문제가 있다고 하자. 만 원 단위를 절사하고 계산하여 64, 72, 81처럼 요약하여 적는 것도 시간을 단축하는 방법이다.

03 **최적의 값을 구하는 문제인지 파악하자!**

물적자원관리문제의 대표유형에서는 제한된 자원 내에서 최대의 만족 또는 이익을 얻을 수 있는 방법을 강구하는 문제가 출제된다. 이때, 구하고자 하는 값을 x, y로 정하고 연립방정식을 이용해 x, y값을 구한다. 최소 비용으로 목표생산량을 달성하기 위한 업무 및 인력 할당, 정해진 시간 내에 최대 이윤을 낼 수 있는 업체 선정, 정해진 인력으로 효율적 업무 배치 등을 구하는 문제에서 사용되는 방법이다.

04 **각 평가항목을 비교해보자!**

인적자원관리문제의 대표유형에서는 각 평가항목을 비교하여 기준에 적합한 인물을 고르거나, 저렴한 업체를 선정하거나, 총점이 높은 업체를 선정하는 문제가 출제된다. 이런 문제를 해결할 때는 평가항목에서 가격이나 점수 차이에 영향을 많이 미치는 항목을 찾아 지우면 1 ~ 2개의 보기를 삭제하고 3 ~ 4개의 보기만 계산하여 시간을 단축할 수 있다.

05 **문제의 단서를 이용하자!**

자원관리능력은 계산문제가 많기 때문에, 복잡한 계산은 딱 떨어지게끔 조건을 제시하는 경우가 많다. 단서를 보고 보기에서 부합하지 않는 보기를 1 ~ 2개 먼저 소거한 뒤 계산을 하는 것도 시간을 단축하는 방법이다.

┌연속출제┐

Q회사는 해외지사와 화상 회의 1시간을 갖기로 하였다. 모든 지사의 업무시간은 오전 9시부터 오후 6시까지이며, 점심시간은 낮 12시부터 오후 1시까지이다. 〈조건〉이 다음과 같을 때, 회의가 가능한 시간은 언제인가?(단, 회의가 가능한 시간은 서울 기준이다)

풀이순서

조건

- 헝가리는 서울보다 7시간 느리고, 현지시간으로 오전 10시부터 2시간 외부출장이 있다.
- 호주는 서울보다 1시간 빠르고, 현지시간으로 오후 2시부터 3시간 동안 회의가 있다.
- 베이징은 서울보다 1시간 느리다.
- 헝가리와 호주는 서머타임 +1시간을 적용한다.

① 오전 10시 ~ 오전 11시
② 오전 11시 ~ 낮 12시
③ 오후 1시 ~ 오후 2시
④ 오후 2시 ~ 오후 3시
⑤ 오후 3시 ~ 오후 4시

1) 질문의도
  : 회의 시간

2) 조건확인
  (i) 업무시간 확인
  (ii) 시차 확인

3) 정답도출
  : ① 헝가리 근무시간
    아님, 호주 점심
    ② 헝가리 근무시간
    아님
    ③ 헝가리 근무시간
    아님, 호주 회의,
    베이징 점심
    ④ 헝가리 근무시간
    아님, 호주 회의

 유형 분석
- 시간자원과 관련된 다양한 정보를 활용하여 문제를 풀어가는 문제이다.
- 대체로 교통편 정보나 국가별 시차 정보가 제공되며, 이를 근거로 '현지 도착시간 또는 약속된 시간 내에 도착하기 위한 방안'을 고르는 문제가 출제된다.

 풀이 전략
먼저 문제에서 묻는 것을 정확히 파악한다. 특히 제한사항에 대해서는 빠짐없이 확인해 두어야 한다. 이후 제시된 정보(시차 등)에서 필요한 것을 선별하여 문제를 풀어간다.

┌연속출제┐

다음은 J공사에 근무하는 K사원의 급여명세서이다. K사원이 10월에 시간외근무를 10시간 했을 경우 시간외수당으로 받는 금액은 얼마인가?

풀이순서

1) 질문의도
  : 시간외수당 도출

〈급여지급명세서〉

사번	A26	성명	K
소속	회계팀	직급	사원

· 지급 내역

지급항목(원)		공제항목(원)	
기본급여	1,800,000	주민세	4,500
시간외수당	( )	고용보험	14,400
직책수당	0	건강보험	58,140
상여금	0	국민연금	81,000
특별수당	100,000	장기요양	49,470
교통비	150,000		
교육지원	0		
식대	100,000		
급여 총액	2,150,000	공제 총액	207,510

※ (시간외수당)=(기본급)×$\frac{(시간외근무 \ 시간)}{200}$×150%

2) 조건확인
  : 시간외수당 공식

① 135,000원
② 148,000원
③ 167,000원
④ 195,000원
⑤ 205,000원

3) 정답도출

$$1,800,000 \times \frac{10}{200} \times 1.5 = 135,000$$

유형 분석   한정된 예산 내에서 수행할 수 있는 업무에 대해 묻는 문제이다.

풀이 전략   제한사항인 예산을 고려하여 문제에서 묻는 것을 정확히 파악한 후 제시된 정보에서 필요한 것을 선별하여 문제를 풀어간다.

┌연속출제┐

K공사에 근무하는 L주임은 입사할 신입사원에게 지급할 <u>볼펜과 스케줄러</u>를 구매하기 위해 A, B, C 세 도매업체의 판매정보를 아래와 같이 정리하였다. 입사예정인 <u>신입사원은 총 600명</u>이고, 신입사원 <u>1명당 볼펜과 스케줄러를 각각 1개씩</u> 증정한다고 할 때, 가장 저렴하게 구매할 수 있는 <u>업체와 구매가격</u>을 올바르게 나열한 것은?

풀이순서

1) 질문의도
   : 구매업체, 구매가격

2) 조건확인
   (i) 볼펜과 스케줄러
   (ii) 신입사원 600명

〈세 업체의 상품가격표〉

업체명	품목	수량(1SET당)	가격(1SET당)
A도매업체	볼펜	150개	13만 원
	스케줄러	100권	25만 원
B도매업체	볼펜	200개	17만 원
	스케줄러	600권	135만 원
C도매업체	볼펜	100개	8만 원
	스케줄러	300권	65만 원

〈세 업체의 특가상품 정보〉

업체명	볼펜의 특가상품 구성	특가상품 구매 조건
A도매업체	300개 25.5만 원 or 350개 29만 원	스케줄러 150만 원 이상 구입
B도매업체	600개 48만 원 or 650개 50만 원	스케줄러 100만 원 이상 구입
C도매업체	300개 23.5만 원 or 350개 27만 원	스케줄러 120만 원 이상 구입

※ 각 물품은 묶음 단위로 판매가 가능하며, 개당 판매는 불가하다.
※ 업체별 특가상품은 둘 중 한 가지만 선택해 1회 구입 가능하다.

(iii) 특가상품 정보

3) 정답도출

   도매업체   구매가격
① A업체   183만 원
② B업체   177.5만 원
③ B업체   183만 원
✓ C업체   177.5만 원
⑤ C업체   183만 원

• A업체 : 150+51.5=201.5만 원
• B업체 : 135+48=183만 원
• C업체 : 130+47.5=177.5만 원

📋 **유형** 분석
• 물적자원과 관련된 다양한 정보를 활용하여 풀어가는 문제이다.
• 주로 공정도·제품·시설 등에 대한 가격·특징·시간 정보가 제시되며, 이를 종합적으로 고려하는 문제가 출제된다.

📋 **풀이** 전략
문제에서 묻고자 하는 바를 정확히 파악하는 것이 중요하다. 문제에서 제시한 물적자원의 정보를 문제의 의도에 맞게 선별하면서 풀어간다.

┌**연속출제**┐

H공사에서 2019년도 하반기 신규 직원 채용시험을 3일 동안 시행하기로 하고 시험 감독 ⓐ
관을 파견하였다. 직전 시험에 감독으로 파견된 사람은 다음 시험에 감독관을 할 수 없다고
할 때, 10월 19일 세 지역의 시험 감독관으로 가능한 최대 인원은 총 몇 명인가?
ⓑ

풀이순서

1) 질문의도
   : 시험 감독관 파견

2) 조건확인
   : 직전 시험 감독 인원
     제외

3) 정답도출

〈시험 날짜별 감독관 인원〉

(단위 : 명)

구분	울산 본부	부산 본부	대구 본부
총 인력 인원	358	1,103	676
10월 05일	31	57	44
10월 12일	24	48	46
10월 19일			

① 1,887명
② 1,989명
✔ 2,019명
④ 2,049명
⑤ 2,174명

$$(358+1,103+676)-(24+48+46)=2,137-118=2,019명$$

📋 **유형** 분석
- 인적자원과 관련된 다양한 정보를 활용하여 문제를 풀어가는 문제이다.
- 주로 근무명단, 휴무일, 업무할당 등의 주제로 다양한 정보를 활용하여 종합적으로 풀어나가는
  문제가 출제된다.

📋 **풀이** 전략
문제에서 근무자배정 혹은 인력배치 등의 주제가 출제될 경우에는 주어진 규정 혹은 규칙을 꼼꼼
히 확인하여야 한다. 이를 근거로 각 선택지가 어긋나지 않는지 검토하며 문제를 풀어간다.

※ S공사는 임직원들의 체력증진과 단합행사 장소를 개선하기 위해 노후된 운동장 및 체육관 개선 공사를
실시하고자 입찰 공고를 하였다. 자료를 읽고 이어지는 질문에 답하시오. **[1~2]**

〈입찰 참여 건설사 정보〉

업체	최근 3년 이내 시공규모	기술력 평가	친환경 설비 도입비중	경영건전성	입찰가격
A	700억 원	A등급	80%	2등급	85억 원
B	250억 원	B등급	72%	1등급	78억 원
C	420억 원	C등급	55%	3등급	60억 원
D	1,020억 원	A등급	45%	1등급	70억 원
E	720억 원	B등급	82%	2등급	82억 원
F	810억 원	C등급	61%	1등급	65억 원

〈항목별 점수 산정 기준〉

• 기술력 평가, 친환경 설비 도입비중, 경영건전성은 등급 혹은 구간에 따라 점수로 환산하여 반영한다.
• 기술력 평가 등급별 점수(기술점수)

등급	A등급	B등급	C등급
점수	30점	20점	15점

• 친환경 설비 도입비중별 점수(친환경점수)

친환경 설비 도입비중	90% 이상 100% 이하	75% 이상 90% 미만	60% 이상 75% 미만	60% 미만
점수	30점	25점	20점	15점

• 경영건전성 등급별 점수(경영점수)

등급	1등급	2등급	3등급	4등급
점수	30점	26점	22점	18점

01 S공사는 아래의 선정 기준에 따라 시공업체를 선정하고자 한다. 다음 중 선정될 업체로 옳은 것은?

〈운동장 및 체육관 개선 공사 시공업체 선정 기준〉

• 최근 3년 이내 시공규모가 500억 원 이상인 업체를 대상으로 선정한다.
• 입찰가격이 80억 원 미만인 업체를 대상으로 선정한다.
• 입찰점수는 기술점수, 친환경점수, 경영점수를 합산하여 산정한다.
• 입찰점수가 가장 높은 업체 1곳을 선정한다.

---

① A업체   ② B업체
③ D업체   ④ E업체
⑤ F업체

02 S공사는 더 많은 업체의 입찰 참여를 위해 시공업체 선정 기준을 아래와 같이 변경하였다. 다음 중 선정될 업체로 옳은 것은?

〈운동장 및 체육관 개선 공사 시공업체 선정 기준(개정)〉

• 최근 3년 이내 시공규모가 400억 원 이상인 업체를 대상으로 선정한다.
• 입찰가격을 다음과 같이 가격점수로 환산하여 반영한다.

입찰가격	60억 원 이하	60억 원 초과 70억 원 이하	70억 원 초과 80억 원 이하	80억 원 초과
점수	15점	12점	10점	8점

• 입찰점수는 기술점수, 친환경점수, 경영점수, 가격점수를 1 : 1 : 1 : 2의 가중치로 합산하여 산정한다.
• 입찰점수가 가장 높은 업체 1곳을 선정한다.

---

① A업체   ② C업체
③ D업체   ④ E업체
⑤ F업체

03 식음료 제조회사에 근무하고 있는 사원 L씨는 울산에 있는 공장에 업무 차 방문하기 위해 교통편을 알아보고 있는 중이다. L씨는 목요일 오전 업무를 마치고 낮 12시에 출발이 가능하며, 당일 오후 3시까지 공장에 도착해야 한다. 다음의 자료를 보고 L씨가 선택할 교통편으로 옳은 것은?(단, 도보 이동 시간은 고려하지 않는다)

• 회사에서 이동수단 장소까지의 소요시간

출발지	도착지	소요시간
회사	김포공항	40분
	고속버스터미널	15분
	서울역	30분

• 이동수단별 소요시간

구분	운행요일	출발지	출발시간	소요시간
비행기	매일	김포공항	30분마다	1시간
KTX	매일	서울역	매시 정각	2시간 15분

• 공장 오시는 길

교통편	출발지	소요시간
버스	울산터미널	1시간 30분
	울산공항	1시간 50분
	울산역	1시간 20분
택시	울산터미널	50분
	울산공항	30분
	울산역	15분
공항 리무진 버스	울산공항	1시간 5분

① KTX – 택시
② KTX – 버스
③ 비행기 – 택시
④ 비행기 – 공항 리무진 버스
⑤ 비행기 – 버스

〈신입사원 채용시험 상위 5명 점수(각 100점 만점)〉

구분	언어	수리	정보	상식	인성
A	90	80	90	80	90
B	80	90	80	90	90
C	90	70	100	90	80
D	80	90	100	100	80
E	100	80	70	80	90

〈합격자 선발기준〉

언어	수리	정보	상식	인성
30%	30%	10%	10%	20%

※ 위의 선발기준 가중치를 고려하여 채용시험 성적 총점을 산출하고 합격자를 정한다.

04 5명 중 점수가 가장 높은 상위 2명을 합격자로 선정하였을 때, 다음 중 합격자를 바르게 짝지은 것은?

① A, B
② A, D
③ B, C
④ B, D
⑤ D, E

05 합격자 선발기준에서 인성에 대한 가중치를 높이고자 인성 점수와 수리 점수의 가중치를 서로 바꾸었을 때, 다음 중 합격자를 바르게 짝지은 것은?

① A, B
② A, D
③ A, E
④ B, D
⑤ D, E

※ 다음 자료를 읽고 이어지는 질문에 답하시오. [6~8]

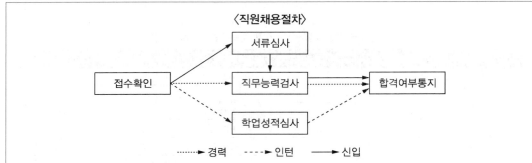

〈직원채용절차〉

※ 직원채용절차에서 중도탈락자는 없음

〈지원유형별 접수 건수〉

지원유형	신입	경력	인턴
접수(건)	20	18	16

※ 지원유형은 신입, 경력, 인턴의 세 가지 유형이 전부임

〈업무단계별 1건당 처리비용〉

업무단계	처리비용(원)
접수 확인	500
서류심사	2,000
직무능력검사	1,000
학업성적심사	1,500
합격 여부 통지	400

※ 업무단계별 1건당 처리비용은 지원유형과 관계없이 같음

06 다음 중 직원채용에 관한 내용으로 적절하지 않은 것은?

① 경력직 직원채용절차에는 직무능력검사가 포함되어 있다.
② 직원채용절차에서 신입유형만 유일하게 서류심사가 있다.
③ 접수 건수가 제일 많은 지원유형의 직원채용절차에는 학업성적심사가 포함되어 있다.
④ 1건당 가장 많은 처리비용이 드는 업무단계는 서류심사이다.
⑤ 접수 건수가 제일 적은 지원유형의 직원채용절차에는 서류심사가 포함되어 있지 않다.

07 A는 신입직원채용에, B는 경력직원채용에 접수하였다. 자료에 따른 내용으로 옳지 않은 것은?

① A가 접수한 유형의 직원채용절차를 처리하기 위해서는 3,900원의 비용이 필요하다.
② B가 접수한 유형의 직원채용절차를 처리하기 위해서는 2,900원의 비용이 필요하다.
③ A가 접수한 유형의 직원채용절차에는 B가 접수한 유형의 직원채용절차에 없는 절차가 있다.
④ 만약 유형별 모집인원이 같다면 A가 접수한 유형의 경쟁률이 더 높다.
⑤ A와 B가 접수한 직원채용절차에는 학업성적심사가 포함되어 있지 않다.

08 접수자 중 지원유형별로 신입직원 5명, 경력직원 3명, 인턴직원 2명을 선발한다고 할 때, 옳지 않은 것은?

① 신입유형 지원자의 합격률은 25%이다.
② 인턴유형 지원자의 합격률은 신입유형 지원자 합격률의 절반이다.
③ 경력유형 지원자 중 불합격하는 사람의 비율은 6명 중 5명꼴이다.
④ 지원유형 중 가장 경쟁률이 높은 유형은 인턴유형이다.
⑤ 지원유형 중 가장 합격률이 낮은 유형은 경력유형이다.

09 한국의 A사, 오스트레일리아의 B사, 아랍에미리트의 C사, 러시아의 D사는 상호협력프로젝트를 추진하고자 화상회의를 하려고 한다. 한국시각을 기준해 화상회의 가능 시각으로 옳은 것은?

〈국가별 시간〉

국가(도시)	현지시각
오스트레일리아(시드니)	2022. 4. 15. 10:00am
대한민국(서울)	2022. 4. 15. 08:00am
UAE(두바이)	2022. 4. 15. 03:00am
러시아(모스크바)	2022. 4. 15. 02:00am

※ 각 회사의 위치는 위 자료에 있는 도시에 있다.
※ 모든 회사의 근무시간은 현지시각으로 오전 9시 ~ 오후 6시이다.
※ A, B, D사의 식사시간은 현지시각으로 낮 12시 ~ 오후 1시이다.
※ C사의 식사시간은 오전 11시 30분 ~ 오후 12시 30분이고, 오후 12시 30분부터 오후 1시까지 전 직원이 종교활동을 한다.
※ 화상회의 소요시간은 1시간이다.

① 오후 1 ~ 2시
② 오후 2 ~ 3시
③ 오후 3 ~ 4시
④ 오후 4 ~ 5시
⑤ 오후 5 ~ 6시

※ B공사는 2022년 상반기 승진후보자 중 승진자를 선발하고자 한다. 다음은 승진자 선발 방식 및 승진후보자들에 대한 자료이다. 이어지는 질문에 답하시오. [10~11]

〈2022년 상반기 승진자 선발〉

1. 승진자 선발 방식
   • 승진점수(100)는 실적평가점수(40), 동료평가점수(30), 혁신사례점수(30)에 교육 이수에 따른 가점을 합산하여 산정한다.
   • 다음 교육 이수자에게는 아래의 가점을 부여한다.

교육	조직문화	전략적 관리	혁신역량	다자협력
가점	2	2	3	2

   • 승진후보자 중 승진점수가 가장 높은 2인을 선발하여 승진시킨다.

2. 승진후보자 평가정보

승진후보자	실적평가점수	동료평가점수	혁신사례점수	이수교육
A	34	26	22	다자협력
B	36	25	18	혁신역량
C	39	26	24	–
D	37	21	23	조직문화, 혁신역량
E	36	29	21	–

---

10 승진자 선발 방식에 따라 승진후보자 A ~ E 중 2명을 승진시키고자 한다. 동점자가 있는 경우 실적평가 점수가 더 높은 후보자를 선발한다고 할 때, 승진할 2명은 누구인가?

① A, B
② A, C
③ C, D
④ C, E
⑤ D, E

11 상반기 인사에 혁신의 반영률을 높이라는 내부 인사위원회의 권고에 따라 승진자 선발 방식이 다음과 같이 변경되었다. 변경된 승진자 선발 방식에 따라 승진자를 선발할 때, 승진할 2명은은 누구인가?

〈승진자 선발 방식 변경〉

〈변경 전〉

1. 승진점수(100) 총점 및 배점
   - 실적평가점수(40)
   - 동료평가점수(30)
   - 혁신사례점수(30)

2. 혁신역량 교육 가점

교육	혁신역량
가점	3

〈변경 후〉

1. 승진점수(115) 총점 및 배점
   - 실적평가점수(40)
   - 동료평가점수(30)
   - 혁신사례점수(45)
     - 혁신사례점수에 50%의 가중치를 부여

2. 혁신역량 교육 가점

교육	혁신역량
가점	4

① A, D
② B, C
③ B, E
④ C, D
⑤ C, E

12 I사원은 회사 법인카드를 사용하여 부장 3명과 대리 2명의 제주 출장을 위해 왕복항공권을 구입하려고 한다. 다음은 항공사별 좌석에 따른 편도 비용에 관한 자료이다. 부장은 비즈니스석, 대리는 이코노미석을 이용한다고 할 때, 가장 저렴하게 항공권을 구입할 수 있는 항공사는 어디인가?(단, 모두 같은 항공사를 이용한다)

〈항공사별 좌석 편도 비용 현황〉

항공사	비즈니스석	이코노미석	비고
A항공사	120,000원	85,000원	-
B항공사	150,000원	95,000원	법인카드 사용 시 20% 할인
C항공사	150,000원	80,000원	왕복권 구매 시 10% 할인
D항공사	130,000원	75,000원	-
E항공사	130,000원	70,000원	-

① A항공사
② B항공사
③ C항공사
④ D항공사
⑤ E항공사

※ 다음은 공단 직원들의 핵심성과지표(KPI)를 토대로 인사점수를 산정한 자료이다. 이어지는 질문에 답하시오. **[13~14]**

〈개별 인사점수〉

내용	리더십	조직기여도	성과	교육이수여부	부서
L과장	88점	86점	83점	×	영업부
M차장	92점	90점	88점	○	고객만족부
N주임	90점	82점	85점	×	IT부
O사원	90점	90점	85점	×	총무부
P대리	83점	90점	88점	○	영업부

※ 교육을 이수하였으면 20점을 가산한다.
※ 사원·주임은 50점, 대리는 80점, 과장·차장은 100점을 가산한다.

〈부서 평가〉

구분	영업부	총무부	IT부	고객만족부	기획부
등급	A	C	B	A	B

※ 부서 평가에 따라 조직기여도 점수를 A등급은 1.5배, B등급은 1배, C등급은 0.8배로 계산한다.

13 총 점수가 400점 이상 410점 이하인 직원은 모두 몇 명인가?

① 1명
② 2명
③ 3명
④ 4명
⑤ 5명

14 다음 중 가장 높은 점수를 받은 직원은 누구인가?

① L과장
② M차장
③ N사원
④ O사원
⑤ P대리

15 기획팀 A사원은 다음 주 금요일에 열릴 세미나 장소를 섭외하라는 부장님의 지시를 받았다. 세미나에 참여할 인원은 총 17명이며, 모든 인원이 앉을 수 있는 테이블과 의자, 발표에 사용할 빔프로젝터 1개가 필요하다. A사원은 모든 회의실의 잔여상황을 살펴보고 가장 적합한 대회의실을 선택하였고, 필요한 비품은 회의실과 창고에서 확보한 후 부족한 물건을 주문하였다. 주문한 비품이 도착한 후 물건을 확인했지만 수량을 착각해 빠트린 것이 있었다. 다시 주문하게 된다면 A사원이 주문할 물품 목록으로 옳은 것은?

〈회의실별 비품현황〉

(단위 : 개)

구분	대회의실	1회의실	2회의실	3회의실	4회의실
테이블(2인용)	1	1	2	–	–
의자	3	2	–	–	4
빔프로젝터	–	–	–	–	–
화이트보드	–	–	–	–	–
보드마카	2	3	1	–	2

〈창고 내 비품보유현황〉

(단위 : 개)

구분	테이블(2인용)	의자	빔프로젝터	화이트보드	보드마카
창고	–	2	1	5	2

〈1차 주문서〉

1. 테이블(2인용) 4개
2. 의자 1개
3. 화이트보드 1개
4. 보드마카 2개

① 빔프로젝터 : 1개, 의자 : 3개
② 빔프로젝터 : 1개, 테이블 : 1개
③ 테이블 : 1개, 의자 : 5개
④ 테이블 : 9개, 의자 : 6개
⑤ 테이블 : 9개, 의자 : 3개

16 본사가 대전에 있는 A기업의 C부장은 목포에 있는 물류창고 정기점검을 위하여 내일 오전 10시에 출장을 갈 예정이다. 출장 당일 오후 1시에 물류창고 관리담당자와 미팅이 예정되어 있어 늦지 않게 도착하고자 한다. 주어진 교통편을 고려하였을 때, 다음 중 C부장이 선택할 경로로 가장 적절한 것은?(단, 1인당 출장지원 교통비 한도는 5만 원이며, 도보이동에 따른 소요시간은 고려하지 않는다)

• 본사에서 대전역까지 비용

구분	소요시간	비용	비고
버스	30분	2,000원	–
택시	15분	6,000원	–

• 교통수단별 이용정보

구분	열차	출발시각	소요시간	비용	비고
직통	새마을호	10:00 / 10:50	2시간 10분	28,000원	–
직통	무궁화	10:20 / 10:40 10:50 / 11:00	2시간 40분	16,000원	–
환승	KTX	10:10 / 10:50	20분	6,000원	환승 10분 소요
	KTX	–	1시간 20분	34,000원	
환승	KTX	10:00 / 10:30	1시간	20,000원	환승 10분 소요
	새마을호	–	1시간	14,000원	

• 목포역에서 물류창고까지 비용

구분	소요시간	비용	비고
버스	40분	2,000원	–
택시	20분	9,000원	–

① 버스 – 새마을호(직통) – 버스
② 택시 – 무궁화(직통) – 택시
③ 버스 – KTX / KTX(환승) – 택시
④ 택시 – KTX / 새마을호(환승) – 택시
⑤ 택시 – 새마을호(직통) – 택시

17　G사에 근무하는 임직원은 7월 19일부터 7월 21일까지 2박 3일간 워크숍을 가려고 한다. 워크숍 장소 예약을 담당하게 된 K대리는 〈조건〉에 따라 호텔을 예약하려고 한다. 다음 중 K대리가 예약할 호텔로 가장 적절한 것은?

〈워크숍 장소 현황〉

(단위 : 실, 명, 개)

구분	총 객실 수	객실 예약완료 현황			세미나룸 현황			
		7월 19일	7월 20일	7월 21일	최대수용 인원	빔프로젝터	4인용 테이블	의자
A호텔	88	20	26	38	70	○	26	74
B호텔	70	11	27	32	70	×	22	92
C호텔	76	10	18	49	100	○	30	86
D호텔	68	12	21	22	90	×	18	100
E호텔	84	18	23	19	90	○	15	70

※ 4인용 테이블 2개를 사용하면 8명이 앉을 수 있다.

〈G사 임직원 현황〉

(단위 : 명)

구분	신사업기획처	신사업추진처	기술기획처	ICT융합기획처
처장	1	1	1	1
부장	3	4	2	3
과장	5	6	4	3
대리	6	6	5	4
주임	2	2	3	6
사원	3	4	3	2

조건
- 워크숍은 한 호텔에서 실시하며, 워크숍에 참여하는 모든 직원은 해당 호텔에서 숙박한다.
- 부장급 이상은 1인 1실을 이용하며, 나머지 임직원은 2인 1실을 이용한다.
- 워크숍에서는 빔프로젝터가 있어야 하며, 8인용 테이블과 의자는 참여하는 인원수만큼 필요하다.

① A호텔　　　　　　　　　　　② B호텔
③ C호텔　　　　　　　　　　　④ D호텔
⑤ E호텔

※ A회사는 1년에 15일의 연차를 제공하고, 매달 3일까지 연차를 쓸 수 있다. 이어지는 질문에 답하시오.
[18~19]

<A ~ E사원의 연차 사용 내역(1 ~ 9월)>

1 ~ 2월	3 ~ 4월	5 ~ 6월	7 ~ 9월
• 1월 9일 : D, E사원 • 1월 18일 : C사원 • 1월 20 ~ 22일 : B사원 • 1월 25일 : D사원	• 3월 3 ~ 4일 : A사원 • 3월 10 ~ 12일 : B, D사원 • 3월 23일 : C사원 • 3월 25 ~ 26일 : E사원	• 5월 6일 ~ 8일 : E사원 • 5월 12일 ~ 14일 : B, C사원 • 5월 18일 ~ 20일 : A사원	• 7월 7일 : A사원 • 7월 18 ~ 20일 : C, D사원 • 7월 25 ~ 26일 : E사원 • 9월 9일 : A, B사원 • 9월 28일 : D사원

18 다음 중 연차를 가장 적게 쓴 사원은 누구인가?

① A사원
② B사원
③ C사원
④ D사원
⑤ E사원

19 A회사에서는 11월을 집중 근무 기간으로 정하여 연차를 포함한 휴가를 전면 금지할 것이라고 9월 30일 현재 발표하였다. 이런 상황에서 휴가에 관한 손해를 보지 않는 사원은 누구인가?

① A, C사원
② B, C사원
③ B, D사원
④ C, D사원
⑤ D, E사원

20 K사에 근무하는 L주임은 입사할 신입사원에게 지급할 볼펜과 스케줄러를 구매하기 위해 A ~ C 세 도매업체의 판매정보를 아래와 같이 정리하였다. 입사예정인 신입사원은 총 600명이고, 신입사원 1명당 볼펜과 스케줄러를 각각 1개씩 증정한다고 할 때, 가장 저렴하게 구매할 수 있는 업체와 구매가격을 바르게 나열한 것은?

〈세 업체의 상품가격표〉

업체명	품목	수량(1SET당)	가격(1SET당)
A도매업체	볼펜	150개	13만 원
	스케줄러	100권	25만 원
B도매업체	볼펜	200개	17만 원
	스케줄러	600권	135만 원
C도매업체	볼펜	100개	8만 원
	스케줄러	300권	65만 원

〈세 업체의 특가상품 정보〉

업체명	볼펜의 특가상품 구성	특가상품 구매 조건
A도매업체	300개 25.5만 원 or 350개 29만 원	스케줄러 150만 원 이상 구입
B도매업체	600개 48만 원 or 650개 50만 원	스케줄러 100만 원 이상 구입
C도매업체	300개 23.5만 원 or 350개 27만 원	스케줄러 120만 원 이상 구입

※ 각 물품은 묶음 단위로 판매가 가능하며, 개당 판매는 불가하다.
※ 업체별 특가상품은 둘 중 한 가지만 선택해 1회 구입 가능하다.

	도매업체	구매가격
①	A업체	183만 원
②	B업체	177.5만 원
③	B업체	183만 원
④	C업체	177.5만 원
⑤	C업체	183만 원

CHAPTER 04

조직이해능력

합격 CHEAT KEY

조직이해능력은 업무를 원활하게 수행하기 위해 조직의 체제와 경영을 이해하고 국제적인 추세를 이해하는 능력이다. 현재 많은 공사·공단에서 출제 비중을 높이고 있는 영역이기 때문에 미리 대비하는 것이 중요하다. 실제 업무 능력에서 조직이해능력을 요구하기 때문에 중요도는 점점 높아 질 것이다.

국가직무능력표준 홈페이지 자료에 따르면 조직이해능력의 세부 유형은 조직체제이해능력·경영이해능력·업무이해능력·국제감각으로 나눌 수 있다. 조직도를 제시하는 문제가 출제되거나 조직의 체계를 파악해 경영의 방향성을 예측하고, 업무의 우선순위를 파악하는 문제가 출제된다.

조직이해능력은 NCS 기반 채용을 진행한 기업 중 70% 정도가 다뤘으며, 문항 수는 전체에서 평균 5% 정도로 상대적으로 적게 출제되었다.

01 문제 속에 정답이 있다!

경력이 없는 경우 조직에 대한 이해가 낮을 수밖에 없다. 그러나 문제 자체가 실무적인 내용을 담고 있어도 문제 안에는 해결의 단서가 주어진다. 부담을 갖지 않고 접근하는 것이 중요하다.

02 경영·경제학원론 정도의 수준은 갖추도록 하라!

지원한 직군마다 차이는 있을 수 있으나, 경영·경제이론을 접목시킨 문제가 꾸준히 출제되고 있다. 따라서 기본적인 경영·경제이론은 익혀 둘 필요가 있다.

03 지원하는 공사·공단의 조직도를 파악하자!

출제되는 문제는 각 공사·공단의 세부내용일 경우가 많기 때문에 지원하는 공사·공단의 조직도를 파악해두어야 한다. 조직이 운영되는 방법과 전략을 이해하고, 조직을 구성하는 체제를 파악하고 간다면 조직이해능력영역에서 조직도가 나올 때 단기간에 문제를 풀 수 있을 것이다.

04 실제 업무에서도 요구되므로 이론을 익혀두자!

각 공사·공단의 직무 특성상 일부 영역에 중요도가 가중되는 경우가 있어서 많은 취업준비생들이 일부 영역에만 집중하지만, 실제 업무 능력에서 직업기초능력 10개 영역이 골고루 요구되는 경우가 많고, 현재는 필기시험에서도 조직이해능력을 출제하는 기관의 비중이 늘어나고 있기 때문에 미리 이론을 익혀 둔다면 모듈형 문제에서 고득점을 노릴수 있다.

┌─연속출제─┐

직장생활을 하면 해외 바이어를 만날 일이 생기기도 한다. 이를 대비해 알아두어야 할 |국제매너|로 옳지 않은 것은?

① 악수를 한 후 명함을 건네는 것이 순서이다.

② 러시아, 라틴아메리카 사람들은 포옹으로 인사를 하는 경우도 많다.

③ 이라크 사람들은 상대방이 약속시간이 지나도 기다려 줄 것으로 생각한다.

☑ 미국인들과 악수를 할 때에는 손끝만 살짝 잡아서 해야 한다.

풀이순서

1) 질문의도
   : 국제매너

2) 정답도출
   : 손끝만 ×
   → 잠시 힘주어
   잡아야 함

📋 **유형 분석**
- 국제 예절에 대한 이해를 묻는 문제이다.
- 문제에서 별다른 단서가 주어지지 않고 국제 예절을 알고 있는지 직접적으로 묻기 때문에 정확한 정리가 필수이다.

응용문제 : 국제 공통 예절과 국가별 예절을 구분해서 알아야 하고, 특히 식사예절은 필수로 알아두어야 한다.

📋 **풀이 전략** 질문에서 무엇을 묻고 있는지(옳은, 옳지 않은)를 분명히 표시해 놓고 선택지를 읽어야 한다.

┌연속출제┐

다음 중 경영의 4요소 에 대한 설명으로 적절한 것을 모두 고르면?

ㄱ. 조직의 목적을 달성하기 위해 경영자가 수립하는 것으로 더욱 구체적인 방법과 과정이 담겨 있다. ⟶ 경영목적

ㄴ. 조직에서 일하는 구성원으로 경영은 이들의 직무수행에 기초하여 이루어지기 때문에 이것의 배치 및 활용이 중요하다. ⟶ 인적자원

ㄷ. 생산자가 상품 또는 서비스를 소비자에게 유통하는 데 관련된 모든 체계적 경영 활동이다.

ㄹ. 특정의 경제적 실체에 관하여 이해관계를 이루는 사람들에게 합리적인 경제적 의사결정을 하는 데 유용한 재무적 정보를 제공하기 위한 일련의 과정 또는 체계이다.

ㅁ. 경영하는 데 사용할 수 있는 돈으로 이것이 충분히 확보되는 정도에 따라 경영의 방향과 범위가 정해지게 된다. ⟶ 운영자금

ㅂ. 조직이 변화하는 환경에 적응하기 위하여 경영활동을 체계화하는 것으로, 목표달성을 위한 수단이다. ⟶ 경영전략

① ㄱ, ㄴ, ㄷ, ㄹ
② ㄱ, ㄴ, ㄷ, ㅁ
✔ ㄱ, ㄴ, ㅁ, ㅂ
④ ㄷ, ㄹ, ㅁ, ㅂ
⑤ ㄴ, ㄷ, ㅁ, ㅂ

풀이순서

1) 질문의도
   : 경영의 4요소

2) 선택지 분석

3) 정답도출

📋 **유형 분석**
- 경영을 구성하는 요소에 대한 이해를 묻는 문제이다.
- 지식이 없으면 어려운 문제이다. 조직의 유지에는 경영이 필수이기 때문에 이 영역(조직이해)에서 경영 이론에 대한 기본적인 내용은 정리해두어야 한다.
  응용문제 : 경영 단계와 그 특징에 관한 문제가 출제된다.

📋 **풀이 전략**
문제를 읽어 질문을 확인한 뒤 지문을 읽는다. 지문은 묻는 질문에 대한 진술과 아닌 진술이 섞여 있는 형태이므로 키워드를 표시하면서 걸러내야 한다.

안심Touch

01 다음 중 〈보기〉와 같은 비즈니스 에티켓 특징을 가지고 있는 국가는?

> **보기**
>
> - 인사 : 중국계의 경우 악수로 시작하는 일반적인 비즈니스 문화를 가지고 있으며, 말레이계의 경우 이성과 악수를 하지 않는 것이 일반적이다. 인도계 역시 이성끼리 악수를 하지 않고 목례를 한다.
> - 약속 : 약속 없이 방문하는 것은 실례이므로 업무상 필수적으로 방문해야 하는 경우에는 약속을 미리 잡아 일정 등에 대한 확답을 받은 후 방문한다. 미팅에서는 부수적인 이야기를 거의 하지 않으며 바로 업무에 관한 이야기를 한다. 이때 상대방의 말을 끝까지 경청해야 한다. 명함을 받을 때도 두 손으로 받는 것이 일반적이다.

① 미국　　　　　　　　　　　　　② 싱가포르
③ 인도네시아　　　　　　　　　　④ 필리핀
⑤ 태국

02 다음 중 비언어적 커뮤니케이션을 위한 행동으로 옳지 않은 것은?

① 스페인에서는 악수할 때 손을 강하게 잡을수록 반갑다는 의미를 가지고 있다. 따라서 스페인 사람과 첫 협상 시에는 강하게 악수하여 반가움을 표현하는 것이 적절하다.
② 이탈리아에서는 연회 시 소금이나 후추 등이 다른 사람 손에 거치면 좋지 않다는 풍습이 있다. 따라서 이탈리아에서 연회 참가 시 소금과 후추가 필요할 때는 웨이터를 부르도록 한다.
③ 일본에서 칼은 관계의 단절을 의미한다. 따라서 일본인에게 선물할 때 칼은 피하는 것이 좋다.
④ 중국에서는 상대방이 선물을 권할 때 선뜻 받기보다, 세 번 정도 거절하는 것이 예의라고 생각한다. 따라서 중국인에게 선물할 때 세 번 거절당하더라도 한 번 더 받기를 권하는 것이 좋다.
⑤ 키르기스스탄에서는 왼손을 더러운 것으로 느끼는 풍습이 있다. 따라서 키르기스스탄인에게 명함을 건넬 경우에는 반드시 오른손으로 주도록 한다.

03 귀하는 K회사 인사총무팀에 근무하는 T사원이다. 업무 리스트를 작성한 뒤 우선순위에 맞게 재배열하려고 할 때, 업무 리스트를 보고 귀하가 한 생각으로 적절하지 않은 것은?

〈2022년 5월 26일 인사총무팀 사원 T의 업무 리스트〉

- 인사총무팀 회식(6월 3일) 장소 예약 확인
- 회사 창립 기념일(6월 13일) 행사 준비
- 영업1팀 비품 주문 (월요일에 배송될 수 있도록 오늘 내 반드시 발주할 것])
- 이번주 토요일(5월 28일) 당직 근무자 명단 확인 [업무 공백 생기지 않도록 주의]
- 6월 3일자 신입사원 면접 날짜 유선 안내 및 면접 가능 여부 확인

---

① 내일 당직 근무자 명단 확인을 가장 먼저 해야겠다.
② 영업1팀 비품 주문 후 회식장소 예약을 확인 해야겠다.
③ 신입사원 면접 안내는 여러 변수가 발생할 수 있으니 서둘러 준비해야겠다.
④ 신입사원 면접 안내 통보 후 연락이 안 된 면접자들을 따로 추려서 다시 연락을 취해야겠다.
⑤ 회사 창립 기념일 행사는 전 직원이 다 참여하는 큰 행사인 만큼 가장 첫 번째 줄에 배치해야겠다.

---

04 다음 회의록을 참고할 때, 고객지원팀의 강 대리가 해야 할 일로 적절하지 않은 것은?

〈회의록〉

회의일시	2022년 ○○월 ○○일	부서	기획팀, 시스템개발팀, 고객지원팀
참석자	기획팀 김 팀장, 박 대리 / 시스템개발팀 이 팀장, 김 대리 / 고객지원팀 유 팀장, 강 대리		
회의안건	홈페이지 내 이벤트 신청 시 발생하는 오류로 인한 고객 불만에 따른 대처방안		
회의내용	• 홈페이지 고객센터 게시판 내 이벤트 신청 오류 관련 불만 글 확인 • 이벤트 페이지 내 오류 발생 원인에 대한 확인 필요 • 상담원의 미숙한 대응으로 고객들의 불만 증가(대응 매뉴얼 부재) • 홈페이지 고객센터 게시판에 사과문 게시 • 고객 불만 대응 매뉴얼 작성 및 이벤트 신청 시스템 개선 • 추후 유사한 이벤트 기획 시 기획안 공유 필요		

① 민원 처리 및 대응 매뉴얼 작성
② 상담원 대상으로 CS 교육 실시
③ 홈페이지 내 사과문 게시
④ 오류 발생 원인 확인 및 신청 시스템 개선
⑤ 고객센터 게시판 모니터링

05 다음은 개인화 마케팅에 대한 내용이다. 글을 읽고 개인화 마케팅의 사례로 적절하지 않은 것은?

소비자들의 요구가 점차 다양해지고, 복잡해짐에 따라 개인별로 맞춤형 제품과 서비스를 제공하며 '개인화 마케팅'을 펼치는 기업이 늘어나고 있다. 개인화 마케팅이란 각 소비자의 이름, 관심사, 구매이력 등의 데이터를 기반으로 특정 고객에 대한 개인화 서비스를 제공하는 활동을 의미한다. 이러한 개인화 마케팅은 개별적 커뮤니케이션 실현을 통한 효율성 증대 및 기업 이윤 창출을 목적으로 하고 있다.

이러한 개인화 마케팅은 기업들의 지속적인 투자를 통해 다양한 방식으로 계속되고 있다. 빠르게 변화하고 있는 마케팅 시장에서 개인화된 서비스 제공을 통해 소비자 만족도를 끌어낼 수 있다는 점은 충분히 매력적일 수 있기 때문이다.

① 고객들의 사연을 받아 지하철역 에스컬레이터 벽면에 광고판을 만든 A배달업체는 고객들로 하여금 자신의 사연이 뽑히지 않았는지 관심을 갖도록 유도하여 광고 효과를 톡톡히 보고 있다.

② 최근 B전시관은 시각적인 시원한 민트색 벽지와 그에 어울리는 시원한 음향, 상쾌한 민트 향기, 민트맛 사탕을 나눠주며 민트에 대한 다섯 가지 감각을 이용한 미술관 전시로 화제가 되었다.

③ C위생용품회사는 자사의 인기 상품에 대한 단종으로 사과의 뜻을 담은 뮤직비디오를 제작했다. 고객들은 뮤직비디오를 보기 전에 자신의 이름을 입력하면, 뮤직비디오에 자신의 이름이 노출되어 자신이 직접 사과를 받는 듯한 효과를 느낄 수 있다.

④ 참치캔을 생산하는 D사는 최근 소외계층에게 힘이 되는 응원 메시지를 댓글로 받아 77명을 추첨하여 댓글 작성자의 이름으로 소외계층들에게 참치캔을 전달하는 이벤트를 진행하였다.

⑤ 커피전문점 E사는 고객이 자사 홈페이지에서 회원 가입 후 이름을 등록한 경우, 음료 주문 시 "○○○ 고객님, 주문하신 아메리카노 나왔습니다."와 같이 고객의 이름을 불러주는 서비스를 제공하고 있다.

06 김 부장과 박 대리는 H공단의 고객지원실에서 근무하고 있다. 다음 상황에서 김 부장이 박 대리에게 지시할 사항으로 가장 적절한 것은?

> • 부서별 업무분장
> – 인사혁신실 : 신규 채용, 부서 / 직무별 교육계획 수립 / 시행, 인사고과 등
> – 기획조정실 : 조직문화 개선, 예산사용계획 수립 / 시행, 대외협력, 법률지원 등
> – 총무지원실 : 사무실, 사무기기, 차량 등 업무지원 등
>
> 〈상황〉
> • 박 대리 : 고객지원실에서 사용하는 A4 용지와 볼펜이 부족해서 비품을 신청해야 할 것 같습니다. 그리고 지난번에 말씀하셨던 고객 상담 관련 사내 교육 일정이 이번에 확정되었다고 합니다. 고객지원실 직원들에게 관련 사항을 전달하려면 교육 일정 확인이 필요할 것 같습니다.

① 박 대리, 인사혁신실에 전화해서 비품 신청하고, 전화한 김에 교육 일정도 확인해서 나한테 알려 줘요.
② 박 대리, 총무지원실에 가서 교육 일정 확인하고, 간 김에 비품 신청도 하고 오세요.
③ 박 대리, 기획조정실에 가서 교육 일정 확인하고, 인사혁신실에 가서 비품 신청하고 오도록 해요.
④ 박 대리, 총무지원실에 전화해서 비품 신청하고, 기획조정실에서 교육 일정 확인해서 나한테 알려 줘요.
⑤ 박 대리, 총무지원실에 전화해서 비품 신청하고, 인사혁신실에서 교육 일정 확인해서 나한테 알려 줘요.

07 직원들의 업무 효율성이 많이 떨어졌다는 생각이 들어 각자의 의견을 들어 보고자 회의를 열었다. 다음 회의에서 나온 의견으로 적절하지 않은 것은?

① B대리 : 요즘 업무 외적인 통화에 시간을 낭비하는 경우가 많은 것 같습니다. 확실한 목표업무량을 세우고 목표량 달성 후 퇴근을 하는 시스템을 운영하면 개인 활동으로 낭비되는 시간이 줄어 생산성이 높아지지 않을까요?
② C주임 : 여유로운 일정이 주원인이라고 생각합니다. 1인당 최대 작업량을 잡아 업무를 진행하면 업무 효율성이 극대화될 것입니다.
③ D대리 : 계획을 짜면 업무를 체계적으로 진행할 수 있다는 의미에서 C주임의 말에 동의하지만, 갑자기 발생할 수 있는 일에 대해 대비해야 한다고 생각합니다. 어느 정도 여유 있게 계획을 짜는 게 좋지 않을까요?
④ E사원 : 목표량 설정 이외에도 업무 진행과정에서 체크리스트를 사용해 기록하고 전체적인 상황을 파악할 수 있게 하면 효율이 높아질 것입니다.
⑤ F사원 : 업무시간 내에 끝내지 못한 일이 있다면 무리해서 하는 것보다 다음날 예정사항에 적어 놓고 차후에 적절히 시간을 분배해 마무리하면 작업 능률이 더 오를 것입니다.

※ A회사에서 특허 관련 업무를 담당하고 있는 B씨는 주요 약관을 요약하여 정리하고 고객 질문에 응대하는 역할을 한다. 이어지는 질문에 답하시오. [8~9]

〈주요 약관〉

1. 특허 침해죄
　① 특허권을 침해한 자는 7년 이하의 징역 또는 1억 원 이하의 벌금에 처한다.
　② 제1항의 죄는 고소가 있어야 한다.

2. 위증죄
　이 법의 규정에 의하여 선서한 증인·감정인 또는 통역인이 특허심판원에 대하여 허위의 진술·감정 또는 통역을 했을 때는 5년 이하의 징역 또는 1천만 원 이하의 벌금에 처한다.

3. 사위행위의 죄
　사위(詐僞) 기타 부정한 행위로써 특허청으로부터 특허의 등록이나 특허권의 존속기간 연장등록을 받은 자 또는 특허심판원의 심결을 받은 자는 3년 이하의 징역 또는 2천만 원 이하의 벌금에 처한다.

4. 양벌규정
　법인의 대표자나 법인 또는 개인의 대리인, 사용인, 그 밖의 종업원이 그 법인 또는 개인의 업무에 관하여 특허침해죄, 사위행위의 죄의 어느 하나에 해당하는 위반행위를 하면 그 행위자를 벌하는 외에 그 법인에는 다음 각호의 어느 하나에 해당하는 벌금형을, 그 개인에게는 해당 조문의 벌금형을 과(科)한다. 다만 법인 또는 개인이 그 위반행위를 방지하기 위하여 해당 업무에 관하여 상당한 주의와 감독을 게을리하지 아니한 경우에는 그러하지 아니하다.
　① 특허 침해죄의 경우 : 3억 원 이하의 벌금
　② 사위행위죄의 경우 : 6천만 원 이하의 벌금
　※ 사위(詐僞) : 거짓을 꾸미어 속임

---

08 B씨는 주요 약관을 바탕으로 다음과 같이 작성된 질문에 응대했다. 다음 중 답변 내용으로 옳지 않은 것은?

Q&A 게시판
Q. 특허권을 침해당한 것 같은데 어떻게 해야 처벌이 가능한가요?
A. ① 특허 침해죄로 처벌하기 위해서는 고소가 있어야 합니다.
Q. 사위행위로써 특허심판원의 심결을 받은 경우 처벌 규정이 어떻게 되나요?
A. ② 3년 이하의 징역 또는 2천만 원 이하의 벌금에 처해집니다.
Q. 제 발명품을 특허무효사유라고 선서한 감정인의 내용이 허위임이 밝혀졌습니다. 어떻게 처벌이 가능한가요?
A. ③ 감정인의 처벌을 위해서는 고소의 절차를 거쳐야 합니다.
Q. 법인의 대표자로서 특허침해죄 행위로 고소를 당하고, 벌금까지 내야한다고 하는데 벌금이 어느 정도인가요?
A. ④ 양벌규정에 의해 특허 침해죄의 경우 3억 원 이하의 벌금에 처해집니다.
Q. 특허권을 침해한 자에 대한 처벌 규정은 어떻게 되나요?
A. ⑤ 특허권을 침해한 자는 7년 이하의 징역 또는 1억 원 이하의 벌금에 처해집니다.

09 B씨는 다음과 같은 상황이 발생해 주요 약관을 찾아보려고 한다. 상황에 적용되는 약관 조항으로 옳은 것은?

〈상황〉

당해 심판에서 선서한 감정인 병은 갑의 발명품이 특허무효사유에 해당한다는 내용의 감정을 하였다. 그 후 당해 감정이 허위임이 밝혀지고 달리 특허무효사유가 없음을 이유로 특허심판원은 갑에 대한 특허권의 부여는 유효라고 심결하였다.

① 특허 침해죄
③ 사위행위죄
⑤ 특허무효심판
② 위증죄
④ 양벌규정

10 A팀장은 급하게 해외 출장을 떠나면서 B대리에게 다음과 같은 메모를 남겨두었다. 다음 중 B대리가 가장 먼저 처리해야 할 일은 무엇인가?

B대리, 지금 급하게 해외 출장을 가야 해서 오늘 처리해야 하는 것들 메모 남겨요.
오후 2시에 거래처와 미팅 있는 거 알고 있죠? 오전 내로 거래처에 전화해서 다음 주 중으로 다시 미팅날짜 잡아줘요. 그리고 오늘 신입사원들과 점심 식사하기로 한 거 난 참석하지 못하니까 다른 직원들이 참석해서 신입사원들 고충도 좀 들어주고 해요. 식당은 지난번 갔었던 한정식집이 좋겠네요. 점심때 많이 붐비니까 오전 10시까지 예약전화하는 것도 잊지 말아요. 식비는 법인카드로 처리하도록 하고, 오후 5시에 진행할 회의 PPT는 거의 다 준비되었다고 알고 있는데 바로 나한테 메일로 보내줘요. 확인하고 피드백할게요. 아, 그 전에 내가 중요한 자료를 안 가지고 왔어요. 그것부터 메일로 보내줘요. 고마워요.

① 거래처에 미팅일자 변경 전화를 한다.
② 점심 예약전화를 한다.
③ 회의 자료를 준비한다.
④ 메일로 회의 PPT를 보낸다.
⑤ 메일로 A팀장이 요청한 자료를 보낸다.

11 다음 상황에서 K주임이 처리해야 할 업무 순서를 차례대로 바르게 나열한 것은?

> 안녕하세요, K주임님. 언론홍보팀 L대리입니다.
> 다름이 아니라 이번에 공사에서 진행하는 '소셜벤처 성장지원사업'에 관한 보도 자료를 작성하려고 하는데, 디지털소통팀의 업무 협조가 필요하여 연락드렸습니다. 디지털소통팀 P팀장님께 K주임님이 협조해주신다는 이야기를 전해 들었습니다. 혹시 내일 오전 10시에 회의를 진행해도 괜찮을까요? 일정 확인하시고 오늘 내로 답변 주시면 감사하겠습니다. 일단 회의 전에 알아두시면 좋을 것 같은 자료는 메일로 발송하였습니다. 회의 전에 미리 확인하셔서 관련 사항 숙지하시고 회의에 참석해주시면 좋을 것 같습니다. 아! 그리고 오늘 2시에 홍보실 각 팀 팀장 회의가 있다고 하니, P팀장님께 꼭 전해주세요.

① 팀장 회의 참석 – 익일 업무 일정 확인 – 메일 확인 – 회의 일정 답변 전달
② 팀장 회의 참석 – 메일 확인 – 익일 업무 일정 확인 – 회의 일정 답변 전달
③ 팀장 회의 일정 전달 – 메일 확인 – 회의 일정 답변 전달 – 익일 업무 일정 확인
④ 팀장 회의 일정 전달 – 익일 업무 일정 확인 – 회의 일정 답변 전달 – 메일 확인
⑤ 팀장 회의 일정 전달 – 익일 업무 일정 확인 – 메일 확인 – 회의 일정 답변 전달

12 직무 전결 규정상 전무이사가 전결인 '과장의 국내출장 건'의 결재를 시행하고자 한다. 박기수 전무이사가 해외출장으로 인해 부재중이어서 직무대행자인 최수영 상무이사가 결재하였다. 이와 관련하여 옳지 않은 것을 〈보기〉에서 모두 고르면?

> **보기**
> ㄱ. 최수영 상무이사가 결재한 것은 전결이다.
> ㄴ. 공문의 결재표상에는 '과장 최경옥, 부장 김석호, 상무이사 전결, 전무이사 최수영'이라고 표시되어 있다.
> ㄷ. 박기수 전무이사가 출장에서 돌아와서 해당 공문을 검토하는 것은 후결이다.
> ㄹ. 전결사항은 부재중이더라도 돌아와서 후결을 하는 것이 원칙이다.

① ㄱ, ㄴ
② ㄱ, ㄹ
③ ㄱ, ㄴ, ㄹ
④ ㄴ, ㄷ, ㄹ
⑤ ㄱ, ㄴ, ㄷ, ㄹ

13 C사원은 베트남에서의 국내 자동차 판매량에 대해 조사를 하던 중에 한 가지 특징을 발견했다. 베트남 사람들은 간접적인 방법을 통해 구매하는 것보다 매장에 직접 방문해 구매하는 것을 더 선호한다는 사실이다. 이를 참고하여 C사원이 기획한 신사업 전략으로 옳지 않은 것은?

① 인터넷과 TV광고 등 비대면채널 홍보를 활성화한다.
② 쾌적하고 깔끔한 매장 환경을 조성한다.
③ 언제 손님이 방문할지 모르므로 매장에 항상 영업사원을 배치한다.
④ 매장 곳곳에 홍보물을 많이 비치해둔다.
⑤ 정확한 설명을 위해 사원들에게 신차에 대한 정보를 숙지하게 한다.

14 다음 지시사항을 읽고 이에 대한 내용으로 적절하지 않은 것은?

> 은경 씨, 금요일 오후 2시부터 10명의 인·적성검사 합격자의 1차 면접이 진행될 예정입니다. 5층 회의실 사용 예약을 지금 미팅이 끝난 직후 해주시고, 2명씩 다섯 조로 구성하여 10분씩 면접을 진행하니 지금 드리는 지원 서류를 참고하시어 수요일 오전까지 다섯 조를 구성한 보고서를 저에게 주십시오. 그리고 2명의 면접위원님께 목요일 오전에 면접진행에 대해 말씀드려 미리 일정조정을 완료해주시기 바랍니다.

① 면접은 10분씩 진행된다.
② 은경 씨는 수요일 오전까지 보고서를 제출해야 한다.
③ 면접은 금요일 오후에 10명을 대상으로 실시된다.
④ 인·적성검사 합격자는 본인이 몇 조인지 알 수 있다.
⑤ 은경씨는 면접위원님께 면접진행에 대해 말씀드려야 한다.

15 C사원은 총무팀에서 근무하고 있으며, 각 부서의 비품 조달을 담당하고 있다. E팀장은 4분기 비품 보급 계획을 수립하라는 지시를 하였으며, C사원은 비품수요 조사 및 보급 계획을 세워 보고하였다. 보고서를 읽어 본 E팀장은 업무 지도 차원에서 지적을 하였는데, C사원이 받아들이기에 적절하지 않은 것은?

① 각 부서에서 어떤 비품을 얼마큼 필요한지를 정확하게 조사해야지.
② 부서에서 필요한 수량을 말했으면 그것보다는 조금 더 여유 있게 준비했어야지.
③ 비품목록에 없는 것을 요청했다면 비품 보급 계획에서 제외했어야지.
④ 비품 구매비용이 예산을 초과하는지를 검토했어야지.
⑤ 정확한 비품 관리를 위해 비품관리대장을 꼼꼼히 작성했어야지.

16 인사담당자 B는 채용설명회를 준비하며 포스터를 만들려고 한다. 다음 중 제시된 인재상을 실제 업무환경과 관련지어 포스터에 문구를 삽입하려고 할 때 옳지 않은 것은?

인재상	업무환경
1. 책임감	1. 토요 격주 근무
2. 고객지향	2. 자유로운 분위기
3. 열정	3. 잦은 출장
4. 목표의식	4. 고객과 직접 대면하는 업무
5. 글로벌 인재	5. 해외지사와 업무협조

① 고객을 최우선으로 생각하고 행동하는 인재
② 자기 일을 사랑하고 책임질 수 있는 인재
③ 어느 환경에서도 잘 적응할 수 있는 인재
④ 중압적인 분위기를 잘 이겨낼 수 있는 열정적인 인재
⑤ 세계화에 발맞춰 소통으로 회사의 미래를 만드는 인재

※ 다음은 K공사 연구소의 주요 사업별 연락처이다. 자료를 보고 이어지는 질문에 답하시오. [17~18]

<주요 사업별 연락처>

주요 사업	담당부서	연락처
고객지원	고객지원팀	044-410-7001
감사, 부패방지 및 지도점검	감사실	044-410-7011
국제협력, 경영평가, 예산기획, 규정, 이사회	전략기획팀	044-410-7023
인재개발, 성과평가, 교육, 인사, ODA사업	인재개발팀	044-410-7031
복무노무, 회계관리, 계약 및 시설	경영지원팀	044-410-7048
품질 평가관리, 품질평가 관련민원	평가관리팀	044-410-7062
가공품 유통 전반(실태조사, 유통정보), 컨설팅	유통정보팀	044-410-7072
대국민 교육, 기관 마케팅, 홍보관리, CS, 브랜드인증	고객홍보팀	044-410-7082
이력관리, 역학조사지원	이력관리팀	044-410-7102
유전자분석, 동일성검사	유전자분석팀	044-410-7111
연구사업 관리, 기준개발 및 보완, 시장조사	연구개발팀	044-410-7133
정부3.0, 홈페이지 운영, 대외자료제공, 정보보호	정보사업팀	044-410-7000

17 다음 중 K공사 연구소의 주요 사업별 연락처를 본 채용 지원자의 반응으로 적절하지 않은 것은?

① K공사 연구소는 1개 실과 11개 팀으로 이루어져 있구나.
② 예산기획과 경영평가는 같은 팀에서 종합적으로 관리하겠구나.
③ 평가업무라 하더라도 평가 특성에 따라 담당하는 팀이 달라지겠구나.
④ 홈페이지 운영은 고객홍보팀에서 마케팅과 함께 하겠구나.
⑤ 부패방지를 위해 부서를 따로 두었구나.

18 다음 민원인의 요청을 듣고 난 후 민원을 해결하기 위해 연결할 부서를 적절히 안내해준 것은?

민원인 : 얼마 전 신제품 관련 등급 신청을 했습니다. 신제품 품질에 대한 등급에 대해 이의가 있습니다. 관련 건으로 담당자분과 통화하고 싶습니다.
상담직원 : 불편을 드려서 죄송합니다.
_____ 연결해드리겠습니다. 잠시만 기다려 주십시오.

① 지도 점검 업무를 담당하고 있는 감사실로
② 연구사업을 관리하고 있는 연구개발팀으로
③ 기관의 홈페이지 운영을 전담하고 있는 정보사업팀으로
④ 이력관리 업무를 담당하고 있는 이력관리팀으로
⑤ 품질평가를 관리하는 평가관리팀으로

※ 다음은 I공항공사 운항시설처의 업무분장표이다. 이어지는 질문에 답하시오. [19~20]

〈운항시설처 업무분장표〉

구분		업무분장
운항시설처	운항안전팀	• 이동지역 안전관리 및 지상안전사고 예방 안전 활동 • 항공기 이착륙시설 및 계류장 안전점검, 정치장 배정 및 관리 • 이동지역 차량 / 장비 등록, 말소 및 계류장 사용료 산정 • 야생동물 위험관리업무(용역관리 포함) • 공항안전관리시스템(SMS) 운영계획 수립·시행 및 자체검사 시행·관리
	항공등화팀	• 항공등화시설 운영계획 수립 및 시행 • 항공등화시스템(A-SMGCS) 운영 및 유지관리 • 시각주기안내시스템(VDGS) 운영 및 유지관리 • 계류장조명등 및 외곽보안등 시설 운영 및 유지관리 • 에어사이드지역 전력시설 운영 및 유지관리 • 항공등화시설 개량계획 수립 및 시행
	기반시설팀	• 활주로 등 운항기반시설 유지관리 • 지하구조물(지하차도, 공동구, 터널, 배수시설) 유지관리 • 운항기반시설 녹지 및 계측관리 • 운항기반시설 제설작업 및 장비관리 • 운항기반시설 공항운영증명 기준관리 • 전시목표(활주로 긴급 복구) 및 보안시설 관리

19 다음은 I공항공사와 관련된 보도 자료의 제목이다. 운항시설처의 업무와 가장 거리가 먼 것은?

① I공항, 관계기관 합동 종합제설훈련 실시
② I공항, 전시대비 활주로 긴급 복구훈련 실시
③ I공항공사, 항공등화 핵심장비 국산화 성공
④ 골든타임을 사수하라! I공항 항공기 화재진압훈련 실시
⑤ I공항공사, 관계기관 합동 'A통제관리 협의회' 발족

20 I공항공사의 운항안전팀에서는 안전회보를 발간한다. 다음 달에 발간하는 안전회보 제작을 맡게 된 A사원은 회보에 실을 내용을 고민하고 있다. 안전회보에 실릴 내용으로 적절하지 않은 것은?

① I공항 항공안전 캠페인 시행 – 이동지역 안전문화를 효과적으로 정착시키기 위한 분기별 캠페인 및 합동 점검 실시
② 안전관리시스템 위원회 개최 – 이동지역 안전 증진을 위해 매년 안전관리시스템 위원회 개최
③ 우수 운항안전 지킴이 선정 현황 – 이동지역 내 사고 예방에 공로가 큰 안전 신고 / 제안자 선정 및 포상
④ 이동지역 운전교육용 시뮬레이터 운영개시 – 이동지역 지형·지물에 대한 가상체험 공간 제공으로 운전교육 효과 극대화
⑤ 대테러 종합훈련 실시 – 여객터미널 출국장에서 폭발물 연쇄테러를 가정하여 이에 대응하는 훈련 진행

PART 2

소방학개론
기출예상 100제

01 다음 피난계획의 일반원칙 중 Fool Proof 원칙에 대한 내용으로 옳은 것은?

① 저지능인 상태에서도 쉽게 식별이 가능하도록 그림이나 색채를 이용하는 원칙이다.

② 피난설비를 반드시 이동식으로 하는 원칙이다.

③ 한 가지 피난기구가 고장이 나도 다른 수단을 이용할 수 있도록 고려하는 원칙이다.

④ 피난설비를 첨단화된 전자식으로 하는 원칙이다.

02 재난 및 안전관리 기본법상 항공기 조난사고가 발생한 경우 항공기 수색과 인명구조를 위하여 항공기 수색·구조계획을 수립·시행하여야 할 사람은?

① 소방청장

② 행정안전부장관

③ 국방부장관

④ 국토교통부장관

03 다음 중 응급환자의 중증도 분류 표시색상이 바르게 연결된 것은?

① 긴급환자 - 흑색

② 비응급환자 - 적색

③ 응급환자 - 황색

④ 지연환자 - 녹색

04 다음 중 소방의 기본적 임무에 대한 내용으로 옳지 않은 것은?

① 정부의 기능 가운데 질서기능에 속하며, 그중에서도 보안기능을 담당한다.

② 화재의 예방과 경계를 통하여 국민의 복리증진과 안전생활을 보장한다.

③ 화재의 진압으로 국민의 생명과 신체 및 재산의 손실을 방지한다.

④ 구급대의 응급의료지원서비스로 국민의 건강과 안전생활을 영위한다.

05 다음 중 환자의 중증도에 대한 설명으로 옳지 않은 것은?

① 중증도 분류란 다수의 사상자가 발생한 경우 부상의 정도에 따라 응급처치나 치료의 우선순위를 결정하는 것이다.

② 긴급환자에는 치료가능한 치명적인 부상자가 속하며, 분류색상은 적색이다.

③ 지연환자에는 사망 또는 치료불가능한 치명적 부상자가 속하며, 분류색상은 녹색이다.

④ 팀장은 중증환자의 처치에는 관여하지 말고 계속 중증도 분류를 시행한다.

06 다음 중 의용소방대 설치 및 운영에 관한 법률에서 규정한 의용소방대 설치지역으로 옳지 않은 것은?

① 시·도　　　　　　　　　　② 시·읍

③ 면　　　　　　　　　　　　④ 군·리

07 다음 중 재난 및 안전관리 기본법에서 규정한 긴급구조기관으로 옳지 않은 것은?

① 해양경찰청　　　　　　　　② 소방청

③ 소방본부　　　　　　　　　④ 해양수산부

08 다음 피난원칙 중 Fail Safe에 대한 설명으로 옳은 것은?

① 피난경로는 간단명료하게 하여야 한다.

② 피난수단은 원시적 방법에 의한 것을 원칙으로 한다.

③ 비상시 판단능력 저하를 대비하여 누구나 알 수 있도록 피난수단 등을 문자나 그림 등으로 표시한다.

④ 피난 시 하나의 수단이 고장으로 실패하여도 다른 수단에 의해 피난할 수 있도록 하는 것을 말한다.

09 다음 소방장비 중 구조장비에 해당되지 않는 것은?

① 슬링
③ 인공호흡기
② 유압절단장비
④ 다목적 구조 삼각대

10 다음 중 우리나라 소방의 역사에 대한 설명으로 옳지 않은 것은?

① 1426년 조선 시대 병조에 금화조직이 설치되었다.
② 1925년 종로에 경성소방서가 설치되었다.
③ 2004년 소방방재청이 설립되었다.
④ 1958년 3월 11일 소방기본법이 제정되었다.

11 다음 중 민간소방조직에 해당하지 않는 것은?

① 의무소방대원
③ 의용소방대
② 자체소방대
④ 민간민방위대

12 다음 중 간접적 소방행정기관에 해당되지 않는 것은?

① 한국소방안전원
③ 한국소방산업기술원
② 대한소방공제회
④ 서울종합방재센터

13 다음 중 광역소방제도의 장점으로 옳지 않은 것은?

① 시·군 간의 재정적 불균형을 평준화할 수 있다.
② 대형 재난이 발생했을 때 통합적 지휘체제 구축이 용이하다.
③ 각 지역별 특성에 맞는 소방서비스를 수행하기가 용이하다.
④ 통합적 인사관리를 통한 합리적 인사가 가능하다.

14 다음 중 재난 및 안전관리 기본법상 자연재난으로 옳지 않은 것은?

① 미세먼지
② 화산활동
③ 황사
④ 소행성의 추락

15 다음 중 하인리히의 도미노 이론 단계를 순서대로 바르게 나열한 것은?

① 개인적 결함 – 유전적 요인 및 사회적 환경 – 불안전한 행동 및 상태 – 사고 – 재해
② 개인적 결함 – 불안전한 행동 및 불안전 상태 – 유전적 요인 및 사회적 환경 – 재해 – 사고
③ 유전적 요인 및 사회적 환경 – 개인적 결함 – 불안전한 행동 및 상태 – 사고 – 재해
④ 불안전 해동 및 불안전 상태 – 개인적 결함 – 유전적 요인 및 사회적 환경 – 재해 – 사고

16 다음 중 재난 및 안전관리 기본법에 규정된 용어의 정의로 옳지 않은 것은?

① 에너지, 통신, 교통, 금융, 의료, 수도 등의 국가기반체계 마비와 감염병, 가축전염병 확산 등으로 인한 피해는 사회재난이다.
② 재난관리란 재난이나 그 밖의 각종 사고로부터 사람의 생명 · 신체 및 재산의 안전을 확보하기 위하여 하는 모든 활동을 말한다.
③ 국가재난관리기준이란 모든 유형의 재난에 공통적으로 활용할 수 있도록 재난관리의 전 과정을 통일적으로 단순화 · 체계화한 것으로서 행정안전부장관이 고시한 것을 말한다.
④ "재난관리정보"란 재난관리를 위하여 필요한 재난상황정보, 동원가능 자원정보, 시설물정보, 지리정보를 말한다.

17 다음 중 재난 및 안전관리 기본법상 특별재난지역 선포권자로 옳은 것은?

① 대통령
② 행정안전부장관
③ 소방본부장
④ 시 · 도지사

18 재난 및 안전관리 기본법 시행령에 규정된 오염 노출 통제, 긴급 감염병 방제 등 재난현장 공중보건에 관한 사항은 기능별 긴급구조대응계획 중 어디에 해당되는가?

    ① 비상경고   ② 대중정보

    ③ 긴급오염통제   ④ 현장통제

19 다음 중 재난 및 안전관리 기본법상 중앙안전관리위원회의 심의사항으로 옳지 않은 것은?

    ① 재난 및 안전관리에 관한 중요 정책에 관한 사항

    ② 국가안전관리기본계획에 관한 사항

    ③ 재난 및 안전관리사업 관련 중기사업계획서, 투자우선순위 의견 및 예산요구서에 관한 사항

    ④ 재난 및 안전관리기술 종합계획의 심의

20 다음 중 재난 및 안전관리 기본법상 재난안전상황실 설치권자에 해당되지 않는 자는?

    ① 행정안전부장관   ② 소방청장

    ③ 시·도지사   ④ 시장·군수·구청장

21 다음 중 분말소화약제의 효과로 옳지 않은 것은?

    ① 질식효과   ② 냉각효과

    ③ 방사열 차단효과   ④ 유화효과

22 다음 중 연소가스의 위험도가 가장 높은 것은?

    ① 일산화탄소 $12.5\% \sim 75\%$

    ② 이황화탄소 $1.2\% \sim 44\%$

    ③ 아세틸렌 $2.5\% \sim 81\%$

    ④ 수소 $4\% \sim 75\%$

23 다음 중 자연발화의 종류로 옳지 않은 것은?

① 흡착열   ② 산화열

③ 용해열   ④ 중합열

24 다음 중 전기 화재의 직접적 원인으로 옳지 않은 것은?

① 누전   ② 지락

③ 과전류   ④ 역기전력

25 다음 중 독성가스에 대한 내용으로 옳지 않은 것은?

① 포스겐은 PVC, 수지류가 탈 때 생성되며, 허용농도는 0.1ppm이다.

② 일산화탄소는 완전연소 시 발생하고, 이산화탄소는 불완전연소 시 생성되는 물질이다

③ 염화수소는 PVC 등 수지류, 전선의 절연재, 배관재료 등이 탈 때 생성되는 무색 기체로, 눈·호흡기에 영향을 주며 금속에 대한 강한 부식성이 있다.

④ 시안화수소는 청산가스라고도 하고 질소 성분의 합성수지류, 동물 털의 불완전연소 시, 나일론, 인조견 등의 직물류, 목재, 종이, 우레탄 등이 탈 때 미량이 발생한다.

26 다음 중 폭연과 폭굉에 대한 설명으로 옳은 것은?

① 폭연은 화염의 전파속도가 음속보다 빠르고 폭굉은 화염의 전파속도가 음속보다 느린 현상을 말한다.

② 폭연은 에너지 전달이 충격파에 의해 나타나고, 폭굉은 일반적인 열 전달과정을 통해 나타난다.

③ 폭연은 온도, 압력, 밀도가 화염 면에서 불연속적이고, 폭굉은 온도, 압력, 밀도가 화염 면에서 연속적이다.

④ 폭연은 에너지 방출속도가 물질 전달속도에 영향을 받고, 폭굉은 에너지 방출속도가 물질 전달속도에 기인하지 않고 공간의 압축으로 인하여 아주 짧다.

27 다음의 폭발 현상 중 기상폭발의 범주에 속하지 않는 것은?

① 분무폭발　　　　　　　　　② 가스폭발
③ 응상폭발　　　　　　　　　④ 분진폭발

28 다음 중 산소와 반응은 하나 흡열반응을 하며, 함유량이 많을수록 발열량을 감소시키는 것은?

① 일산화탄소　　　　　　　　② 아세틸렌
③ 탄소　　　　　　　　　　　④ 질소

29 다음 중 0℃의 얼음 1kg이 100℃의 수증기가 되기 위해 필요한 열량으로 옳은 것은?

① 619kcal　　　　　　　　　② 639kcal
③ 719kcal　　　　　　　　　④ 1278kcal

30 다음 중 화학적 폭발의 설명으로 옳지 않은 것은?

① 염화비닐은 산화폭발물질이다.
② 제분공장의 소맥분, 세제는 공기 중 부유하고 있는 가연성 티끌이 주체가 되어 분진폭발을 한다.
③ 산화에틸렌은 산소와 관계없이 발열·분해하는 분해폭발물질이다.
④ 윤활유를 무상으로 부유 시 가연성 액적이 주체가 되어 분무폭발한다.

31 다음 중 화학적 폭발에 해당되지 않은 것은?

① 가연성 고체의 미분이 점화원에 의해 폭발하는 것
② 모노머(단량체)의 중축합반응을 통해 폴리머(다량체)를 생성할 때 발생된 열에 의해 폭발하는 것
③ 분해할 때에 생성되는 발열 가스가 압력상승에 의해 폭발하는 것
④ 저온 액화가스(LNG, LPG 등)가 사고로 인해 물 위에 분출되었을 때 급격한 기화를 동반하는 비등현상으로 액상에서 기상으로의 급격한 상변화에 의해 폭발하는 것

32 다음 중 분진폭발에 영향을 미치는 인자에 대한 설명으로 옳지 않은 것은?

① 입자가 작을수록 폭발이 용이해진다.
② 분말의 형상이 평편상보다 둥글수록 폭발이 용이해진다.
③ 휘발성분이 많을수록 폭발이 용이해진다
④ 공기 중에서 부유성이 클수록 위험성이 커진다.

33 다음 중 구획된 건물에서 발생한 화재현상으로 옳지 않은 것은?

① 건물에서 발생한 화재현상으로 환기지배형과 연료지배형이 있다.
② 연료지배형 화재는 환기지배형 화재에 비해서 폭발성과 역화현상의 피해가 적다.
③ 환기지배형 화재는 연료지배형 화재보다 연소가스가 더 많이 생성된다.
④ 개구부 면적이 작으면 화재가 빠르고, 개구부 면적이 크면 화재가 느리다.

34 다음 중 화재의 급수에 따른 가연물의 연결이 잘못된 것은?

① A급 – 종이 및 일반제품
② B급 – 휘발유 등 인화성물질
③ C급 – 분말 및 고무제품
④ D급 – 가연성 금속

35 다음 중 LPG에 대한 설명으로 옳지 않은 것은?

① 무색, 무취의 특성이 있다.
② 주성분은 메탄과 프로판으로 구성되어 있다.
③ 기체 상태에서는 공기보다 무거워 바닥에 체류한다.
④ 화염과 접촉 시 공기 중 쉽게 연소, 폭발할 수 있다.

안심Touch

36 다음 중 가스의 분출속도가 연소속도보다 클 때 불꽃이 노즐에 정착하지 않고 떨어진 후 꺼져버리는 현상으로 옳은 것은?

① 블로우오프 　　　　　　　　　　② 선화
③ 역화 　　　　　　　　　　　　　④ 백드래프트

37 다음은 연소범위에 대한 설명으로 옳지 않은 것은?

① 압력을 높이면 상한계는 올라가고, 하한계는 거의 변화가 없다.
② 연소범위가 넓을수록 위험하다.
③ 아세틸렌의 연소범위는 2.5～81%로써 이 범위 내에서 연소 및 폭발이 잘 일어난다.
④ 일산화탄소를 봉입 후 압력을 상승시키면 연소범위가 넓어진다.

38 다음 중 백드래프트가 발생하기 전 잠재적 징후로 옳지 않은 것은?

① 짙은 황회색으로 변하는 검은 연기
② 연기로 얼룩진 창문
③ 개구부를 통하여 분출되는 화염
④ 과도한 열의 축적

39 다음 중 구획된 건물의 화재현상으로 환기지배형 화재의 영향 요소로 옳지 않은 것은?

① 개방된 공간으로 가연물의 양이 영향을 미친다.
② 환기요소에 영향을 받아 실내의 공기 부족으로 화염이 외부로 분출되기도 한다.
③ 환기지배형화재는 환기량에 비해 연료량이 충분하다.
④ 연료지배형 화재에 비하여 산소 공급을 받지 못하는 상태이다.

40 다음 중 소화용수가 뜨거운 유류 표면에 유입되어 물이 수증기화되면서 갑작스러운 부피 팽창에 의해 유류가 넘치는 현상은?

① 플래시 오버(Flash Over) 　　　　② 프로스 오버(Froth Over)
③ 보일 오버(Boil Over) 　　　　　　④ 슬롭 오버(Slop Over)

41 다음 중 가솔린, 등유, 경유 등 유류 화재 발생 시 가장 적합한 소화방식은?

① 냉각소화   ② 질식소화

③ 희석소화   ④ 부촉매소화

42 다음 〈보기〉에 해당하는 소방조직의 기본원리가 순서대로 바르게 연결된 것은?

> 보기
>
> ㉠ 한 사람이나 한 부서가 한 가지의 주된 업무를 맡는다는 원리
> ㉡ 조직을 통합하고 행동을 통일시키는 것

	㉠	㉡
①	계선의 원리	명령통일의 원리
②	분업의 원리	업무조정의 원리
③	계층제의 원리	명령통일의 원리
④	통솔범위의 원리	업무조정의 원리

43 다음에서 설명하는 소화원리로 옳은 것은?

> 공기 중 산소량을 감소시켜 산소공급을 차단하거나 산소의 농도를 15% 이하로 낮추어 소화를 시키는 원리를 말한다.

① 질식소화   ② 부촉매소화

③ 제거소화   ④ 유화소화

44 다음 중 소화효과와 소화작용으로 옳은 것은?

① 물의 기화잠열은 539kcal/g으로서 냉각효과가 우수하다.

② 무상주수는 유류 화재에 사용가능하며 질식효과가 있다.

③ 물소화약제의 동결방지제로 질산염과 중탄산나트륨 등이 있다.

④ 유류표면에 유화층이 형성되어 공기 공급을 차단하는 효과는 부촉매작용이다.

45 다음 중 가스계소화설비의 방출방식에 해당하지 않는 것은?

① 전역방출방식 ② 국소방출방식
③ 호스릴방출방식 ④ 집중방출방식

46 다음 중 제거소화에 대한 설명으로 옳지 않은 것은?

① 입으로 촛불을 불어 끄는 것
② 가스 화재 시 밸브를 잠그는 것
③ 유류탱크 화재 시 탱크 밑으로 기름을 빼내는 것
④ 가연물의 조성과 산소농도를 연소범위 이하로 점차 낮추는 것

47 다음 중 가스밸브를 잠그는 것은 어떤 소화에 해당되는가?

① 제거소화 ② 냉각소화
③ 질식소화 ④ 유화소화

48 다음 소화약제 중 이산화탄소에 대한 설명으로 옳지 않은 것은?

① 피연소물에 오손이 적고 증거보존이 용이하다
② 질식소화효과가 강해 제5류 위험물에도 효과가 있다.
③ 방사 시 침투성이 있고 심부 화재에 적당하다.
④ 자체압력으로 방사가 가능하고 한랭지역에도 동결우려가 없다.

49 소화약제를 수계와 가스계로 분류할 때, 다음 중 가스계 소화약제에 해당하지 않는 것은?

① 공기포소화약제 ② 이산화탄소소화약제
③ 할론소화약제 ④ 분말소화약제

50 다음 중 물소화약제에 첨가할 수 있는 동결방지제로서 옳지 않은 것은?

① 염화나트륨
② 프로필렌글리콜
③ 중탄산나트륨
④ 염화칼슘

51 다음 중 분말소화약제에 대한 설명으로 옳지 않은 것은?

① 제1종 분말소화약제의 성분은 탄산수소나트륨이며 색상은 백색이다.
② 제2종 분말소화약제는 식용유화재에 사용되며 비누화효과가 있다.
③ 제3종 분말소화약제는 열분해 시 방진효과에 의한 소화효과가 있다.
④ 제4종 분말소화약제는 탄산수소칼륨과 요소이며 소화성능이 가장 우수하다.

52 다음 중 옥내소화전설비의 방수구 설치기준에 대한 설명으로 옳지 않은 것은?

① 방수구는 소방대상물의 각 부분으로부터 수평거리 25m 이하가 되도록 설치하여야 한다.
② 바닥으로부터의 높이가 0.5m 이상 1m 이하가 되도록 설치하여야 한다.
③ 호스는 구경 40mm 이상의 것으로 물이 유효하게 뿌려질 수 있는 길이로 설치하여야 한다.
④ 방수구는 소방대상물의 각 층마다 설치한다.

53 다음 중 화재조사의 특징으로 옳지 않은 것은?

① 현장성을 갖는다.
② 신속성을 유지해야 한다.
③ 정밀과학성을 요구한다.
④ 증거성을 갖는다.

54 다음 중 화재조사에서 하는 일로 옳지 않은 것은?

① 화재 경계와 예방활동을 위한 정보 자료를 획득한다.
② 화재 및 제조물의 위치관련 통계 작성을 추구한다.
③ 방화·실화 수사협조 및 피해자의 구체적 증거를 확보한다.
④ 소송쟁의에 대해 조사하고 행정시책의 자료로 한다.

55 다음 중 목조건축물과 내화건축물의 화재성상에 대한 설명으로 옳지 않은 것은?

① 목조건축물은 최성기를 지나면 급속히 타버리고 그 온도는 공기의 유통이 좋으므로 장시간 고온을 유지한다.
② 목조건축물은 공기의 유통이 좋아 순식간에 플래시오버에 도달하고 최성기 때 최고온도는 약 1,100 ~ 1,300℃ 정도에 이른다.
③ 내화구조건축물은 견고하여 공기의 유통조건이 거의 일정하고 최고 온도는 목조건축물의 경우보다 낮다.
④ 내화구조건축물의 화재 진행상황은 초기–성장기–최성기–종기의 순으로 진행된다.

56 다음 대형화재 중 종합상황실에 보고해야 할 기준으로 옳지 않은 것은?

① 사망자 5인 이상
② 사상자 10인 이상
③ 재산피해액 50억 원 이상
④ 이재민 100인 이상

57 다음 중 현장대원의 구조 활동 시 최우선적으로 해야 할 것은?

① 인명 구조
② 화점 직근의 소방용수시설 점령
③ 화점 발견
④ 신속한 화재 진압

58 다음 중 구조 시 일반원칙에 대하여 옳지 않은 것은?

① 신체에 피해가 있어도 항상 신속히 구출하는 방법을 택한다.
② 시간이 조금 소요되더라도 성공률이 높은 방법을 택한다.
③ 현장에서는 실패가 없는 방법을 선택하여 구출하도록 한다.
④ 상황에 따라서 2차 피해가 없도록 안전지대에서 응급처치 후 구조하는 것을 택한다.

59 다음 중 특수구조대에 해당하지 않는 것은?

① 산악구조대 ② 해양구조대
③ 화학구조대 ④ 수난구조대

60 다음 중 구조 활동의 우선순위를 순서대로 바르게 나열한 것은?

> ㄱ. 요구조자의 구명에 필요한 조치를 한다.
> ㄴ. 안전구역으로 구출활동을 침착히 개시한다.
> ㄷ. 위험현장에서 격리하여 재산을 보전한다.
> ㄹ. 요구조자의 상태 악화 방지에 필요한 조치를 한다.

① ㄴ - ㄱ - ㄷ - ㄹ ② ㄴ - ㄱ - ㄹ - ㄷ
③ ㄱ - ㄴ - ㄷ - ㄹ ④ ㄱ - ㄴ - ㄹ - ㄷ

61 다음 중 2급 응급구조사의 업무 범위로 가장 적절한 것은?

① 자동제세동기를 이용한 규칙적 심박동의 유도
② 심폐소생술 시행을 위한 기도유지
③ 정맥로의 확보
④ 인공호흡기를 이용한 호흡유지

62 다음 중 로프에 수 개의 엄지매듭을 일정한 간격으로 만들어 로프를 타고 오르거나 내릴 때에 지지점으로 이용할 수 있도록 하는 매듭은?

① 고정매듭
② 나비매듭
③ 감아매기
④ 줄사다리매듭

63 다음 중 구조 출동업무 중에서 거부할 수 있는 사항으로 적절하지 않은 것은?

① 단순 문 개방
② 맨홀구멍에 빠진 자
③ 동물의 단순처리, 포획, 구조
④ 시설물에 대한 단순 안전조치 및 장애물 단순 제거

64 다음 중 화재 시 현장에서 구조 활동 순서를 바르게 나열한 것은?

① 진입 장애요인 제거 – 인명 검색 – 구출 – 병원 이송
② 인명검색 – 구출 – 진입 장애요인 제거 – 병원 이송
③ 구출 – 병원 이송 – 인명 검색 – 진입 장애요인 제거
④ 인명 검색 – 구출 – 병원 이송 – 진입 장애요인 제거

65 다음 중 구조장비로 옳지 않은 것은?

① 구조용사다리
② 체인블럭
③ 유압호스릴
④ 동력소방펌프

66 다음 중 2급 응급구조사의 업무범위에 해당하는 것은?

① 심폐소생술을 위한 기도 유지
② 산소 투여
③ 정맥로 확보
④ 인공호흡기를 이용한 호흡 유지

67 다음 응급환자에 대한 의식상태평가 분류 중 옳지 않은 것은?

① A(Alert) − 의식(비정상)
② V(Verbal Stimuli) − 언어 지시 반응
③ P(Pain Stimuli) − 통증자극에만 반응
④ U(Unresponse) − 무반응

68 다음 중 응급환자의 중증도 분류에 대한 설명으로 옳은 것은?

① 수 시간 이내에 응급조치를 해야 하는 환자는 긴급환자이다.
② 중증도 분류는 환자응급처치에 관여하면서 분류를 한다.
③ 맥박과 호흡이 없는 환자는 적색으로 표시한다.
④ 현장이 위험할 때는 부상이 있어도 환자를 안전한 곳으로 이동시켜야 한다.

69 다음 중 후착대만의 임무로 옳지 않은 것은?

① 인명 구조
② 수손 방지
③ 급수 중계
④ 비화 경계

70 다음 중 소방력의 3요소로 옳지 않은 것은?

① 소방대원(인력)
② 소방장비
③ 소방시설
④ 소방용수

71 다음 중 화재진압 시 행동요령으로 옳지 않은 것은?

① 인명 검색 및 구조활동을 최우선으로 한다.
② 문 개방은 정면에서 신속히 하며 정면에서 진입하여야 한다.
③ 진입이 곤란할 때는 상층부에서 바닥을 파괴하여 주수할 수 있다.
④ 내부 진입 시 반드시 2인 1조로 진입하며 공기호흡기를 장착하고 로프, 조명, 파괴기구 등을 휴대하여 급기측에서 진입한다.

72 다음 중 산불화재의 형태에 대한 설명으로 옳지 않은 것은?

① 지중화는 산림 지중에 있는 유기질층이 타는 것이다.
② 지표화는 산림 지면에 떨어져 있는 낙엽, 마른풀 등의 타는 것이다.
③ 비화는 강풍 등에 의해 불꽃이 날아가 타는 것이다.
④ 수관화는 나무의 줄기가 타는 것이다.

73 다음 중 위험물의 소화방법으로 옳지 않은 것은?

① 제2류 위험물인 적린 및 제3류 위험물인 황린은 물로 냉각소화를 한다.
② 중유 등 물보다 무거운 수용성 석유류 화재는 에멀전 효과를 이용한 유화소화를 한다.
③ 칼륨, 나트륨은 초기에 마른 모래, 건조 석회 등의 석분으로 질식 및 피복소화를 한다.
④ 알코올 화재는 내알코올포로 질식소화하거나 다량의 물로 희석소화를 한다.

74 다음 중 제4류 위험물의 설명으로 옳지 않은 것은?

① 제1석유류 – 아세톤, 휘발유 그 밖에 1기압에서 인화점이 21℃ 미만인 것
② 제2석유류 – 등유, 경유 그 밖에 1기압에서 인화점이 20℃ 이상 70℃ 미만인 것
③ 제3석유류 – 중유, 클레오소트유 그 밖에 1기압에서 인화점이 70℃ 이상 200℃ 미만인 것
④ 제4석유류 – 기어유, 실린더유 그 밖에 1기압에서 인화점이 200℃ 이상 250℃ 미만인 것

75 다음 제4류 위험물 중 제2석유류(등유, 경유)에 대한 특성으로 옳지 않은 것은?

① 증기비중이 공기보다 가볍다.
② 인화되기 대단히 쉽다.
③ 연소범위 하한이 낮다.
④ 발화점이 낮다.

76 다음 중 아세톤과 휘발유는 석유류 분류에서 어디에 해당하는가?

① 제1석유류   ② 제2석유류
③ 제3석유류   ④ 제4석유류

77 다음 중 제5류 위험물에 대한 특성으로 옳지 않은 것은?

① 대부분 질소를 함유하고 있는 무기질소화합물이다.
② 가열·충격·마찰에 민감하여 강산화제로서 자연발화가 될 수도 있다.
③ 화재가 확대되면 소화가 어려워 주변연소를 방지하며 자연진화를 기다리는 방법도 있다.
④ 모두 가연성의 고체(결정이나 분말) 및 액체로서 연소할 때 많은 가스를 발생한다.

78 다음 중 위험물 제조소 등에서 취급소의 분류에 해당되지 않는 것은?

① 판매취급소
② 지하탱크취급소
③ 주유취급소
④ 일반취급소

79 다음 중 디에틸에테르($C_2H_5OC_2H_5$)에 대한 설명으로 옳지 않은 것은?

① 물과 접촉 시 격렬하게 반응한다.
② 비점, 인화점, 발화점이 매우 낮고 연소범위가 넓다.
③ 연소범위의 하한치가 낮아 약간의 증기가 누출되어도 폭발을 일으킨다.
④ 증기압이 높아 저장용기가 가열되면 변형이나 파손되기 쉽다.

80 다음 중 운송책임자의 감독·지원을 받아 운송하여야 하는 위험물에 해당되는 것은?

① 알킬알루미늄, 알킬리튬
② 아염소산염류, 질산
③ 니트로글리세린, 황린
④ 알칼리금속, 황화린

81 다음 중 일반적으로 분류되는 방화문에 대한 설명으로 옳지 않은 것은?

① 방화문에는 갑종방화문과 을종방화문이 있다.
② 갑종방화문은 비차열 성능이 30분 이상이어야 한다.
③ 을종방화문은 비차열 성능이 30분 이상이어야 한다.
④ 방화구획이 갑종방화문은 언제나 닫힌 상태이거나 화재 시 연기·온도에 의하여 자동으로 닫히는 구조로 하여야 한다.

82 다음 중 화재 시 인간의 본능에 따라 자주 다니던 곳으로 피난하는 특성은 무엇인가?

① 지광본능   ② 퇴피본능

③ 귀소본능   ④ 추종본능

83 다음 중 방화문에 대한 설명으로 옳지 않은 것은?

① 방화문은 30분 방화문, 60분 방화문, 60+ 방화문으로 구분한다.

② 30분 방화문은 연기 및 불꽃을 차단할 수 있는 시간이 30분 이상 60분 미만인 방화문을 말한다.

③ 60분 방화문은 연기 및 불꽃을 차단할 수 있는 시간이 60분 이상인 방화문을 말한다.

④ 60분+ 방화문은 연기 및 불꽃을 차단할 수 있는 시간이 60분 이상이고, 열을 차단할 수 있는 시간이 60분 이상인 방화문을 말한다.

84 다음 중 피난에 대한 설명으로 옳지 않은 것은?

① 피난방향의 설계는 중앙코어식(Core형)이 가장 안전하다.

② 피난대책의 일반원칙은 Fool-Proof와 Fail-Safe 방법을 준수한다.

③ 피난경로는 단순, 명료하게 한다.

④ 피난동선은 수직과 수평동선으로 구분되며 계단의 배치는 집중화를 피하고 분산한다.

85 다음 중 방염성능에 대한 설명으로 옳지 않은 것은?

① 버너의 불꽃을 제거한 때부터 불꽃을 올리고 연소상태가 그칠 때까지 시간은 20초 이내이다.

② 버너의 불꽃을 제거한 때부터 불꽃을 올리지 아니하고 연소상태가 그칠 때까지 시간은 30초 이내이다.

③ 불꽃에 의해 완전히 녹을 때까지 불꽃의 접촉 횟수는 1회 이상이다.

④ 최대연기밀도는 400 이하이다.

86 〈보기〉는 재난 및 안전관리 기본법령상 관련된 내용이다. 다음 중 빈칸에 들어갈 ㉠ ~ ㉡을 바르게 연결한 것은?

> **보기**
>
> • 재난관리기금의 매년도 최저적립액은 최근 3년 동안의 「지방세법」에 의한 보통세의 수입결산액의 평균연액의 (㉠)에 해당하는 금액으로 한다.
> • 매년도 최저적립액 중 (㉡) 이상을 응급복구 또는 긴급한 조치에 우선적으로 사용하여야 한다.

	㉠	㉡
①	100분의 1	100분의 15
②	100분의 1	100분의 21
③	100분의 3	100분의 15
④	100분의 3	100분의 21

87 다음 중 소화활동설비로 옳은 것은?

① 비상경보설비
② 무선통신보조설비
③ 공기안전매트
④ 상수도소화설비

88 다음 중 옥내소화전설비에 대한 설명으로 옳지 않은 것은?

① 가압송수장치는 고가수조방식, 압력수조방식, 지하수조방식, 가압수조방식이 있다.
② 유량측정장치는 성능시험배관의 직관부에 설치하되 펌프 정격토출량의 165% 이상 측정할 수 있는 성능이 되어야 한다.
③ 펌프의 토출 측에는 압력계를, 흡입 측에는 연성계 또는 진공계를 설치한다.
④ 펌프성능은 체절운전 시 정격토출압력의 140%를 초과하지 아니하고, 정격토출량의 150%로 운전 시 정격토출압력의 65% 이상이 되어야 한다.

89 다음 중 가압송수장치인 소방펌프의 체절운전으로 인한 수온상승과 과압으로 배관이 파손되는 경우를 방지하기 위하여 설치하는 것은 무엇인가?

① 수압개폐장치(압력챔퍼)
② 물올림장치(호수조)
③ 순환배관 및 릴리프 밸브
④ 수격방지기

90 다음 중 스프링클러헤드를 설치하지 않을 수 있는 장소로 옳지 않은 것은?

① 통신기기실, 전자기기실, 발전실, 병원수술실 등 기타 유사한 장소
② 현관 또는 로비 등으로서 바닥으로부터 높이가 20m 이상인 장소
③ 천장과 반자 양쪽이 불연재료로 되어 있는 경우로서 천장과 반자 사이의 거리가 2m 이상인 부분
④ 고온의 노가 설치된 장소 또는 물과 격렬하게 반응하는 물품의 저장 또는 취급 장소

91 다음 중 초기화재의 소화용으로 사용되는 것으로 옳지 않은 것은?

① 스프링클러설비
② 연결송수관설비
③ 옥내소화전설비
④ 소화기

92 다음에서 설명하는 스프링클러설비의 종류로 옳은 것은?

> 화재 발생 시 감지기의 작동으로 1차측 유수검지장치가 작동하여 2차측 폐쇄형스프링클러헤드까지 소화용수가 송수되어 폐쇄형 스프링클러헤드가 열에 의해 개방되는 방식이다.

① 습식 스프링클러설비
② 건식 스프링클러설비
③ 준비작동식 스프링클러설비
④ 일제살수식 스프링클러설비

93 다음 중 화재진압에 따른 전략개념의 대응 우선순위를 순서대로 바르게 배열한 것은?

① 외부확대 방지 → 생명보호 → 내부확대 방지 → 화점진압 → 재발방지를 위한 점검·조사
② 생명보호 → 내부확대 방지 → 재발방지를 위한 점검·조사 → 외부확대 방지 → 화점진압
③ 생명보호 → 외부확대 방지 → 내부확대 방지 → 화점진압 → 재발방지를 위한 점검·조사
④ 외부확대 방지 → 내부확대 방지 → 생명보호 → 화점진압 → 재발방지를 위한 점검·조사

94 다음 중 피난기구에 대한 내용으로 옳지 않은 것은?

① 피난기구는 일반적으로 1·2층 및 11층 이상에 설치하지 않는다.
② 완강기의 최대 사용하중은 1,000N 이상이어야 한다.
③ 승강식 피난기는 몸무게에 의하여 연속 사용할 수 있는 무동력 승강식 피난기이다.
④ 구조대는 구조대를 설치하는 방법에 따라 경사강하식과 수직강하식으로 분류하며 입구틀 및 취부틀의 입구는 지름 50cm 이상의 구체가 통과할 수 있어야 한다.

95 다음 중 시각경보기에 대한 설명으로 옳은 것은?

① 자동화재탐지설비의 보조설비이다.
② 공연장, 집회장, 관람장 또는 이와 유사한 장소에 설치하는 경우에는 시선이 집중되는 무대부 부분 뒤에 설치한다.
③ 설치높이는 바닥으로부터 2m 이상 2.5m 이하의 장소에 설치하여야 한다. 다만, 천장의 높이가 2m 이하인 경우에는 천장으로부터 0.3m 이내의 장소에 설치하여야 한다.
④ 화재 시 시야를 볼 수 없는 시각장애인용으로 설치한다.

96 다음 중 제연설비 설치장소와 제연구역 구획에 대한 설명으로 옳지 않은 것은?

① 통로상 제연구획은 보행중심선 길이가 50m 초과하지 아니할 것
② 거실과 통로는 상호 제연구획할 것
③ 하나의 제연구획의 면적은 1,000m 이내로 할 것
④ 하나의 제연구획은 직경 60m 원 내에 들어갈 수 있을 것

97 다음과 관련된 현상으로 옳은 것은?

> 펌프에서 유체가 이송 시 정전 등으로 펌프가 정지하거나 밸브가 갑자기 잠길 경우 배관 내의 유체의 운동에너지가 압력에너지로 변하여 고압이 발생하거나, 유속이 급변하여 압력의 변화로 배관 내의 벽면을 치는 현상이다.

① 공동 현상   ② 수격 현상
③ 서징 현상   ④ 에어바인딩 현상

98 다음 중 공동 현상 발생원인으로 옳지 않은 것은?

① 펌프의 흡입측 수두가 작을 경우
② 펌프의 설치위치가 탱크보다 너무 높을 때
③ 펌프의 흡입력이 액체의 증기압보다 낮을 때
④ 펌프의 임펠러 속도가 클 경우

99 다음 중 복도와 같은 통로공간에서 벽, 바닥 표면의 가연물에 화염이 급속히 확산되는 현상은?

① 슬롭오버(Slop Over) 현상
② 오일오버(Oil Over) 현상
③ 블레비(BLEVE) 현상
④ 플레임오버(Flame Over) 현상

100 다음과 관련된 법칙으로 옳은 것은?

> 한 유체 내의 흐름에서는 어떤 단면에서도 위치, 속도, 압력과 각 수두의 합은 항상 일정하다.

① 이상기체상태 방정식
② 베르누이 법칙
③ 보일의 법칙
④ 일정성분비의 법칙

PART 3

최종점검 모의고사

제1회
NCS 직업기초능력검사
모의고사

※ 인천국제공항공사 소방직 최종점검 모의고사는 채용공고를 기준으로 구성한 것으로
실제 시험과 다를 수 있습니다.

취약영역 분석

번호	O/×	영역	번호	O/×	영역	번호	O/×	영역
01		의사소통능력	18		조직이해능력	35		의사소통능력
02			19			36		
03		자원관리능력	20		의사소통능력	37		자원관리능력
04			21			38		
05		문제해결능력	22		자원관리능력	39		의사소통능력
06			23			40		
07		조직이해능력	24			41		자원관리능력
08			25		문제해결능력	42		조직이해능력
09		자원관리능력	26			43		
10		의사소통능력	27		조직이해능력	44		의사소통능력
11			28			45		
12			29		문제해결능력	46		
13			30			47		문제해결능력
14		자원관리능력	31		의사소통능력	48		
15		문제해결능력	32			49		
16			33		문제해결능력	50		의사소통능력
17		조직이해능력	34					

평가 문항	50문항	평가 시간	50분
시작시간	:	종료시간	:
취약 영역			

NCS 직업기초능력검사
모의고사

모바일 OMR
답안채점 / 성적분석
서비스

정답 및 해설 p.48

🕐 응시시간 : 50분　　📋 문항 수 : 50문항

01 L사원은 신입사원 교육에서 직장생활에서 요구되는 문서적·언어적 의사소통능력에 대한 강연을 들으며 메모하였다. 다음 중 메모의 빈칸에 들어갈 수 없는 것은?

> • 문서적 의사소통능력
> 　– 문서이해능력
> 　– 문서작성능력
> • 언어적 의사소통능력
> 　– 경청능력
> 　– 의사표현능력
> ⇒ 문서적인 의사소통은 언어적인 의사소통에 비해 _____이 있고, _____이 높고, _____도 크다.

① 권위감　　　　　　　　　　② 정확성
③ 전달성　　　　　　　　　　④ 보존성
⑤ 유동성

02 다음 사례에 나타난 의사 표현에 영향을 미치는 요소에 대한 설명으로 적절하지 않은 것은?

> • 독일의 유명 가수 슈만 하이크는 "음악회에서 노래를 부를 때 심리적 긴장감을 갖지 않느냐?"는 한 기자의 질문에 대해 "노래하기 전에 긴장감을 느끼지 않는다면, 그때는 내가 은퇴할 때이다."라고 이야기하였다.
> • 영국의 유명 작가 버나드 쇼는 젊은 시절 매우 내성적인 청년이었다. 그는 잘 아는 사람의 집을 방문할 때도 문을 두드리지 못하고 20분이나 문밖에서 망설이며 거리를 서성거렸다. 그는 자신의 내성적인 성격을 극복하기 위해 런던에서 공개되는 모든 토론에 의도적으로 참가하였고, 그 결과 장년에 이르러서 20세기 전반에 가장 재치와 자신이 넘치는 웅변가가 될 수 있었다.

① 소수인의 심리상태가 아니라, 90% 이상의 사람들이 호소하는 불안이다.
② 잘 통제하면서 표현을 한다면 청자는 더 인간답다고 생각하게 될 것이다.
③ 개인의 본질적인 문제이므로 완전히 치유할 수 있다.
④ 분명한 원인은 아직 규명되지 않았다.
⑤ 불안을 심하게 느끼는 사람일수록 다른 사람과 접촉이 없는 직업을 선택하려 한다.

03 업무상 중국 베이징에서 열린 회의에 참석한 김 대리는 회사에서 급한 연락을 받았다. 자사 공장이 있는 다롄에도 시찰을 다녀오라는 것이었다. 김 대리가 선택할 수 있는 교통수단이 다음과 같을 때, 어떤 교통편을 선택하겠는가?(단, 김 대리는 기준에 따른 금액이 가장 적은 교통편을 선택한다)

교통편명	교통수단	시간(h)	요금(원)
CZ3650	비행기	2	500,000
MU2744	비행기	3	200,000
G820	고속열차	5	120,000
D42	고속열차	8	70,000

※ (김 대리의 기준)=[시간(h)]×1,000,000×0.6+[요금(원)]×0.8

① CZ3650
③ G820
⑤ 없음
② MU2744
④ D42

04 귀하는 S회사의 인사관리부서에서 근무 중이다. 오늘 회의시간에 생산부서의 인사평가 자료를 취합하여 보고해야 하는데 자료 취합 중 파일에 오류가 생겨 일부 자료가 훼손되었다. 다음 중 (가) ~ (라)에 들어갈 점수로 가장 적절한 것은?(단, 각 평가는 100점 만점이고, 종합순위는 각 평가지표 점수의 총합으로 결정한다)

〈인사평가 점수 현황〉

(단위 : 점)

구분	역량	실적	자기계발	성실성	종합순위
A사원	70	(가)	80	70	5
B사원	80	85	(나)	70	1
C대리	(다)	85	70	75	3
D과장	80	80	60	70	4
E부장	85	85	70	(라)	2

※ 점수는 5점 단위로 부여한다.

	(가)	(나)	(다)	(라)
①	60	70	55	60
②	65	70	65	60
③	65	65	65	65
④	75	65	55	65
⑤	75	65	65	65

※ A회사는 업무의 효율적인 관리를 위해 새롭게 부서를 통합하고 사무실을 옮기려고 한다. 〈조건〉을 보고 이어지는 질문에 답하시오. [5~6]

• 팀 조직도

디자인	경영 관리	경영 기획	인사	총무	VM	법무	영업 기획	영업 관리	콘텐츠 개발	마케팅	전산

※ VM(Visual Marketing)팀

• 사무실 배치도

1	2
3	4

4F

1	2
3	4

5F

1	2
3	4

6F

조건

• 4층은 디자인과 마케팅뿐만 아니라 영업까지 전부 담당하기 위해 영업홍보부서로 개편한다.
• 경영기획관리부서는 새로운 콘텐츠 발굴부터 매장의 비주얼까지 전부 관리할 것이다.
• 6층에서는 회사의 인사, 급여, 전산관리와 같은 전반적인 일들을 관리할 것이다.
• 팀명에 따라 가나다 순으로 1 ~ 4팀으로 배치되며, 영어이름일 경우 한글로 변환하여 가나다 순으로 배치한다.

05 부서마다 4개의 팀이 배정된다. 다음 중 영업홍보부서에 포함될 팀으로 적절하지 않은 것은?

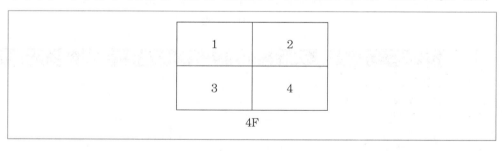

1	2
3	4

4F

① VM팀 ② 디자인팀
③ 마케팅팀 ④ 영업관리팀
⑤ 영업기획팀

06 A회사는 팀 배정을 끝마치고 각자 내선번호를 부여하기로 했다. 〈조건〉을 바탕으로 할 때, 변경된 내선번호가 옳게 짝지어진 것은?

조건

내선번호는 3자리 숫자이다.

- 첫 번째 자리는 층 번호이다.
- 두 번째 자리는 각 층의 팀 이름 순번으로 1 ~ 4까지 부여한다.
- 세 번째 자리는 직급으로 부장, 과장, 대리, 사원 순서로 1 ~ 4까지 부여한다.

[받는 이] H대리(VM팀)

[내용] 안녕하십니까? 부서 개편으로 인해 내선번호가 새롭게 부여되었음을 안내드립니다. H대리님의 번호는 00 - __(가)__ (이)며 이에 대한 궁금한 점이 있으시다면 00 - __(나)__ (으)로 연락주시기 바랍니다.

[보낸 이] A사원(총무팀)

	(가)	(나)
①	321	622
②	422	544
③	533	644
④	513	632
⑤	412	631

안심Touch

07 A ~ D사원이 경제뉴스에서 본 내용을 이야기 하고 있다. 대화 중 경제 상식에 대해 잘못 알고 있는 사람은 누구인가?

> A사원 : 주식을 볼 때, 미국은 나스닥, 일본은 자스닥, 한국은 코스닥을 운영하고 있던가?
> B사원 : 응, 국가마다 기준이 다른데 MSCI지수를 통해 상호 비교할 수 있어.
> C사원 : 그렇지 그리고 요즘 기축통화에 대해 들었어? 한국의 결제나 금융거래에서 기본이 되는 화폐인데 이제 그 가치가 더 상승한대.
> D사원 : 그래? 고도의 경제성장률을 보이는 이머징마켓에 속한 국가들 때문에 그런가?

① A사원 ② B사원
③ C사원 ④ D사원
⑤ 모두 옳다.

08 다음 사례의 쟁점과 협상전략을 순서대로 바르게 묶은 것은?

> 대기업 영업부장인 김봉구 씨는 기존 재고를 처리할 목적으로 업체 W사와 협상 중이다. 그러나 W사는 자금 부족을 이유로 이를 거절하고 있다. 김봉구 씨는 자신의 회사에서 물품을 제공하지 않으면 W사가 매우 곤란한 지경에 빠진다는 사실을 알고 있다. 그래서 김봉구 씨는 앞으로 W사와 거래하지 않을 것이라는 엄포를 놓았다.

① 자금 부족 – 협력전략
② 재고 처리 – 갈등전략
③ 재고 처리 – 경쟁전략(강압전략)
④ 정보 부족 – 양보전략(유화전략)
⑤ 정보 부족 – 경쟁전략(강압전략)

09 S공사는 동절기에 인력을 감축하여 운영한다. 다음 〈조건〉을 참고할 때, 동절기 업무시간 단축 대상자는 누구인가?

〈동절기 업무시간 단축 대상자 현황〉

성명	업무성과 평가	통근거리	자녀 유무
최나래	C	3km	×
박희영	B	5km	○
이지규	B	52km	×
박슬기	A	55km	○
황보연	D	30km	○
김성배	B	75km	×
이상윤	C	60km	○
이준서	B	70km	○
김태란	A	68km	○
한지혜	C	50km	×

조건

- S공사의 동절기 업무시간 단축 대상자는 총 2명이다.
- 업무성과 평가에서 상위 40% 이내에 드는 경우 동절기 업무시간 단축 대상 후보자가 된다.
  ※ 단, A>B>C>D 순서로 매기고, 동순위자 발생 시 동순위자를 모두 고려한다.
- 통근거리가 50km 이상인 경우에만 동절기 업무시간 단축 대상자가 될 수 있다.
- 동순위자 발생 시 자녀가 있는 경우에는 동절기 업무시간 단축 대상 우선순위를 준다.
- 위의 조건에서 대상자가 정해지지 않은 경우, 통근거리가 가장 먼 직원부터 대상자로 선정한다.

① 황보연, 이상윤
② 박슬기, 김태란
③ 이준서, 김태란
④ 이준서, 김성배
⑤ 최나래, 이상윤

정보란 무엇인가? 이 점은 정보화 사회를 맞이하면서 우리가 가장 깊이 생각해 보아야 할 문제이다. 정보는 그냥 객관적으로 주어진 대상인가? 그래서 그것은 관련된 당사자들에게 항상 가치중립적이고 공정한 지식이 되는가? 결코 그렇지 않다. 똑같은 현상에 대해 정보를 만들어 내는 방식은 매우 다양할 수 있다. 정보라는 것은 인간에 의해 가공되는 것이고 그 배경에는 언제나 나름대로의 입장과 가치관이 깔려 있게 마련이다. (가)

정보화 사회가 되어 정보가 넘쳐나는 듯하지만 사실 우리 대부분은 그 소비자로 머물러 있을 뿐 적극적인 생산의 주체로 나서지 못하고 있다. 이런 상황에서는 우리의 생활을 질적으로 풍요롭게 해 주는 정보를 확보하기가 대단히 어렵다. 사실 우리가 일상적으로 구매하고 소비하는 정보란 대부분이 일회적인 심심풀이용이 많다. (나)

또한 정보가 많을수록 좋은 것만은 아니다. 오히려 정보의 과잉은 무기력과 무관심을 낳는다. 네트워크와 각종 미디어와 통신 기기의 회로들 속에서 정보가 기하급수적인 속도의 규모로 증식하고 있는 데 비해, 그것을 수용하고 처리할 수 있는 우리 두뇌의 용량은 진화하지 못하고 있다. 이 불균형은 일상의 스트레스 또는 사회적인 교란으로 표출된다. 정보 그 자체에 집착하는 태도에서 벗어나 무엇이 필요한지를 분별할 수 있는 능력이 배양되어야 한다. (다)

정보는 얼마든지 새롭게 창조될 수 있다. 컴퓨터의 기계적인 언어로 입력되기 전까지의 과정은 인간의 몫이다. 기계가 그것을 대신하기는 불가능하다. 따라서 정보화 시대의 중요한 관건은 컴퓨터에 대한 지식이나 컴퓨터를 다루는 방법이 아니라, 무엇을 담을 것인가에 대한 인간의 창조적 상상력이다. 그것은 마치 전자레인지가 아무리 좋아도 그 자체로 훌륭한 요리를 보장하지는 못하는 것과 마찬가지이다. (라)

정보와 지식 그 자체로는 딱딱하게 굳어 있는 물건처럼 존재하는 듯 보인다. 그러나 그것은 커뮤니케이션 속에서 살아 움직이며 진화한다. 끊임없이 새로운 의미가 발생하고 또한 더 고급으로 갱신되어 간다. 따라서 한 사회의 정보화 수준은 그러한 소통의 능력과 직결된다. 정보의 순환 속에서 끊임없이 새로운 정보로 거듭나는 역동성이 없이는 아무리 방대한 데이터베이스라 해도 그 기능에 한계가 있기 때문이다. (마)

보기

한 가지 예를 들어 보자. 어떤 나라에서 발행하는 관광 안내 책자는 정보가 섬세하고 정확하다. 그러나 그 책을 구입해 관광을 간 소비자들은 종종 그 내용의 오류를 발견한다. 그리고 많은 이들이 그것을 그냥 넘기지 않고 수정 사항을 엽서에 적어서 출판사에 보내준다. 출판사는 일일이 현지에 직원을 파견하지 않고도 책자를 개정할 수 있다.

① (가)
② (나)
③ (다)
④ (라)
⑤ (마)

※ 평소 환경에 관심이 많은 A씨는 인터넷에서 다음과 같은 글을 보았다. 이어지는 질문에 답하시오. [11~12]

마스크를 낀 사람들이 더는 낯설지 않다. "알프스나 남극 공기를 포장해 파는 시대가 오는 게 아니냐."는 농담을 가볍게 웃어넘기기 힘든 상황이 되었다. 황사, 미세먼지, 초미세먼지, 오존, 자외선 등 한 번 외출할 때마다 꼼꼼히 챙겨야 할 것들이 한둘이 아니다. 중국과 인접한 우리나라의 환경오염 피해는 더욱 심각한 상황이다. 지난 4월 3일 서울의 공기품질은 최악을 기록한 인도 델리에 이어 불명예 2위를 차지했다.

또렷한 환경오염은 급격한 기후변화의 촉매제가 되고 있다. 지난 1912년 이후 지구의 연평균 온도는 꾸준히 상승해 평균 0.75℃가 올랐다. 우리나라는 세계적으로 유래를 찾아보기 어려울 만큼 연평균 온도가 100여 년간 1.8℃나 상승했으며, 이는 지구 평균치의 2배를 웃도는 수치이다. 기온 상승은 다양한 부작용을 낳고 있다. 1991년부터 2010년까지 20여 년간 폭염일수는 8.2일에서 10.5일로 늘어났고, 열대야지수는 5.4일에서 12.5일로 증가했다. 1920년대에 비해 1990년대 겨울은 한 달이 짧아졌다. 이러한 이상 기온은 우리 농어촌에 악영향을 끼칠 수밖에 없다.

기후변화와 더불어, 세계 인구의 폭발적 증가는 식량난 사태로 이어지고 있다. 일부 저개발 국가에서는 굶주림이 일반화되고 있다. 올해 4월을 기준으로 전 세계 인구수는 74억 9,400만 명을 넘어섰다. 인류 역사상 가장 많은 인류가 지구에 사는 셈이다. 이 추세대로라면 오는 2050년에는 97억 2,500만 명을 넘어설 것으로 전망된다. 한정된 식량 자원과 급증하는 지구촌 인구수 앞에 결과는 불을 보듯 뻔하다. 곧 글로벌 식량위기가 가시화될 전망이다.

우리나라는 식량의 75% 이상을 해외에서 조달하고 있다. 이는 국제 식량가격의 급등이 식량안보 위협으로 이어질 수도 있음을 뜻한다. 미 국방성은 '수백만 명이 사망하는 전쟁이나 자연재해보다 기후변화가 가까운 미래에 더 심각한 재앙을 초래할 수 있다.'는 내용의 보고서를 발표하였다.

이뿐 아니라 식량이 부족한 상황에서 식량의 질적 문제도 해결해야 할 과제이다. 삶의 질을 중시하면서 친환경적인 안전 먹거리에 대한 관심과 수요는 증가하고 있지만, 급변하는 기후변화와 부족한 식량자원은 식량의 저질화로 이어질 가능성을 높이고 있다. 일손 부족 등으로 인해 친환경 먹거리 생산의 대량화 역시 쉽지 않은 상황이다.

11 다음 중 글의 주제로 가장 적절한 것은?

① 지구온난화에 의한 기후변화의 징조
② 환경오염에 따른 기후변화가 우리 삶에 미치는 영향
③ 기후변화에 대처하는 자세
④ 환경오염을 예방하는 방법
⑤ 환경오염과 인구증가의 원인

12 다음 중 A씨가 글을 읽고 이해한 것으로 가장 적절한 것은?

① 기후변화는 환경오염의 촉매제가 되어 우리 농어촌에 악영향을 끼치고 있다.
② 알프스나 남극에서 공기를 포장해 파는 시대가 도래하였다.
③ 세계 인구의 폭발적인 증가는 저개발 국가의 책임이 크다.
④ 우리나라의 식량자급률의 특성상 기후변화가 계속된다면 식량난이 심각해질 것이다.
⑤ 친환경 먹거리는 급변하는 기후 속 식량난을 해결하는 방법의 하나다.

13 최근 신입사원으로 입사한 A사원은 회사 업무용 메신저를 사용할 때나 상사와 대화할 때 언어 사용에 대한 고민이 많아 올바른 언어 사용에 대한 글을 읽었다. 이를 기반으로 올바른 언어 사용을 하는 사람은?

말을 많이 하는 것보다 말을 어떻게 하는가가 더 중요하고 회사 내에서는 알맞은 호칭과 적절한 단어를 사용하는 것만으로도 높은 경쟁력을 확보할 수 있다. 그렇다면 어떤 말을 어떻게 활용해야 품위 있고 왜곡 없는 전달이 가능할까?

먼저 상하관계가 확실한 직장에서 지켜야 할 호칭의 문제를 살펴보자. 윗사람을 향한 존칭은 누구나 늘 긴장을 하는 부분이다. 그렇다면 아랫사람을 부를 때는 어떻게 해야 현명할까. 일반적으로 '~씨'라는 호칭을 붙여 부를 것이다.

누군가는 '~씨'보다는 '~님'을 써야 한다고 주장하기도 하지만 보통의 언어생활에서 '~님'은 어울리지 않는 느낌을 준다. 직함이 없는 경우 '~씨'는 사람을 높여 부르는 말이기에 동료나 아랫사람을 부를 때 자연스럽게 쓰인다. 그러나 엄연히 직함이 있을 때는 문제가 달라진다. 부하직원이 대리나 과장 등 정확한 직함을 달고 있는데도 언제나 '~씨'라고 부른다면 잘못된 언어 습관이다. 아무리 부하직원이라지만 직위에 알맞은 책임이나 권위를 무시하는 행위이기 때문이다.

상사에 관해서는 '밥'과 관련된 인사를 할 때 주의해야 한다. 바로 '식사'와 '진지'의 차이다. 보통 상사에게 밥을 먹었는지 물어볼 때 '식사하셨나요?'라고 묻는다. 물론 식사는 끼니로 음식을 먹는 행위를 뜻하는 점잖은 한자 표현이지만 의미상 '밥'과 일맥상통하기 때문에 '밥하셨나요?'라는 뜻이 된다. 밥의 높임말은 '진지'. 물론 큰 차이가 나지 않는 선배에게 '진지 드셨어요?'라고 묻는다면 어색하겠지만 부장이나 본부장, 사장에게 말하는 경우라면 밥을 높여 '진지 드셨어요?'라고 하는 것이 공손한 표현이다.

정확한 언어를 사용하면 현란한 어휘와 화술로 말의 외피를 두르는 것보다 훨씬 더 깊이 있는 품격을 드러낼 수 있다. 우리 주변에는 흔히 쓰지만 알고 보면 틀린 말들이 많다. 대표적인 단어는 '피로회복제'. 재밌게도 피로회복제로는 절대 피로를 풀 수 없다. 무슨 말일까? '회복'이란 단어는 원래 상태를 되찾는다는 걸 의미한다. 건강 회복, 신뢰 회복, 주권 회복 등 회복이 쓰이는 말을 살펴보면 알아챌 수 있다. 그러므로 '피로회복제'는 몸을 다시 피로한 상태로 되돌린다는 말이 된다. 피로회복제라는 말은 '피로해소제'로 바꾸거나 '원기회복제'로 바꾸는 게 맞다.

피로회복제와 비슷한 경우로 '뇌졸증'이 있다. 결론부터 말하자면 '뇌졸증'은 아무도 걸리지 않는다. 우리가 말하고자 하는 병명은 아마 '뇌졸중'일 테다. 증상이나 병을 나타내는 단어에 대부분 증(症)이 붙어 혼동하는 단어다. 뇌졸중의 졸중(卒中)은 졸중풍(卒中風)의 줄임말이므로 뇌졸중은 뇌에 갑자기 풍을 맞았다는 뜻을 가진다. '뇌졸중'은 현대의학에서 뇌출혈, 뇌경색 등 뇌혈관 질환을 통틀어 이르는 말이며 '뇌졸증'은 아예 없는 말이다.

실제로 하는 말뿐만 아니라 최근에는 SNS나 메신저 앱으로 많은 대화가 오가기 때문에 맞춤법에도 민감하고 단어를 정확하게 표기하는 것이 중요하다. 특히 일상대화에서 자주 쓰는 사자성어 중에 잘못 알고 있는 경우가 많다.

포복졸도는 포복절도(抱腹絶倒), 홀홀단신은 혈혈단신(孑孑單身), 전입가경은 점입가경(漸入佳境), 고분분투는 고군분투(孤軍奮鬪), 절대절명은 절체절명(絶體絶命)이 맞다. 사자성어를 통해 상황을 정확하게 설명하려다 되레 체면을 구길 수 있으니 꼼꼼하게 체크한 후 쓰도록 하자.

① A부장 : K씨, 우리 부서에서 개인 인센티브 지급을 대리급 이상 사원 중 가장 성과가 많은 분에게 지급한다고 해서 K씨가 지급받게 되었어요. 수고 많았어요.

② B대리 : 본부장님, 식사 맛있게 하셨습니까? 이번 달 지출품의서 결재 부탁드립니다.

③ C사원 : G주임님, 어제 축구 경기 보셨어요? 절대절명의 순간에 결승골이 터져서 정말 짜릿했어요.

④ D대리 : 겨울엔 뇌졸중을 조심해야겠어요. 아는 지인이 경미한 뇌졸중으로 병원에 입원했다고 하네요.

⑤ E과장 : 어제 회식하느라 다들 고생했어요. 피로회복제 하나씩 먹고 오늘 하루도 다들 힘내봅시다.

14 S카드회사에서는 새로운 카드상품을 개발하기 위해 고객 1,000명을 대상으로 카드 이용 시 선호하는 부가서비스에 대해 조사하였다. 결과를 토대로 S카드회사 상품개발팀 직원들이 나눈 대화 중 가장 적절한 것은?

〈카드 이용 시 고객이 선호하는 부가서비스〉

(단위 : %)

구분	남성	여성	전체
포인트 적립	19	21	19.8
무이자 할부	17	18	17.4
주유 할인	15	6	11.4
쇼핑 할인	8	15	10.8
외식 할인	8	9	8.4
영화관 할인	8	11	9.2
통화료 / 인터넷 할인	7	8	7.4
은행수수료 할인	8	6	7.2
무응답	10	6	8.4

※ 총 8가지 부가서비스 중 선호하는 서비스 택 1, 무응답 가능

① P대리 : 이번 조사 자료는 S카드를 이용하고 계신 고객 중 1,000명을 대상으로 선호하는 부가서비스에 대해 조사한 것으로 성별 비율은 각각 50%입니다.

② L사원 : 조사 과정에서 응답하지 않은 고객은 남성 50명, 여성 34명으로 총 84명입니다.

③ S주임 : 남성과 여성 모두 가장 선호하는 부가서비스는 포인트 적립서비스이며, 두 번째로는 남성은 주유 할인, 여성은 무이자 할부로 차이를 보이고 있습니다.

④ K과장 : 부가서비스별로 선호하는 비중의 표준편차가 남성에 비해 여성이 더 큽니다.

⑤ R부장 : 이번 조사 결과를 참고했을 때, 남성과 여성이 선호하는 부가서비스가 서로 정반대인 것으로 보이니 성별을 구분하여 적합한 부가서비스를 갖추도록 개발해야겠습니다.

15 다음 중 제시된 명제가 모두 참일 때, 옳지 않은 것은?

> • 건강한 사람은 건강한 요리를 좋아한다.
> • 건강한 요리를 좋아하면 혈색이 좋다.
> • 건강하지 않은 사람은 나쁜 인상을 갖는다.
> • 건강한 요리를 좋아하는 사람은 그렇지 않은 사람보다 콜레스테롤 수치가 낮다.

① 건강한 사람은 혈색이 좋다.
② 좋은 인상을 가진 사람은 건강한 요리를 좋아한다.
③ 건강한 사람은 그렇지 않은 사람보다 콜레스테롤 수치가 낮다.
④ 좋은 인상을 가진 사람은 그렇지 않은 사람보다 콜레스테롤 수치가 높다.
⑤ 혈색이 좋지 않으면 나쁜 인상을 갖는다.

16 전주국제영화제에 참석한 충원이는 A ~ F영화를 〈조건〉에 맞춰 5월 1일부터 5월 6일까지 하루에 한 편씩 보려고 한다. 다음 중 항상 옳은 것은?

> **조건**
> • F영화는 3일과 4일 중 하루만 상영한다.
> • D영화는 C영화가 상영된 날 이틀 후에 상영한다.
> • B영화는 C, D영화보다 먼저 상영된다.
> • 첫째 날 B영화를 볼 가능성이 가장 높다면 5일에 반드시 A영화를 본다.

① A영화는 C영화보다 먼저 상영될 수 없다.
② C영화는 E영화보다 먼저 상영된다.
③ D영화는 5일이나 폐막작으로 상영될 수 없다.
④ B영화는 1일 또는 2일에 상영된다.
⑤ E영화는 개막작이나 폐막작으로 상영된다.

17 다음은 K공사의 해외시장 진출 및 지원 확대를 위한 전략과제의 필요성을 제시한 자료이다. 이를 통해 도출된 과제의 추진방향으로 적절하지 않은 것은?

전략과제 필요성
1. 해외시장에서 기관이 수주할 수 있는 산업 발굴
2. 국제사업 수행을 통한 경험축적 및 컨소시엄을 통한 기술·노하우 습득
3. 해당 산업 관련 민간기업의 해외진출 활성화를 위한 실질적 지원

① 국제기관의 다양한 자금을 활용하여 사업을 발굴하고, 해당 사업의 해외진출을 위한 기술역량을 강화한다.

② 해외봉사활동 등과 연계하여 기관 이미지 제고 및 사업에 대한 사전조사, 시장조사를 통한 선제적 마케팅 활동을 추진한다.

③ 국제경쟁입찰의 과열 경쟁 심화와 컨소시엄 구성 시 민간기업과 업무배분, 이윤 추구성향 조율에 어려움이 예상된다.

④ 해당 산업 민간(중소)기업을 대상으로 입찰 정보제공, 사업전략 상담, 동반 진출 등을 통한 실질적 지원을 확대한다.

⑤ 국제사업에 참여하여 경험을 축적시키고, 컨소시엄을 통해 습득한 기술 등을 재활용할 수 있는 사업을 구상하고 연구진을 지원한다.

18 신입사원 A는 입사 후 처음으로 보고서를 작성하게 되었는데, 보고서라는 양식 자체에 대한 이해가 부족하다는 생각이 들어서 인터넷을 통해 보고서에 대해 알아보았다. 다음 중 A사원이 이해한 내용으로 가장 적절한 것은?

① 전문용어는 이해하기 어렵기 때문에 최대한 사용하지 말아야 해.

② 상대가 요구하는 것이 무엇인지 파악하는 것이 가장 중요해. 상대의 선택을 받아야 하니까.

③ 이해를 돕기 위해서 관련 자료는 최대한 많이 첨부하는 것이 좋아.

④ 문서와 관련해서 받을 수 있는 질문에 대비해야 해.

⑤ 한 장에 담아내는 것이 원칙이니까 내용이 너무 길어지지 않게 신경 써야겠어.

19 S회사는 매년 사내 직원을 대상으로 창의공모대회를 개최하여 최고의 창의적 인재를 선발해 큰 상금을 수여한다. 이번 해에 귀하를 포함한 동료들은 창의공모대회에 참가하기로 하고 대회에 참가하는 동료들과 함께 창의적인 사고에 대해 생각을 공유하는 시간을 가졌다. 대화 중 귀하가 받아들이기에 타당하지 않은 것은?

① 누구라도 자기 일을 하는 데 있어 요구되는 지능 수준을 가지고 있다면, 그 분야에서 누구 못지않게 창의적일 수 있어.

② 창의적인 사고를 하기 위해서는 고정관념을 버리고, 문제의식을 느껴야 해.

③ 창의적으로 문제를 해결하기 위해서는 문제의 원인이 무엇인가를 분석하는 논리력이 매우 뛰어나야 해.

④ 창의적인 사고는 선천적으로 타고나야 하고, 후천적인 노력에는 한계가 있어.

⑤ 창의적인 사고는 아이디어를 내고 그 유용성을 생각해 보는 활동이라고 볼 수 있어.

20 다음 글의 제목으로 가장 적절한 것은?

코로나19의 지역 감염이 확산됨에 따라 감염병 위기경보 수준이 '경계'에서 '심각'으로 격상되었다. 이처럼 감염병 위기 단계가 높아지면 무엇이 달라질까?

감염병 위기경보 수준은 '관심', '주의', '경계', '심각'의 4단계로 나뉘며, 각 단계에 따라 정부의 주요 대응 활동이 달라진다. 먼저, 해외에서 신종감염병이 발생하여 유행하거나 국내에서 원인불명 또는 재출현 감염병이 발생하면 '관심' 단계의 위기경보가 발령된다. '관심' 단계에서 질병관리본부는 대책반을 운영하여 위기 징후를 모니터링하고, 필요할 경우 현장 방역 조치와 방역 인프라를 가동한다. 해외에서의 신종감염병이 국내로 유입되거나 국내에서 원인불명 또는 재출현 감염병이 제한적으로 전파되면 '주의' 단계가 된다. '주의' 단계에서는 질병관리본부의 중앙방역대책본부가 설치되어 운영되며, 유관기관은 협조체계를 가동한다. 또한 '관심' 단계에서 가동된 현장 방역 조치와 방역 인프라, 모니터링 및 감시 시스템은 더욱 강화된다. 국내로 유입된 해외의 신종감염병이 제한적으로 전파되거나 국내에서 발생한 원인불명 또는 재출현 감염병이 지역 사회로 전파되면 '경계' 단계로 격상된다. '경계' 단계에서는 중앙방역대책본부의 운영과 함께 보건복지부 산하에 중앙사고수습본부가 설치된다. 필요할 경우 총리 주재하에 범정부 회의가 개최되고, 행정안전부는 범정부 지원본부의 운영을 검토한다. 마지막으로 해외의 신종감염병이 국내에서 지역사회 전파 및 전국 확산을 일으키거나 국내 원인불명 또는 재출현 감염병이 전국적으로 확산되면 위기경보의 가장 높은 단계인 '심각' 단계로 격상된다. 이 단계에서는 범정부적 총력 대응과 함께 필요할 경우 중앙재난안전대책본부를 운영하게 된다. 이때 '경계' 단계에서의 총리 주재하에 범정부 회의가 이루어지던 방식은 중앙재난안전대책본부가 대규모 재난의 예방·대비·대응·복구 등에 관한 사항을 총괄하고 조정하는 방식으로 달라진다.

① 코로나19 감염 확산에 따른 대응 방안
② 감염병 위기경보 단계 상향에 따른 국민 행동수칙 변화
③ 시간에 따른 감염병 위기경보 단계의 변화
④ 위기경보 '심각' 단계 상향에 따른 정부의 특별 지원
⑤ 감염병 위기경보 단계에 따른 정부의 대응 변화

안심Touch

21 다음 굴뚝 원격감시 체계에 대한 설명으로 옳은 것은?

> 대기오염 중 27%는 공업단지와 같은 산업시설에서 발생하는 굴뚝 매연이다. 따라서 굴뚝 매연을 효과적으로 관리한다면 대기오염을 상당 부분 줄일 수 있다. 굴뚝 매연을 감시하려는 노력은 계속해서 이어져 왔다. 그러나 종전에는 사람이 매번 사업장을 방문해 검사해야 하는 등 여러 불편이 따랐다. 1988년 도입된 Clean SYS(굴뚝 원격감시 체계)는 사업장 굴뚝에 자동측정기기를 설치해 배출되는 대기 오염물질 농도를 24시간 원격으로 감시할 수 있는 시스템이다. 측정기기를 통해 먼지, 암모니아, 염화수소 등의 오염물질을 5분 또는 30분 단위로 측정해서 자료를 수집한다. K공단은 수집된 자료를 통해 사업장의 대기 오염물질 배출현황을 상시 감독하고, 자료를 분석하여 관련 기관에 제공한다. 환경부, 지자체 등 관련 기관은 이를 토대로 오염물질 배출 부과금 도입, 대기오염 정책 개선 등에 나서고 있다. 2015년 자료에 따르면 578개 사업장의 1,531개 굴뚝에 시스템이 운영되고 있으며 앞으로도 계속해서 설치 지역 및 사업장은 늘어날 예정이다. Clean SYS는 사업장이 오염물질 배출 허용기준을 초과할 것으로 우려될 경우 자동으로 통보하는 '예·경보 시스템'을 갖추고 있다. 또한, 원격제어 시스템을 통해 측정기기에 표준가스를 주입함으로써 사업장에 방문하지 않아도 측정기의 정상작동 여부를 확인할 수 있다. 첨단 기술을 도입한 덕분에 더욱 효과적으로 굴뚝의 오염물질 배출 여부를 파악하고 대기오염을 예방하고 있다.

① 굴뚝에 자동측정기기를 설치해 배출되는 대기 오염물질 농도를 12시간 주기로 감시하는 시스템이다.
② K공단은 수집된 자료를 분석하여 대기오염 정책 개선에 노력한다.
③ 측정기기를 통해 오염물질을 1시간 단위로 측정해서 자료를 수집한다.
④ 예·경보 시스템을 통해 측정기기에 표준가스를 주입함으로써, 측정기의 정상작동 여부를 알 수 있다.
⑤ 사업장이 오염물질 배출 허용기준을 초과할 것으로 우려될 경우 예·경보 시스템이 작동한다.

22 다음 중 일반적으로 문서를 작성해야 하는 상황으로 옳지 않은 것은?

① 타 부서의 확인이나 요청이 필요한 상황
② 팀원 간 자유롭게 브레인스토밍을 통해 제시된 모든 의견
③ 동료나 상사의 업무상 과오를 공식화해야 하는 경우
④ 새로운 일이 생겼을 때 가장 적합한 사람을 사내에서 추천하고자 하는 경우
⑤ 곧 개최될 회사 창립기념일 행사와 관련된 정보를 제공해야 할 경우

23 프랑스 해외지부에 있는 K부장은 국내 본사로 인사발령을 받아서 2일 9시 30분에 파리에서 인천으로 가는 비행기를 예약했다. 파리에서 인천까지 비행시간은 총 13시간이 걸리며, 한국은 프랑스보다 7시간이 더 빠르다. K부장이 인천에 도착했을 때 현지 시각은 몇 시인가?

① 3일 2시 30분

② 3일 3시 30분

③ 3일 4시 30분

④ 3일 5시 30분

⑤ 3일 6시 30분

24 사무지원팀은 이번 주 토요일 워크숍을 열기로 하였다. 점심식사로 도시락을 주문해 가기로 하고 B사원이 도시락 주문을 담당하게 되었다. 총 7명의 팀원 중 대리는 개인 사정으로 뒤늦게 참여해 점심을 먹고 온다고 하였고, 차장은 고향에 내려가 참여하지 못한다고 하였다. 식비가 총 30,000원이었다면, B사원이 주문한 도시락으로 바르게 짝지어진 것은?

<메뉴>

A도시락	B도시락	C도시락	D도시락	E도시락
6,000원	6,800원	7,500원	7,000원	7,500원

※ 모든 가격은 세트 기준이며, 단품은 위 가격에서 500원을 차감한다.

	인턴	사원	사원	과장	부장
①	A단품	A단품	A세트	B세트	D세트
②	A세트	A세트	B단품	B세트	C세트
③	A단품	A단품	A단품	A세트	E세트
④	A세트	D단품	B단품	C단품	C세트
⑤	A단품	A세트	C세트	D세트	E세트

25 D공사에 근무하는 A ~ C 세 명은 협력업체를 방문하기 위해 택시를 타고 가고 있다. 다음 〈조건〉을 참고할 때, 항상 옳은 것은?

> **조건**
> - 세 명의 직급은 각각 과장, 대리, 사원이다.
> - 세 명은 각각 검은색, 회색, 갈색 코트를 입었다.
> - 세 명은 기획팀, 연구팀, 디자인팀이다.
> - 택시 조수석에는 회색 코트를 입은 과장이 앉아있다.
> - 갈색 코트를 입은 연구팀 직원은 택시 뒷좌석에 앉아있다.
> - 셋 중 가장 낮은 직급의 C는 기획팀이다.

① A – 대리, 갈색 코트, 연구팀
② A – 과장, 회색 코트, 디자인팀
③ B – 대리, 갈색 코트, 연구팀
④ B – 과장, 회색 코트, 디자인팀
⑤ C – 사원, 검은색 코트, 기획팀

26 다음은 기후변화협약에 관한 국가군과 특정의무에 관한 자료이다. 이에 대한 내용으로 적절하지 않은 것은?

〈국가군과 특정의무〉

구분	부속서 I(Annex I) 국가	부속서 II(Annex II) 국가	비부속서 I(Non-Annex I) 국가
국가	협약체결 당시 OECD 24개국, EU와 동구권 국가 등 40개국	Annex I 국가에서 동구권 국가가 제외된 OECD 24개국 및 EU	우리나라 등
의무	온실가스 배출량을 1990년 수준으로 감축 노력, 강제성을 부여하지 않음	개발도상국에 재정지원 및 기술이전 의무를 가짐	국가 보고서 제출 등의 협약상 일반적 의무만 수행
부속서 I	오스트레일리아, 오스트리아, 벨라루스, 벨기에, 불가리아, 캐나다, 크로아티아, 덴마크, 에스토니아, 핀란드, 프랑스, 독일, 그리스, 헝가리, 아이슬란드, 아일랜드, 일본, 라트비아, 리투아니아, 룩셈부르크, 네덜란드, 뉴질랜드, 노르웨이, 폴란드, 포르투갈, 루마니아, 러시아, 슬로바키아, 슬로베니아, 스페인, 스웨덴, 터키, 우크라이나, 영국, 미국, 모나코, 리히텐슈타인 등		
부속서 II	오스트레일리아, 오스트리아, 벨기에, 캐나다, 덴마크, 핀란드, 프랑스, 독일, 그리스, 아이슬란드, 아일랜드, 이탈리아, 일본, 룩셈부르크, 네덜란드, 뉴질랜드, 노르웨이, 포르투갈, 스페인, 스웨덴, 스위스, 영국, 미국 등		

① 우리나라는 비부속서 I 국가에 속해 협약상 일반적 의무만 수행하면 된다.
② 아일랜드와 노르웨이는 개발도상국에 재정지원 및 기술이전 의무가 있다.
③ 리투아니아와 모나코는 온실가스 배출량을 1990년 수준으로 감축하도록 노력해야 한다.
④ 부속서 I에 속하는 국가가 의무를 지키지 않을 시 그에 상응하는 벌금을 내야 한다.
⑤ 비부속서 I 국가가 자발적으로 온실가스 배출량을 감축할 수 있다.

27 다음 중 업무와 관련지어 아래의 글에 대한 내용으로 가장 적절한 것은?

> 총무부는 회사에 필요한 사무용품을 대량으로 주문하였다. 주문서는 메일로 보냈는데, 배송 온 사무용품을 확인하던 중 책꽂이의 수량과 연필꽂이의 수량이 바뀌어서 배송된 것을 알았다. 주문서를 보고 주문한 수량을 한 번 더 확인한 후 바로 문구회사에 전화를 하니 상담원은 주문한 수량대로 제대로 보냈다고 한다. 보낸 메일을 확인해보니, 수정 전의 주문서 파일이 발송되었다.

① 문구회사는 주문서를 제대로 보지 못하였다.
② 주문서는 메일로 보내면 안 된다.
③ 메일에 자료를 첨부할 때는 꼼꼼히 확인하여야 한다.
④ 책꽂이는 환불을 받는다.
⑤ 연필꽂이의 수량이 책꽂이보다 많았다.

28 김 팀장은 박 대리에게 다음과 같은 업무지시를 내렸다. 다음 중 박 대리가 가장 먼저 처리해야할 일은 무엇인가?

> 김 팀장 : 박 대리, 지난주에 요청했던 사업계획서는 문제없이 진행되고 있나요? 이번 주 금요일까지 완료해서 부장님께 제출해 주세요. 그리고 오늘 오후 5시에는 본사에서 진행되는 금년도 사업현황보고 회의에 함께 참석해야 합니다. 따라서 금일 업무 보고는 오후 6시가 아닌 오후 4시에 받도록 하겠습니다. 오후 4시까지 금일 업무 보고서를 작성해서 전달해 주세요. 참! 이틀 전 박 대리가 예약한 회의실이 본사 2층의 대회의실이었나요? 혹시 모를 상황에 대비하여 적어도 회의 시작 3시간 전에 사내 인트라넷의 회의실 예약 현황을 확인하고, 변동사항이 있다면 저에게 알려주세요.

① 금일 업무 보고서 작성
② 본사 사업현황보고 회의 참석
③ 본사 대회의실 사용 신청
④ 부장님께 사업계획서 제출
⑤ 회의실 예약 현황 확인

29 다음 제시된 사례에 적용된 문제해결 방법 중 원인 파악 단계의 결과로 가장 적절한 것은?

> 1980년대 초반에 헝가리 부다페스트 교통 당국은 혼잡한 시간대에 대처하기 위해 한 노선에 버스를 여러 대씩 운행시켰다. 그러나 사람들은 45분씩 기다려야 했거나 버스 서너 대가 한꺼번에 온다고 짜증을 냈다. 사람들은 버스 운전사가 멍청하거나 아니면 악의적으로 배차를 그렇게 한다고 여겼다. 다행스럽게도 시 당국은 금방 문제의 원인을 파악했고, 해결책도 찾았다. 버스 세 대 이상을 노선에 투입하고 간격을 똑같이 해 놓으면, 버스의 간격은 일정하게 유지되지 않는다. 앞서 가는 버스는 승객을 많이 태우게 되고, 따라서 정차 시간이 길어진다. 바로 뒤 따라가는 버스는 승객이 앞 차만큼 많지 않기 때문에 정차 시간이 짧아진다. 이러다 보면 어쩔 수 없이 뒤차가 앞차를 따라 잡아서 버스가 한참 안 오다가 줄줄이 두세 대씩 한꺼번에 몰려오게 된다. 버스들이 자기 조직화 때문에 한꺼번에 다니게 되는 것이다.
> 상황을 이해하고 나면 해결책도 나온다. 버스 관리자는 이 문제가 같은 노선의 버스는 절대로 앞차를 앞지르지 못하게 되어 있기 때문임을 인지했다. 이 문제를 없애기 위해 당국은 운전사들에게 새로운 규칙을 따르게 했다. 같은 노선의 버스가 서 있는 것을 보면 그 버스가 정류장의 승객을 다 태우지 못할 것 같아도 그냥 앞질러 가라는 것이다. 이렇게 하면 버스들이 한꺼번에 줄줄이 오는 것을 막게 되어 더 효율적으로 운행할 수 있다.

① 버스 운전사의 운전 미숙
② 부다페스트의 열악한 도로 상황
③ 유연하지 못한 버스 운행 규칙
④ 의도적으로 조절한 버스 배차 시간
⑤ 정차된 같은 노선의 버스를 앞지르는 규칙

30 다음 빈칸에 들어갈 문제해결을 위한 기본요소로 옳은 것은?

> 문제해결을 위해서는 기존의 패러다임, 고정관념, 편견 등 심리적 타성을 극복하고 새로운 아이디어를 효과적으로 낼 수 있어야 하며, 문제해결과정에 필요한 스킬 등을 습득해야 한다. 문제해결을 위해서는 _____을 통해 문제해결을 위한 기본 지식과 스킬을 습득해야 한다.

① 체계적인 교육훈련
② 문제해결 방법에 대한 지식
③ 문제관련 지식에 대한 가용성
④ 문제해결자의 도전의식과 끈기
⑤ 문제에 대한 체계적인 접근

다음 문단을 논리적인 순서에 맞게 배열한 것은?

(가) 이에 따라 오픈뱅킹시스템의 기능을 확대하고, 보안성을 강화하기 위한 정책적 노력이 필요할 것으로 판단된다. 오픈뱅킹시스템이 금융 인프라로서 지속성, 안정성, 확장성 등을 가지기 위해서는 오픈뱅킹시스템에 대한 법적 근거가 필요하다. 법제화와 함께 오픈뱅킹시스템에서 발생할 수 있는 사고에 대한 신속하고 효율적인 해결 방안에 대해 이해관계자 간의 긴밀한 협의도 필요하다. 오픈뱅킹시스템의 리스크를 경감하고, 사고 발생 시 신속하고 효율적으로 해결하는 체계를 갖춰 소비자의 신뢰를 얻는 것이 오픈뱅킹시스템, 나아가 마이데이터업을 포함하는 오픈뱅킹의 성패를 좌우할 열쇠이기 때문이다.

(나) 우리나라 정책 당국도 은행뿐만 아니라 모든 금융회사가 보유한 정보를 개방하는 오픈뱅킹을 선도해서 추진하고 있다. 먼저 은행권과 금융결제원이 공동으로 구축한 오픈뱅킹시스템이 지난해 전면 시행되었다. 은행 및 핀테크 사업자는 오픈뱅킹시스템을 이용해 은행계좌에 대한 정보 조회와 은행계좌로부터의 이체 기능을 편리하게 개발하였다. 현재 저축은행 등의 제2금융권 계좌에 대한 정보 조회와 이체 기능을 추가하는 방안이 논의 중이다.

(다) 핀테크의 발전과 함께 은행이 보유한 정보를 개방하는 오픈뱅킹 정책이 각국에서 추진되고 있다. 오픈뱅킹은 은행이 보유한 고객의 정보에 해당 고객의 동의를 받아 다른 금융회사 및 핀테크 사업자 등 제3자가 접근할 수 있도록 허용하는 정부의 정책 또는 은행의 자발적인 활동을 의미한다.

(라) 한편 올해 1월에 개정된 신용정보법이 7월에 시행됨에 따라 마이데이터 산업이 도입되었다. 마이데이터란 개인이 각종 기관과 기업에 산재하는 신용정보 등 자신의 개인정보를 확인하여 직접 관리하고 활용할 수 있는 서비스를 말한다. 향후 마이데이터 사업자는 고객의 동의를 받아 금융회사가 보유한 고객의 정보에 접근하는 오픈뱅킹업을 수행할 예정이다.

① (나) - (다) - (라) - (나)
② (나) - (가) - (다) - (라)
③ (다) - (나) - (라) - (가)
④ (다) - (나) - (가) - (라)
⑤ (다) - (가) - (라) - (나)

32 다음 중 빈칸에 들어갈 말이 순서대로 바르게 연결된 것은?

> 경청이란 다른 사람의 말을 주의 깊게 들으며, ___㉠___ 하는 능력이다. 경청은 대화의 과정에서 당신에 대한 ___㉡___ 을/를 쌓을 수 있는 최고의 방법이다. 우리가 경청하면 상대는 본능적으로 안도감을 느낀다. 그리고 우리가 말을 할 경우, 자신도 모르게 더 ___㉢___ 하게 한다. 이런 심리적 효과로 인해 우리의 말과 메시지, 감정은 아주 효과적으로 상대에게 전달된다.

	㉠	㉡	㉢
①	설득	인정	의지
②	설득	신뢰	의지
③	공감	신뢰	집중
④	공감	친분	집중
⑤	공감	친분	의지

33 S전자의 영업지원팀 무 팀장은 새로 출시한 제품 홍보를 지원하기 위해 월요일부터 목요일까지 매일 남녀 한 명씩 두 사람을 홍보팀으로 보내야 한다. 영업지원팀에는 현재 남자 사원 4명(기태, 남호, 동수, 지원)과 여자 사원 4명(고은, 나영, 다래, 리화)이 근무하고 있다. 〈조건〉을 만족할 때, 다음 중 옳지 않은 것은?

> **조건**
> (가) 매일 다른 사람을 보내야 한다.
> (나) 기태는 화요일과 수요일에 휴가를 간다.
> (다) 동수는 다래의 바로 이전 요일에 보내야 한다.
> (라) 고은이는 월요일에 근무할 수 없다.
> (마) 남호와 나영이는 함께 근무할 수 없다.
> (바) 지원이는 기태 이전에 근무하지만 화요일은 갈 수 없다.
> (사) 리화는 고은이와 나영이 이후에 보낸다.

① 고은이가 수요일에 근무한다면 기태는 리화와 함께 근무한다.
② 다래가 수요일에 근무한다면 화요일에는 동수와 고은이가 근무한다.
③ 리화가 수요일에 근무한다면 남호는 화요일에 근무한다.
④ 고은이가 화요일에 근무한다면 지원이는 월요일에 근무할 수 없다.
⑤ 지원이가 수요일에 근무한다면 다래는 화요일에 근무한다.

34 최 씨 남매와 김 씨 남매, 박 씨 남매 총 6명은 야구 경기를 관람하기 위해 함께 야구장에 갔다. 다음 〈조건〉을 참고할 때, 항상 옳은 것은?

조건

- 관람석의 끝자리에는 같은 성별이 앉지 않는다.
- 박 씨 여성은 왼쪽에서 세 번째 자리에 앉는다.
- 김 씨 남매는 서로 인접하여 앉지 않는다.
- 박 씨와 김 씨는 인접하여 앉지 않는다.
- 김 씨 남성은 맨 오른쪽 끝자리에 앉는다.

[야구장 관람석]

① 최 씨 남매는 왼쪽에서 첫 번째 자리에 앉을 수 없다.
② 최 씨 남매는 서로 인접하여 앉는다.
③ 박 씨 남매는 서로 인접하여 앉지 않는다.
④ 최 씨 남성은 박 씨 여성과 인접하여 앉는다.
⑤ 김 씨 여성은 최 씨 여성과 인접하여 앉지 않는다.

35 다음 글의 제목으로 가장 적절한 것은?

> 많은 경제학자는 제도의 발달이 경제 성장의 중요한 원인이라고 생각해 왔다. 예를 들어 재산권 제도가 발달하면 투자나 혁신에 대한 보상이 잘 이루어져 경제 성장에 도움이 된다는 것이다. 그러나 이를 입증하기는 쉽지 않다. 제도의 발달 수준과 소득 수준 사이에 상관관계가 있다 하더라도, 제도는 경제 성장에 영향을 줄 수 있지만 경제 성장으로부터 영향을 받을 수도 있으므로 그 인과관계를 판단하기 어렵기 때문이다.

① 경제 성장과 소득 수준
② 경제 성장과 제도 발달
③ 소득 수준과 제도 발달
④ 소득 수준과 투자 수준
⑤ 제도 발달과 투자 수준

36 다음 글의 서술상 특징으로 가장 적절한 것은?

> 법조문도 언어로 이루어진 것이기에, 원칙적으로 문구가 지닌 보편적인 의미에 맞춰 해석된다. 일상의 사례로 생각해 보자. "실내에 구두를 신고 들어가지 마시오."라는 팻말이 있는 집에서는 손님들이 당연히 글자 그대로 구두를 신고 실내에 들어가지 않는다. 그런데 팻말에 명시되지 않은 '실외'에서 구두를 신고 돌아다니는 것은 어떨까? 이에 대해서는 금지의 문구로 제한하지 않았기 때문에, 금지의 효력을 부여하지 않겠다는 의미로 당연하게 받아들인다. 이처럼 문구에서 명시하지 않은 상황에 대해서는 그 효력을 부여하지 않는다고 해석하는 방식을 '반대 해석'이라 한다.
> 그런데 팻말에는 운동화나 슬리퍼에 대해서는 쓰여 있지 않다. 하지만 누군가 운동화를 신고 마루로 올라가려 하면, 집주인은 팻말을 가리키며 말릴 것이다. 이 경우에 '구두'라는 낱말은 본래 가진 뜻을 넘어 일반적인 신발이라는 의미로 확대된다. 이런 식으로 어떤 표현을 본래의 의미보다 넓혀 이해하는 것을 '확장 해석'이라 한다.

① 현실의 문제점을 분석하고 그 해결책을 제시한다.
② 비유의 방식을 통해 상대방의 논리를 반박하고 있다.
③ 일상의 사례를 들어 독자들의 이해를 돕고 있다.
④ 기존 견해를 비판하고 새로운 견해를 제시한다.
⑤ 하나의 현상에 대한 여러 가지 관점을 대조하며 비판한다.

37 다음은 S기업의 재고 관리 사례이다. 금요일까지 부품 재고 수량이 남지 않게 완성품을 만들 수 있도록 월요일에 주문할 A ~ C부품 개수로 옳은 것은?(단, 주어진 조건 이외에는 고려하지 않는다)

〈부품 재고 수량과 완성품 1개당 소요량〉

부품명	부품 재고 수량	완성품 1개당 소요량
A	500개	10개
B	120개	3개
C	250개	5개

〈완성품 납품 수량〉

항목 \ 요일	월	화	수	목	금
완성품 납품 개수	없음	30개	20개	30개	20개

※ 부품 주문은 월요일에 한 번 신청하며, 화요일 작업 시작 전에 입고된다.
※ 완성품은 부품 A, B, C를 모두 조립해야 한다.

	A	B	C		A	B	C
①	100개	100개	100개	②	100개	180개	200개
③	500개	100개	100개	④	500개	150개	200개
⑤	500개	180개	250개				

38 S통신사 멤버십 회원인 A씨는 K랜드 S통신사 멤버십 할인 이벤트를 보고 우대쿠폰을 출력해 아내와 15살 아들, 7살 딸과 K랜드로 가족 나들이를 가기로 했다. A씨 가족이 주간권을 구매할 때와 야간권을 구매할 때 받는 할인금액의 차이는?

〈K랜드 S통신사 멤버십 할인 이벤트〉

• S통신사 멤버십 카드 소지 시 본인은 정상가의 40%를 할인받을 수 있습니다.
• S통신사 멤버십 카드 우대쿠폰을 통해 동반 3인까지 10%를 할인받을 수 있습니다.
• K랜드 이용권 정상가는 아래와 같습니다.

구분	주간권(종일)	야간권(17시 이후)
대인	54,000원	45,000원
청소년	46,000원	39,000원
소인	43,000원	36,000원

※ 소인 : 36개월 ~ 만 12세
※ 청소년 : 만 13세 ~ 만 18세

① 5,900원 ② 6,100원
③ 6,300원 ④ 6,500원
⑤ 6,700원

39 다음 글을 읽고 이해한 내용으로 적절하지 않은 것은?

> 세슘은 알칼리 금속에 속하는 화학 원소로 무르고 밝은 금색이며 실온에서 액체 상태로 존재하는 세 가지 금속 중 하나이다. 세슘은 공기 중에서도 쉽게 산화하며 가루 세슘 또한 자연발화를 하는 데다 물과 폭발적으로 반응하기 때문에 소방법에서는 위험물로 지정하고 있다. 나트륨이나 칼륨은 물에 넣으면 불꽃을 내며 타는데, 세슘의 경우에는 물에 넣었을 때 발생하는 반응열과 수소 기체가 만나 더욱 큰 폭발을 일으킨다. 세슘에는 약 30종의 동위원소가 있는데, 이중 세슘 – 133만이 안정된 형태이며 나머지는 모두 자연적으로 붕괴한다. 이중 세슘 – 137은 감마선을 만드는데, 1987년에 이 물질에 손을 댄 4명이 죽고 200명 이상이 피폭당한 고이아니아 방사능 유출사고가 있었다.

① 세슘은 실온에서 액체로 존재하는 세 가지 금속 중 하나이다.
② 액체 상태의 세슘은 위험물에서 제외하고 있다.
③ 세슘은 물에 넣었을 때 큰 폭발을 일으킨다.
④ 세슘 – 137을 부주의하게 다룰 경우 생명이 위독할 수 있다.
⑤ 세슘의 동위원소 대부분은 안정적이지 못하다.

40 다음 글에서 알 수 있는 것으로 옳지 않은 것은?

> 참여예산제는 예산 편성의 단계에서 시민들의 참여를 가능하게 하는 제도이다. 행정부의 독점적인 예산 편성은 계층제적 권위에 의한 참여의 부족을 불러와 비효율성의 또 다른 원인이 될 수 있기 때문에, 참여예산제의 시행은 재정 민주주의의 실현을 위해서 뿐만 아니라 예산 배분의 효율성 제고를 위해서도 필요한 것이라 할 수 있다. 그러나 참여가 형식에 그치게 되거나 예기치 못한 형태의 주민 간 갈등이 나타날 수 있다는 문제점이 존재한다. 또 인기 영합적 예산 편성과 예산 수요의 증가 및 행정부 의사 결정의 곤란과 같은 문제점도 지적된다.

① 참여예산제의 시행은 민주성의 실현이라는 의의가 있다.
② 참여예산제의 시행은 예산 편성상의 효율성을 제고할 것이다.
③ 참여예산제는 주민들의 다양한 이익을 반영할 수 있을 것이다.
④ 참여예산제는 재정 상태를 악화시킬 것이다.
⑤ 참여예산제의 시행은 행정부의 권위주의를 견제하기 위해서 필요할 것이다.

41 귀하의 팀은 출장근무를 마치고 서울로 복귀하고자 한다. 다음의 대화를 고려했을 때, 서울에 도착할 수 있는 가장 이른 시각은 언제인가?

〈상황〉

- 귀하가 소속된 팀원은 총 4명이다.
- 대전에서 출장을 마치고 서울로 돌아가려고 한다.
- 고속버스터미널에는 은행, 편의점, 화장실, 패스트푸드점 등이 있다.

※ 시설별 소요시간 : 은행 30분, 편의점 10분, 화장실 20분, 패스트푸드점 25분

〈대화 내용〉

- A과장 : 긴장이 풀려서 그런가? 배가 출출하네. 햄버거라도 사 먹어야겠어.
- B대리 : 저도 출출하긴 한데 그것보다 화장실이 더 급하네요. 금방 다녀오겠습니다.
- C주임 : 그럼 그사이에 버스표를 사야 하니 은행에 들러 현금을 찾아오겠습니다.
- 귀하 : 저는 그동안 버스 안에서 먹을 과자를 편의점에서 사 오겠습니다.
- A과장 : 지금이 16시 50분이니까 다들 각자 볼일 보고 빨리 돌아와. 다 같이 타고 가야 하니까.

〈시외버스 배차정보〉

대전 출발	서울 도착	잔여좌석 수
17:00	19:00	6
17:15	19:15	8
17:30	19:30	3
17:45	19:45	4
18:00	20:00	8
18:15	20:15	5
18:30	20:30	6
18:45	20:45	10
19:00	21:00	16

① 17:45
② 19:15
③ 19:45
④ 20:15
⑤ 20:45

42 다음 중 국제동향을 파악하는 방법으로 적절하지 않은 것은?

① 신문, 인터넷 등 각종 매체를 통해 국제적 동향을 파악한다.
② 업무와 관련된 국제적 법규나 규정을 숙지한다.
③ 특정 국가의 관련 업무에 대한 동향을 점검한다.
④ 국제적인 상황변화에 관심을 두도록 한다.
⑤ 현지인의 의견보다는 국내 전문가의 의견에 따른다.

43 귀하는 6개월간의 인턴 기간을 마치고 정규직 채용 면접에 참가했다. 면접 당일, 면접관이 인턴을 하는 동안 우리 조직에 대해서 알게 된 것을 말해보라는 질문을 던졌다. 다음 중 귀하가 면접관에게 말할 항목으로 적절하지 않은 것은?

① 조직의 구조   ② 주요 업무 내용
③ 사무실의 구조   ④ 업무 환경
⑤ 업무 처리 과정

44 다음은 불만고객 응대를 위한 8단계 프로세스이다. 자료를 참고하여 고객 상담을 하고 있는 상담사가 '감사와 공감 표시' 단계에서 언급해야 할 발언으로 가장 적절한 것은?

〈불만고객 응대를 위한 8단계 프로세스〉

경청 ⇒ 감사와 공감 표시 ⇒ 사과 ⇒ 해결약속 ⇒ 정보파악 ⇒ 신속처리 ⇒ 처리확인과 사과 ⇒ 피드백

---

① 고객님, 혹시 어떤 부분이 불편하셨는지 구체적으로 말씀해주시면 감사하겠습니다.
② 이렇게 전화 주셔서 너무 감사합니다. 비도 오고 날도 추운데 고생 많으셨겠습니다.
③ 고객님이 말씀하신 내용이 어떤 내용인지 정확히 확인한 후 바로 도움을 드리도록 하겠습니다.
④ 내용을 확인하는 데 약 1분 정도 시간이 소요될 수 있는 점 양해 부탁드립니다.
⑤ 고객님, 불편하신 점 처리 끝났고요. 처리 과정 및 서비스 만족도 설문해 주시면 감사하겠습니다.

45 다음 공고문을 보고 나눈 대화의 내용으로 적절하지 않은 것은?

〈제6회 우리 농산물로 만드는 UCC 공모전〉

우리 농산물로 만드는 나만의 요리 레시피를 공개하세요!
우리 땅에서 자란 제철 농산물로 더 건강한 대한민국 만들기!

◇ 접수기간 : 2022년 5월 16일(월) ~ 6월 18일(토)
◇ 참가대상 : 우리 농산물을 사랑하는 누구나 참여 가능(개인 혹은 2인 1팀으로만 응모 가능)
◇ 대상품목 : 오이, 토마토, 호박, 가지, 풋고추, 파프리카, 참외, 딸기(8개 품목)
　　※ 대상품목을 주재료로 한 요리 레시피를 추천해주세요.
◇ 작품규격 : avi, mkv, wmv, mp4, mpg, mpeg, flv, mov 형태의 3분 이내(50Mb 이하의 동영상)
◇ 접수방법 : UCC 공모전 홈페이지(www.ucc-contest.com)에서 UCC 업로드
◇ 선발방법 : 1차 예선(온라인) 20팀 내외 선발 → 2차 현장(오프라인) 시연 → 수상자 선발 및 시상식
◇ 2차심사 : (현장 요리 시연) 2022년 6월 29일(수)
◇ 시상내역
　　최우수상(농협중앙회장상, 1점) : 100만 원 농촌사랑 상품권
　　우수상(대한영양사협회 · 한국식생활개발연구회, 각 1점) : 각 70만 원 농촌사랑 상품권
　　특별상(현장 평가 시 협의 후 선정, 3점) : 각 50만 원 농촌사랑 상품권
　　입상(15점 내외) : 각 30만 원 농촌사랑 상품권
◇ 기타사항
　　• 수상작은 추후 주최기관의 다양한 홍보 콘텐츠에 활용될 수 있습니다(단, 이 경우 수상자와 별도로 약정하여 정함).
　　• 타 공모전 수상작, 기존 작품, 모방 작품의 경우 수상 취소 및 경품이 반환될 수 있습니다.
　　• 수상작 선정은 전문심사단의 평가로 진행되며 1인 중복 수상은 불가합니다.
　　• 수상자의 경품 제세공과금은 주최측 부담입니다.
　　• 기타 자세한 내용은 UCC 공모전 홈페이지를 참고하시기 바랍니다.
◇ 문의처
　　농협 요리 UCC 공모전 운영사무국
　　02-2000-6300, 02-555-0001(내선 125)
　　※ 주관 : 농협품목별전국협의회 · 농협중앙회
　　※ 후원 : 대한영양사협회 · 한국식생활개발연구회

---

① A : UCC로 만들 수 있는 대상품목은 오이, 토마토, 호박, 가지, 풋고추, 파프리카, 참외, 딸기 등 총 8개 품목이야.
② B : 1차 예선 발표는 접수 마감일 일주일 후인 6월 25일이야.
③ C : 혹시 모를 2차 현장 시연을 위해서 요리 연습을 미리 해둬야겠어.
④ D : 현장 요리 시연은 6월 29일 수요일이야.
⑤ E : UCC 내용은 대상품목을 주재료로 한 추천 요리 레시피야.

46 다음 글의 내용으로 적절하지 않은 것은?

> 현재 전해지는 조선시대의 목가구는 대부분 조선 후기의 것들로 단단한 소나무, 느티나무, 은행나무 등의 곧은결을 기둥이나 쇠목으로 이용하고, 오동나무, 느티나무, 먹감나무 등의 늘결을 판재로 사용하여 자연스런 나뭇결의 재질을 살렸다. 또한 대나무 혹은 엇갈리거나 소용돌이 무늬를 이룬 뿌리 부근의 목재 등을 활용하여 자연스러운 장식이 되도록 하였다.
>
> 조선시대의 목가구는 대부분 한옥의 온돌에서 사용되었기에 온도와 습도 변화에 따른 변형을 최대한 방지할 수 있는 방법이 필요하였다. 그래서 단단하고 가느다란 기둥재로 면을 나누고, 기둥재에 홈을 파서 판재를 끼워 넣는 특수한 짜임과 이음의 방법을 사용하였으며, 꼭 필요한 부위에만 접착제와 대나무 못을 사용하여 목재가 수축·팽창하더라도 뒤틀림과 휘어짐이 최소화될 수 있도록 하였다. 조선시대 목가구의 대표적 특징으로 언급되는 '간결한 선'과 '명확한 면 분할'은 이러한 짜임과 이음의 방법에 기초한 것이다. 짜임과 이음은 조선시대 목가구 제작에 필수적인 방법으로, 겉으로 드러나는 아름다움은 물론 보이지 않는 내부의 구조까지 고려한 격조 높은 기법이었다.
>
> 한편 물건을 편리하게 사용할 수 있게 해주며, 목재의 결합부위나 모서리에 힘을 보강하는 금속 장석은 장식의 역할도 했지만 기능상 반드시 필요하거나 나무의 질감을 강조하려는 의도에서 사용되어, 조선 시대 목가구의 절제되고 간결한 특징을 잘 살리고 있다.

① 조선시대 목가구는 온도와 습도 변화에 따른 변형을 방지할 방법이 필요했다.
② 금속 장석은 장식의 역할도 했지만, 기능상 필요에 의해서도 사용되었다.
③ 나무의 곧은결을 기둥이나 쇠목으로 이용하고, 늘결을 판재로 사용하였다.
④ 접착제와 대나무 못을 사용하면 목재의 수축과 팽창이 발생하지 않게 된다.
⑤ 목재의 결합부위나 모서리에 힘을 보강하기 위해 금속 장석을 사용하였다.

47 각각 다른 심폐기능 등급을 받은 A ~ E 5명 중 등급이 가장 낮은 2명의 환자에게 건강관리 안내문을 발송하려 한다. 다음 중 발송 대상자는?

> • E보다 심폐기능이 좋은 환자는 2명 이상이다.
> • E는 C보다 한 등급 높다.
> • B는 D보다 한 등급 높다.
> • A보다 심폐기능이 나쁜 환자는 2명이다.

① B, C
② B, D
③ B, E
④ C, D
⑤ C, E

48 다음은 자동차 외판원인 A ~ F의 판매실적 비교에 대한 설명이다. 이를 통해 추론한 것으로 옳은 것은?

- A는 B보다 실적이 높다.
- C는 D보다 실적이 낮다.
- E는 F보다 실적이 낮지만, A보다는 높다.
- B는 D보다 실적이 높지만, E보다는 낮다.

① 실적이 가장 높은 외판원은 F이다.
② 외판원 C의 실적은 꼴찌가 아니다.
③ B의 실적보다 낮은 외판원은 3명이다.
④ 외판원 E의 실적이 가장 높다.
⑤ A의 실적이 C의 실적보다 낮다.

49 다음 중 원인 분석 단계의 절차에 따라 〈보기〉의 ㉠ ~ ㉮을 순서대로 바르게 나열한 것은?

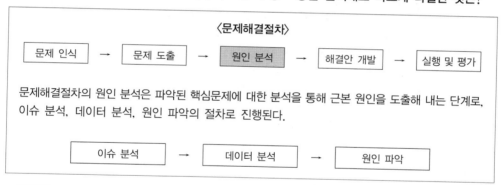

〈문제해결절차〉

문제 인식 → 문제 도출 → 원인 분석 → 해결안 개발 → 실행 및 평가

문제해결절차의 원인 분석은 파악된 핵심문제에 대한 분석을 통해 근본 원인을 도출해 내는 단계로, 이슈 분석, 데이터 분석, 원인 파악의 절차로 진행된다.

이슈 분석 → 데이터 분석 → 원인 파악

보기
㉠ 가설검증계획에 의거하여 분석결과를 미리 이미지화한다.
㉡ 데이터 수집계획을 세운 후 목적에 따라 정량적이고 객관적인 사실을 수집한다.
㉢ 인터뷰 및 설문조사 등을 활용하여 현재 수행하고 있는 업무에 가장 크게 영향을 미치는 문제를 선정한다.
㉣ 이슈와 데이터 분석을 통해 얻은 결과를 바탕으로 최종 원인을 확인한다.
㉤ 자신의 경험, 지식 등에 의존하여 이슈에 대한 일시적인 결론을 예측해보는 가설을 설정한다.
㉮ 목적에 따라 수집된 정보를 항목별로 분류·정리한 후 'What', 'Why', 'How' 측면에서 의미를 해석한다.

① ㉠ - ㉢ - ㉤ - ㉡ - ㉮ - ㉣
② ㉡ - ㉮ - ㉢ - ㉤ - ㉠ - ㉣
③ ㉢ - ㉤ - ㉠ - ㉡ - ㉮ - ㉣
④ ㉢ - ㉠ - ㉤ - ㉮ - ㉡ - ㉣
⑤ ㉤ - ㉠ - ㉢ - ㉡ - ㉮ - ㉣

50 다음은 M구청의 민원사무처리규정 일부이다. 이를 참고하여 A ~ C가 요청한 민원이 처리·완료되는 시점을 각각 구한다면, 가장 적절한 것은?

■ 민원사무처리기본표(일부)

소관별	민원명	처리기간(일)	수수료(원)
공통	진정, 단순질의, 건의	7	없음
	법정질의	14	없음
주민복지	가족, 종중, 법인묘지설치허가	7 ~ 30	없음
	개인묘지설치(변경)신고	5	없음
	납골시설(납골묘, 납골탑)설치신고	7 ~ 21	없음
종합민원실	토지(임야)대장등본	즉시	500
	지적(임야)도등본	즉시	700
	토지이용계획확인서	1	1,000
	등록사항 정정	3	없음
	토지거래계약허가	15	없음
	부동산중개사무소 등록	7	개인 : 20,000 / 법인 : 3,000
	토지(임야)분할측량	7	별도

■ 민원사무처리기간 산정방식(1일 근무시간은 8근무시간으로 한다)
- 민원사무처리기간을 '즉시'로 정한 경우
  - 정당한 사유가 없으면 접수 후 3근무시간 내에 처리하여야 한다.
- 민원사무처리기간을 '5일' 이하로 정한 경우
  - 민원 접수 시각부터 '시간' 단위로 계산한다.
  - 토요일과 공휴일은 산입하지 않는다.
- 민원사무처리기간을 '6일' 이상으로 정한 경우
  - 초일을 산입하여 '일' 단위로 계산한다.
  - 토요일은 산입하되, 공휴일은 산입하지 않는다.
- 신청서의 보완이 필요한 기간은 처리기간에 포함되지 않는다.

[4월 29일(금) 민원실 민원접수 현황]
01. 오전 10시 / A씨 / 부동산중개사무소 개점으로 인한 등록신청서 제출
02. 오후 12시 / B씨 / 토지의 소유권을 이전하는 계약을 체결하고자 허가서 제출
03. 오후 14시 / C씨 / 토지대장에서 잘못된 부분이 있어 정정요청서 제출
※ 공휴일 : 5/5 어린이날, 5/6 임시공휴일, 5/14 석가탄신일

	A씨	B씨	C씨
①	5/9(월)	5/19(목)	5/4(수) 10시
②	5/9(월)	5/19(목)	5/4(수) 14시
③	5/9(월)	5/23(월)	5/10(월) 14시
④	5/10(화)	5/19(목)	5/3(화) 14시
⑤	5/10(화)	5/23(월)	5/4(수) 14시

제2회
직무지식(소방학개론)
모의고사

※ 인천국제공항공사 소방직 최종점검 모의고사는 채용공고를 기준으로 구성한 것으로 실제 시험과 다를 수 있습니다.

소방학개론

번호	01	02	03	04	05	06	07	08	09	10
O/×										
번호	11	12	13	14	15	16	17	18	19	20
O/×										
번호	21	22	23	24	25	26	27	28	29	30
O/×										
번호	31	32	33	34	35	36	37	38	39	40
O/×										
번호	41	42	43	44	45	46	47	48	49	50
O/×										

평가 문항	50문항	평가 시간	50분
시작시간	:	종료시간	:
취약 영역			

⏱ 응시시간 : 50분   📋 문항 수 : 50문항

정답 및 해설 p.54

01 화염을 동반하고 물질의 화학적 분자구조의 변화에 의해, 에너지 방출이 짧은 시간 동안 이루어지는 폭발이 아닌 것은?

① 분해폭발
② 분진폭발
③ 증기폭발
④ 중합폭발

02 다음 〈보기〉에서 제시한 우리나라 소방행정체제의 발달순서가 바르게 배열된 것은?

> **보기**
> ㄱ. 이원적 소방행정체제
> ㄴ. 국가 소방행정체제
> ㄷ. 자치 소방행정체제
> ㄹ. 광역자치 소방행정체제

① ㄷ - ㄴ - ㄷ - ㄱ
② ㄴ - ㄷ - ㄱ - ㄹ
③ ㄴ - ㄱ - ㄹ - ㄷ
④ ㄷ - ㄴ - ㄱ - ㄹ

03 다음 중 연기에 의한 감광계수가 0.3, 가시거리가 5m일 때의 상황에 대한 설명으로 옳은 것은?

① 어둠침침한 것을 느낄 수 있는 정도의 농도
② 건물 내부에 익숙한 사람이 피난 시 약간 지장을 느낄 정도의 농도
③ 화재의 최성기 때의 농도로 암흑상태로 유도등이 보이지 않을 정도의 농도
④ 앞이 거의 보이지 않을 정도의 농도

04 다음 중 〈보기〉에서 설명하고 있는 소화약제를 순서대로 바르게 나열한 것은?

> **보기**
>
> (ㄱ) – 불소계 계면활성제를 첨가하여 유동성과 내열성을 높이고 표면하주입방식을 활용함으로써 포 방출구 파손을 줄였다.
> (ㄴ) – 동식물성의 단백질 가수분해물질에 내화성을 높이기 위해 포안정제로 제1철염(FeCl2)을 사용하고 내열성과 점착성이 우수하다.
> (ㄷ) – 단백질의 가수분해물, 계면활성제, 금속비누 등을 첨가하여 유화 분산시킨 것으로 케톤류, 에스테르류, 알데히드류 등 화재 시에 적합하다.
> (ㄹ) – 저발포형과 고발포형까지 사용범위가 넓지만 비내열성과 비내유성이 있고 분해성이 낮아 환경문제를 유발한다.

	ㄱ	ㄴ	ㄷ	ㄹ
①	수성막포	불화단백포	단백포	합성계면활성제포
②	불화단백포	단백포	내알코올포	합성계면활성제포
③	불화단백포	수성막포	합성계면활성제포	단백포
④	수성막포	합성계면활성제포	불화단백포	단백포

05 다음 중 재난 및 안전관리 기본법상 재난관리주관기관과 주관하는 재난 및 사고유형을 연결한 것으로 옳지 않은 것은?

① 행정안전부 – 풍수해(조수는 제외한다), 감염병, 지진·화산·낙뢰·가뭄으로 인한 재난 및 사고
② 농림축산식품부 – 가축 질병, 저수지 사고
③ 해양수산부 – 해양 선박 사고, 해양분야 환경오염 사고
④ 환경부 – 황사, 미세먼지, 유해화학물질 유출 사고

06 다음 중 재난 및 안전관리 기본법상 용어의 정의로 옳지 않은 것은?

① "긴급구조기관"이란 긴급구조에 필요한 인력·시설 및 장비, 운영체계 등 긴급구조능력을 보유한 기관이나 단체로서 대통령령으로 정하는 기관과 단체를 말한다.
② "안전기준"이란 각종 시설 및 물질 등의 제작, 유지관리 과정에서 안전을 확보할 수 있도록 적용하여야 할 기술적 기준을 체계화한 것을 말하며, 안전기준의 분야, 범위 등에 관하여는 대통령령으로 정한다.
③ "재난관리주관기관"이란 재난이나 그 밖의 각종 사고에 대하여 그 유형별로 예방·대비·대응 및 복구 등의 업무를 주관하여 수행하도록 대통령령으로 정하는 관계 중앙행정기관을 말한다.
④ "국가재난관리기준"이란 모든 유형의 재난에 공통적으로 활용할 수 있도록 재난관리의 전 과정을 통일적으로 단순화·체계화한 것으로서 행정안전부장관이 고시한 것을 말한다.

07 다음 중 최소발화에너지(MIE)에 영향을 주는 요소에 대한 내용으로 옳지 않은 것은?

① MIE는 온도가 상승하면 작아진다.
② MIE는 압력이 상승하면 작아진다.
③ MIE는 화학양론적 조성 부근에서 가장 크다.
④ MIE는 연소속도가 빠를수록 작아진다.

08 건축물 구획실 화재 시 화재실의 중성대에 대한 설명으로 옳지 않은 것은?

① 중성대는 화재실 내부의 실온이 높아질수록 낮아지고, 실온이 낮아질수록 높아진다.
② 화재실의 중성대 상부 압력은 실외압력보다 높고, 하부의 압력은 실외압력보다 낮다.
③ 화재실 상부에 큰 개구부가 있다면 중성대는 올라간다.
④ 건축물의 높이와 건축물 내·외부의 온도차는 중성대 위치 결정의 주요 요인이다.

09 다음 빈칸에 들어갈 내용으로 옳은 것은?

> 내화구조 건축물의 구획실에서 화재가 발생할 경우, 성장기 단계에서는 (㉠)가, 최성기 단계에서는 (㉡)가 지배적인 열전달 요인이다.

	㉠	㉡
①	대류	복사
②	대류	전도
③	복사	복사
④	전도	대류

10 다음 연소가스의 허용농도(TLV-TWA)를 낮은 것에서 높은 순서대로 바르게 나열한 것은?

ㄱ. 일산화탄소	ㄴ. 이산화탄소
ㄷ. 포스겐	ㄹ. 염화수소

① ㄱ - ㄹ - ㄴ - ㄷ
② ㄷ - ㄱ - ㄹ - ㄴ
③ ㄷ - ㄹ - ㄱ - ㄴ
④ ㄹ - ㄷ - ㄴ - ㄱ

11 다음 중 재난 및 안전관리 기본법상 사회재난으로 적절하지 않은 것은?

① 철도 사고로 인한 수도권 철도망 마비
② 댐 붕괴 사고로 인한 도시 침수
③ 유성체의 추락·충돌로 인한 재난
④ 2 이상 시·도에 걸친 구제역 발생

12 분자 내부에 니트로기를 갖고 있는 TNT, 니트로셀룰로오스 등과 같은 제5류 위험물의 연소 형태는?

① 분해연소
② 자기연소
③ 증발연소
④ 표면연소

13 다음 〈보기〉의 내용에 해당하는 소방행정작용의 특성으로 옳은 것은?

> **보기**
>
> 화재의 예방조치, 강제처분 등 소방행정기관이 당사자의 허락을 받지 않고 일방적인 결정에 행정조치를 취하는 것

① 획일성
② 기술성
③ 평등성
④ 우월성

14 다음 중 위험물안전관리법령상 위험물에 대한 설명으로 옳은 것은?

① 과염소산은 위험물이 아니다.
② 황린은 제2류 위험물이다.
③ 황화린의 지정수량은 100kg이다.
④ 산화성고체는 제6류 위험물의 성질이다.

15 다음 중 분말소화약제의 종별에 따른 주성분 및 화재적응성을 나열한 것으로 옳지 않은 것은?

① 제1종 – 중탄산나트륨 – B, C급
② 제2종 – 중탄산칼륨 – B, C급
③ 제3종 – 제1인산암모늄 – A, B, C급
④ 제4종 – 인산＋요소 – A, B, C급

16 다음 중 정전기에 의한 발화과정으로 옳은 것은?

① 방전 → 전하의 축적 → 전하의 발생 → 발화

② 전하의 발생 → 전하의 축적 → 방전 → 발화

③ 전하의 발생 → 방전 → 전하의 축적 → 발화

④ 전하의 축적 → 방전 → 전하의 발생 → 발화

17 다음 중 화재의 소화방법과 소화효과의 연결로 옳지 않은 것은?

① 물리적 소화 – 질식소화 – 산소차단

② 화학적 소화 – 질식소화 – 점화에너지 차단

③ 물리적 소화 – 제거소화 – 가연물 차단

④ 화학적 소화 – 억제소화 – 연쇄반응 차단

18 다음 중 고층 건축물에서 연돌효과(Stack Effect)에 대한 설명으로 옳지 않은 것은?

① 건축물 내부의 온도가 외부의 온도보다 높은 경우 연돌효과가 발생한다.

② 건축물 외부 공기의 온도보다 내부의 공기 온도가 높아질수록 연돌효과가 커진다.

③ 건축물 내부의 온도와 외부의 온도가 같을 경우 연돌효과가 발생하지 않는다.

④ 건축물의 높이가 낮아질수록 연돌효과는 증가한다.

19 다음 중 이산화탄소 소화기의 일반적인 성질에서 단점으로 옳지 않은 것은?

① 밀폐된 공간에서 사용 시 질식의 위험성이 있다.

② 전기가 잘 통하기 때문에 전기설비에 사용할 수 없다.

③ 소화약제의 방사 시 소음이 크다.

④ 인체에 직접 방출 시 동상의 위험성이 있다.

20 위험물안전관리법령상 제6류 위험물을 수납하는 운반용기의 외부에 주의사항을 표시하여야 할 경우, 표기 내용으로 옳은 것은?

① 가연물 접촉주의　　　　　　　　② 화기엄금

③ 화기주의, 충격주의　　　　　　　④ 물기엄금

21 재난 및 안전관리 기본법 시행령상 재난 및 사고 유형에 따른 재난관리주관기관으로 옳지 않은 것은?

① 가축질병 – 보건복지부
② 항공기 사고 – 국토교통부
③ 정부중요시설 사고 – 행정안전부
④ 법무시설에서 발생한 사고 – 법무부

22 다음 중 소방공무원의 임용 및 임용시기에 대한 설명으로 옳지 않은 것은?

① 실무수습생이 실무수습 교육 중 사망한 경우에는 사망한 날에 임용된 것으로 본다.
② 소방공무원의 임용시기는 임용장에 기재된 일자로 한다.
③ 근무 중 사망한 공무원의 면직일은 사망한 그 다음 날 사직한 것으로 한다.
④ 근무 중 순직한 공무원은 사망 전 일자로 추서한다.

23 다음 중 긴급구조대응활동 및 현장지휘에 관한 규칙상 긴급구조지휘대의 통신지휘요원과 신속기동요원이 배치되는 통제단의 부서를 순서대로 나열한 것은?

① 응급의료반, 총괄지휘부
② 현장통제반, 구조진압반
③ 자원지원부, 현장통제반
④ 구조진압반, 대응계획부

24 다음 중 맥동현상(Surging)이 발생하는 상황으로 옳지 않은 것은?

① 배관 중에 수조가 있을 때
② 배관 중에 기체상태의 부분이 있을 때
③ 유량조절밸브가 배관 중 수조의 위치 전방에 있을 때
④ 펌프의 특성곡선이 산모양이고, 운전점이 그 정상부일 때

25 다음 중 〈보기〉에서 설명하는 시설을 연결한 것으로 옳은 것은?

ㄱ. 가압송수 장치인 소방펌프의 체절운전으로 인한 수온 상승과 과압으로 배관이 파손되는 경우를 방지하기 위하여 설치한다.

ㄴ. 펌프의 2차측 개폐밸브 이후에서 분기하여 전 배관 내 압력을 감지하고 있다가 옥내소화전 개폐밸브인 앵글밸브를 열거나 화재로 인하여 주수 시 배관 내의 압력이 떨어지면 압력스위치가 작동하여 주펌프 또는 보조펌프를 자동으로 기동시키는 장치이다.

ㄷ. 정기적으로 펌프의 성능을 시험하여 펌프 성능곡선의 양부 및 방사압과 토출량을 검사하기 위하여 설치한다.

ㄹ. 누수로 인한 유수검지 장치의 오동작을 방지하기 위한 안전장치로 압력스위치 작동지연(20초 정도)효과를 가지고 있다.

	ㄱ	ㄴ	ㄷ	ㄹ
①	순환배관 및 릴리프밸브	기동용 수압개폐장치	펌프성능 시험배관	리타팅 챔버
②	펌프성능 시험배관	순환배관 및 릴리프밸브	리타팅 챔버	기동용 수압개폐장치
③	기동용 수압개폐장치	펌프성능 시험배관	순환배관 및 릴리프밸브	리타팅 챔버
④	펌프성능 시험배관	합성계면 활성제포	불화단백포	기동용 수압개폐장치

26 다음 중 옥외소화전에 대한 설명으로 옳지 않은 것은?

① 최소 규정 방수량은 $350\ell/\text{min}$이다.
② 호스의 구경은 65mm이다.
③ 소방대상물과의 수평거리는 45m 이하가 되도록 설치한다.
④ 노즐의 구경은 19mm이고 노즐압력은 0.25MPa 이상 0.7MPa 이하이다.

27 다음 중 피난시설 계획에서 Fail-Safe 원칙에 대한 설명으로 옳지 않은 것은?

① 소화·경보설비의 위치, 유도표지에 판별이 쉬운 색채를 사용한다.
② 문은 피난방향으로 열 수 있도록 하며 회전식이 아닌 레버식으로 해둔다.
③ 피난경로는 2방향 이상 피난로를 확보한다.
④ 정전 시에도 피난할 수 있도록 외광이 들어오는 위치에 문을 설치한다.

28 다음 중 2급 응급구조사의 업무 범위로 옳지 않은 것은?

① 심폐소생술 시행을 위한 기도유지
② 구강 내 이물질의 제거
③ 기도기를 이용한 기도유지
④ 기본심폐소생술 및 산소투여

29 다음 중 우리나라 최초로 경찰에서 독립된 자치 소방체제가 성립된 시기로 옳은 것은?

① 일제강점기(1910 ~ 1945년)
② 미군정기(1945 ~ 1948년)
③ 대한민국정부 수립 직후(1948 ~ 1970년)
④ 이원적 소방체제를 실시한 직후(1972 ~ 1992년)

30 다음 중 소방행정작용의 특성에서 '화재의 예방조치, 강제처분 등 소방행정기관이 당사자의 허락을 받지 않고 일방적인 결정에 행정조치를 취하는 것'은 무엇인가?

① 획일성   ② 우월성
③ 강제성   ④ 기술성

31 다음 중 〈보기〉에서 설명하는 감지기의 종류로 옳은 것은?

> **보기**
>
> 주위 온도가 일정 상승률 이상 되는 경우에 작동하는 것으로서 넓은 범위에서의 열 효과에 의해 작동되는 감지기이다.

① 차동식 스포트형 감지기
② 차동식 분포형 감지기
③ 정온식 스포트형 감지기
④ 광전식 스포트형 감지기

32 다음 중 화재진압에 따른 전략개념의 대응 우선순위를 순서대로 바르게 나열한 것은?

ㄱ. 외부확대 방지	ㄴ. 내부확대 방지
ㄷ. 생명보호	ㄹ. 재발방지를 위한 점검·조사
ㅁ. 화재진압	

① ㄷ ― ㄴ ― ㄱ ― ㅁ ― ㄹ   ② ㄱ ― ㄷ ― ㄴ ― ㄹ ― ㅁ
③ ㄷ ― ㄱ ― ㄴ ― ㅁ ― ㄹ   ④ ㄱ ― ㄴ ― ㄷ ― ㄹ ― ㅁ

33 다음 중 소방공무원이 징계처분, 휴직·면직처분 등의 기타 불리한 처분을 받은 경우 제기하는 행정소송의 피고로 옳은 것은?

① 소방청장, 관할 시·도지사
② 소방본부장, 소방서장
③ 관할 시·도지사, 소방본부장, 소방서장
④ 소방청장, 관할 시·도지사, 소방본부장, 소방서장

34 다음 중 재난 및 안전관리 기본법상 빈칸에 들어갈 내용으로 옳은 것은?

> _____은 항공기 조난사고가 발생한 경우 항공기 수색과 인명구조를 위하여 항공기 수색·구조계획을 수립·시행하여야 한다.

① 국토교통부장관   ② 국방부장관
③ 소방청장   ④ 행정안전부장관

35 다음 중 〈보기〉의 빈칸에 들어갈 내용을 순서대로 바르게 연결한 것은?

> **보기**
> (ㄱ) – 중유화재 시 안개모양의 무상으로 주수하거나 유류화재 시 포소화약제를 방사하는 경우 유류표면에 에멜전층이 형성되어 공기의 공급을 차단시키는 소화방법이다.
> (ㄴ) – 알코올류, 알데히드류, 에테르류, 케톤류 등 화재 시에 다량의 물을 방사함으로써 농도를 묽게 하여 소화시키는 방법이다.
> (ㄷ) – 이산화탄소 소화약제의 비중이 공기보다 약 1.52배 무거워 연소물질을 덮음으로써 소화하는 방법이다.
> (ㄹ) – 가연물질로부터 수분을 빼앗아 계속적인 연소반응이 일어나지 않게 하는 소화방법이다.

	ㄱ	ㄴ	ㄷ	ㄹ
①	유화소화	희석소화	피복소화	탈수소화
②	냉각소화	질식소화	희석소화	유화소화
③	유화소화	희석소화	질식소화	냉각소화
④	냉각소화	질식소화	유화소화	피복소화

36 다음 중 〈보기〉에서 설명하는 위험물의 특성으로 옳지 않은 것은?

> **보기**
>
> 고체[액체(1기압 및 섭씨 20도에서 액상인 것 또는 섭씨 20도 초과 섭씨 40도 이하에서 액상인 것을 말한다. 이하 같다) 또는 기체(1기압 및 섭씨 20도에서 기상인 것을 말한다)외의 것을 말한다. 이하 같다]로서 산화력의 잠재적인 위험성 또는 충격에 대한 민감성을 판단하기 위하여 소방청장이 정하여 고시(이하 "고시"라 한다)하는 시험에서 고시로 정하는 성질과 상태를 나타내는 것을 말한다.

① 대부분 물에 잘 녹는 수용성이다.
② 일반적으로 불연성 물질이며 강산화제이다.
③ 알칼리금속의 과산화물은 물로 주수하는 냉각소화가 효과적이다.
④ 공기 중에 노출 시 습기를 흡수하여 스스로 녹는 성질인 조해성을 갖는 물질도 있다.

37 다음 중 화재현장에 도착한 후착대의 임무로 옳지 않은 것은?

① 인명검색과 요구조자의 구조활동에 우선한다.
② 화점 직근의 소방용수시설을 점령한다.
③ 건축물의 비화경계에 주력한다.
④ 급수중계와 수손방지에 주력한다.

38 다음 중 〈보기〉에서 화재진압 장비를 모두 고른 것은?

> **보기**
>
> ㄱ. 소방자동차   ㄴ. 소방호스
> ㄷ. 열화상 카메라   ㄹ. 유압전개기
> ㅁ. 결합금속구   ㅂ. 휴대용 윈치

① ㄱ, ㄷ, ㅁ
② ㄱ, ㄹ, ㅂ
③ ㄴ, ㄷ, ㄹ
④ ㄴ, ㄷ, ㅁ

39 다음 중 구획된 건물의 화재에 대한 설명으로 옳지 않은 것은?

① 연료지배형 화재는 환기지배형 화재에 비해 폭발성 및 백드래프트 현상이 크다.
② 환기지배형 화재는 연료지배형 화재보다 연소가스가 더 많이 생성된다.
③ 개구부 면적이 작으면 화재가 느리고 개구부 면적이 크면 화재가 빠르다.
④ 환기지배형 화재는 환기량에 비해 연료량은 충분하다.

40 200℃, 5기압에 있는 산소 10L를 100℃, 압력 2기압으로 하면 부피(L)는 얼마인가?

① 14.5L
② 16.7L
③ 19.7L
④ 20.5L

41 다음 중 소방공무원법령에 규정된 내용으로 옳지 않은 것은?

① 소방공무원을 신규채용할 때에는 소방위·지방소방위 이하는 6개월간 시보로 임용하고, 소방경·지방소방경 이상은 1년간 시보로 임용하며, 그 기간이 만료된 날에 정규 소방공무원으로 임용한다.

② "소방기관"이라 함은 소방청, 특별시·광역시·특별자치시·도·특별자치도(이하 "시·도"라 한다)와 중앙소방학교·중앙119구조본부·국립소방연구원·지방소방학교·서울종합방재센터 및 소방서를 말한다.

③ 소방공무원인사위원회 위원장은 소방청에 있어서는 소방청차장이, 시·도에 있어서는 지방자치법 시행령 제73조에 따른 당해 지방자치단체의 부단체장(행정부시장·행정부지사를 말한다)이 되고, 위원은 인사위원회가 설치된 기관의 장이 소속 소방정·지방소방정 이상의 소방공무원 중에서 임명한다.

④ 소방공무원공개경쟁채용시험을 실시하고자 할 때에는 임용예정계급, 응시자격, 선발예정인원, 시험의 방법·시기·장소·시험과목 및 배점에 관한 사항을 시험실시 20일 전까지 공고하여야 한다. 다만, 시험일정 등 미리 공고할 필요가 있는 사항은 시험 실시 90일 전까지 공고하여야 한다.

42 다음 중 소방행정의 권리구제 수단에 대한 내용으로 옳은 것은?

① 손실보상은 공무원의 위법한 행위로 인하여 국민에게 생명, 신체, 재산에 손해가 발생하는 경우의 권리구제 수단이다.

② 손해배상은 국가 및 공무원의 적법한 행위로 인하여 국민에게 생명, 신체, 재산에 손해가 발생한 경우의 권리 구제 수단이다.

③ 행정심판은 행정청의 위법·부당한 행정처분, 기타 공권력 행사 등으로 권리 또는 이익을 침해받은 자가 직근 하급행정기관의 행정심판위원회에 재결을 신청하는 권리구제 수단이다.

④ 행정소송은 행정청의 공권력 행사에 대한 불복 및 기타 소방행정법상 법률관계에 대한 다툼을 행정법원의 정식절차에 의해 해결하는 권리구제 수단이다.

43 다음 소방역사의 변천과정 중에서 그 시기가 가장 늦은 것은?

① 중앙에는 중앙소방위원회를 두고, 지방에는 도소방 위원회를 두어 독립된 자치소방제도를 시행하였다.

② 소방행정이 경찰행정 사무에 포함되어 시·군까지 일괄적으로 관리하는 국가소방체제로 전환되었다.

③ 서울과 부산은 소방본부를 설치하였고, 다른 지역은 국가소방체제로 국가소방과 자치소방의 이원화시기였다.

④ 소방사무가 시·도 사무로 전환되어 전국 시·도에 소방본부가 설치되었다.

44 다음 중 A·B·C급 소화기 약제에 사용되는 제1인산암모늄의 열분해로 생성되는 것으로 옳지 않은 것은?

① NH_3(암모니아)
② P_2O_5(오산화인)
③ H_2O(물)
④ CO_2(이산화탄소)

45 다음은 화재조사 및 보고규정상 소방서장이 소방본부장에게 화재조사결과를 보고해야 할 기간에 대한 내용이다. 빈칸에 들어갈 내용으로 옳은 것은?

- 긴급상황보고에 해당하는 화재는 화재 인지로부터 (ㄱ)일 이내. 다만, 화재의 정확한 조사를 위하여 조사 기간이 필요한 때는 총 (ㄴ)일 이내에 보고해야 한다.
- 긴급상황보고에 해당하지 않는 일반화재는 화재 인지로부터 (ㄷ)일 이내에 보고해야 한다.
- 감정기관에 감정의뢰 시 감정결과서를 받은 날로부터 (ㄹ)일 이내에 조사결과를 보고하고 기록·유지하여야 한다.

	ㄱ	ㄴ	ㄷ	ㄹ
①	15	30	15	10
②	15	30	10	15
③	30	50	10	15
④	30	50	15	10

46 다음 중 가연물질에 대한 설명으로 옳은 것은?

① 모든 산화반응은 연소이다.

② 모든 연소는 산화반응과 발열반응의 결합이다.

③ 구성원소가 산소로 되어 있는 물질들은 모두 가연물질이다.

④ 비금속이 금속보다 열전도도가 더 크다.

47 다음 중 화염의 확산을 막을 수 있는 성능을 가진 구조인 방화구조에 대한 설명으로 옳지 않은 것은?

① 철망모르타르로서 그 바름두께가 2cm 이상인 것
② 석고판 위에 시멘트모르타르 또는 회반죽을 바른 것으로서 그 두께의 합계가 2cm 이상인 것
③ 시멘트모르타르 위에 타일을 붙인 것으로서 그 두께의 합계가 2.5cm 이상인 것
④ 심벽에 흙으로 맞벽치기한 것

48 다음 중 화재 시 열 전달 방식에서 복사에 대한 설명으로 옳은 것은?

① 주로 액체나 기체의 밀도 차에 의한 순환운동에 의한 열 교환 현상이다.
② 금속막대의 끝이 화염에 의해 가열되면 열은 막대기 전체로 전달된다.
③ 중간 매개체의 도움 없이 발생하는 전자파에 의한 열에너지의 전달이다.
④ 연소 중인 물질의 불티나 불꽃이 기류를 타고 다른 가연물로 옮겨 화재가 확대된다.

49 다음 중 3류 위험물에 대한 설명으로 옳지 않은 것은?

① 칼륨, 나트륨, 알킬알루미늄, 일킬리튬은 물보다 가볍고, 나머지는 물보다 무겁다.
② 알킬알루미늄은 주로 액체로서 물이나 공기 중에서 자연발화하고, 운송 시 운송책임자의 지원·감독을 받아 운송한다.
③ 황린은 공기 중의 산소와 상온에서 화합하여 약 34℃에서 자연발화의 위험성이 크기때문에 기름 속에 저장한다.
④ 금수성 물질은 물과 접촉하면 발화한다.

50 다음 중 재난현장 긴급감염병 방제 등에 대한 공중보건 기능별 긴급구조대응계획으로 옳은 것은?

① 비상경고　　　　　　　② 긴급오염통제
③ 응급의료　　　　　　　④ 현장통제

PART 4

채용 가이드

| 01 | 블라인드 채용

1. 블라인드 채용이란?

채용 과정에서 편견이 개입되어 불합리한 차별을 야기할 수 있는 출신지, 가족관계, 학력, 외모 등의
편견요인은 제외하고, 직무능력만을 평가하여 인재를 채용하는 방식입니다.

2. 블라인드 채용의 필요성

- 채용의 공정성에 대한 사회적 요구
  - 누구에게나 직무능력만으로 경쟁할 수 있는 균등한 고용기회를 제공해야 하나 아직도 채용의 공정성
    에 대한 불신이 존재
  - 채용상 차별금지에 대한 법적 요건이 권고적 성격에서 처벌을 동반한 의무적 성격으로 강화되는
    추세
  - 시민의식과 지원자의 권리의식 성숙으로 차별에 대한 법적 대응 가능성 증가
- 우수 인재 채용을 통한 기업의 경쟁력 강화 필요
  - 직무능력과 무관한 학벌, 외모 위주의 선발로 우수인재 선발기회 상실 및 기업경쟁력 약화
  - 채용 과정에서 차별 없이 직무능력중심으로 선발한 우수인재 확보 필요
- 공정한 채용을 통한 사회적 비용 감소 필요
  - 편견에 의한 차별적 채용은 우수인재 선발을 저해하고 외모·학벌 지상주의 등의 심화로 불필요한
    사회적 비용 증가
  - 채용에서의 공정성을 높여 사회의 신뢰수준 제고

3. 블라인드 채용의 특징

편견 요인을 요구하지 않는 대신 직무능력을 평가합니다.

블라인드 채용 = 편견유발 요인제외 + 직무능력 중심평가

※ 직무능력중심 채용이란?
  기업의 역량기반 채용, NCS기반 능력중심 채용과 같이 직무수행에 필요한 능력과 역량을 평가하여 선발하는 채용방식을
  통칭합니다.

4. 블라인드 채용의 평가요소

직무수행에 필요한 지식, 기술, 태도 등을 과학적인 선발기법을 통해 평가합니다.

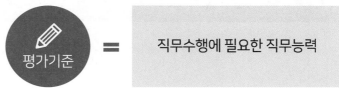

평가기준 **=** 직무수행에 필요한 직무능력

※ 과학적 선발기법이란?
　직무분석을 통해 도출된 평가요소를 서류, 필기, 면접 등을 통해 체계적으로 평가하는 방법으로 입사지원서, 자기소개서,
　직무수행능력평가, 구조화 면접 등이 해당됩니다.

5. 블라인드 채용 주요 도입 내용

- 입사지원서에 인적사항 요구 금지
  - 인적사항에는 출신지역, 가족관계, 결혼여부, 재산, 취미 및 특기, 종교, 생년월일(연령), 성별, 신장
    및 체중, 사진, 전공, 학교명, 학점, 외국어 점수, 추천인 등이 해당
  - 채용 직무를 수행하는 데 있어 반드시 필요하다고 인정될 경우는 제외
    예 특수경비직 채용 시 : 시력, 건강한 신체 요구
    　　연구직 채용 시 : 논문, 학위 요구 등
- 블라인드 면접 실시
  - 면접관에게 응시자의 출신지역, 가족관계, 학교명 등 인적사항 정보 제공 금지
  - 면접관은 응시자의 인적사항에 대한 질문 금지

6. 블라인드 채용 도입의 효과성

- 구성원의 다양성과 창의성이 높아져 기업 경쟁력 강화
  - 편견을 없애고 직무능력 중심으로 선발하므로 다양한 직원 구성 가능
  - 다양한 생각과 의견을 통하여 기업의 창의성이 높아져 기업경쟁력 강화
- 직무에 적합한 인재선발을 통한 이직률 감소 및 만족도 제고
  - 사전에 지원자들에게 구체적이고 상세한 직무요건을 제시함으로써 허수 지원이 낮아지고, 직무에
    적합한 지원자 모집 가능
  - 직무에 적합한 인재가 선발되어 직무이해도가 높아져 업무효율 증대 및 만족도 제고
- 채용의 공정성과 기업이미지 제고
  - 블라인드 채용은 사회적 편견을 줄인 선발 방법으로 기업에 대한 사회적 인식 제고
  - 채용과정에서 불합리한 차별을 받지 않고 실력에 의해 공정하게 평가를 받을 것이라는 믿음을 제공
    하고, 지원자들은 평등한 기회와 공정한 선발과정 경험

CHAPTER 02 서류전형 가이드

| 01 | 채용공고문

1. 채용공고문의 변화

기존 채용공고문	변화된 채용공고문
• 취업준비생에게 불충분하고 불친절한 측면 존재 • 모집분야에 대한 명확한 직무관련 정보 및 평가기준 부재 • 해당분야에 지원하기 위한 취업준비생의 무분별한 스펙 쌓기 현상 발생	• NCS 직무분석에 기반한 채용공고를 토대로 채용전형 진행 • 지원자가 입사 후 수행하게 될 업무에 대한 자세한 정보 공지 • 직무수행내용, 직무수행 시 필요한 능력, 관련된 자격, 직업기초능력 제시 • 지원자가 해당 직무에 필요한 스펙만을 준비할 수 있도록 안내
• 모집 부문 및 응시자격 • 지원서 접수 • 전형절차 • 채용조건 및 처우 • 기타사항	• 채용절차 • 채용유형별 선발분야 및 예정인원 • 전형방법 • 선발분야별 직무기술서 • 우대사항

2. 지원 유의사항 및 지원요건 확인

채용 직무에 따른 세부사항을 공고문에 명시하여 지원자에게 적격한 지원 기회를 부여함과 동시에 채용과정에서의 공정성과 신뢰성을 확보합니다.

구성	내용	확인사항
모집분야 및 규모	고용형태(인턴 계약직 등), 모집분야, 인원, 근무지역 등	채용직무가 여러 개일 경우 본인이 해당되는 직무의 채용규모 확인
응시자격	기본 자격사항, 지원조건	지원을 위한 최소자격요건을 확인하여 불필요한 지원을 예방
우대조건	법정·특별·자격증 가점	본인의 가점 여부를 검토하여 가점 획득을 위한 사항을 사실대로 기재
근무조건 및 보수	고용형태 및 고용기간, 보수, 근무지	본인이 생각하는 기대수준에 부합하는지 확인하여 불필요한 지원을 예방
시험방법	서류·필기·면접전형 등의 활용방안	전형방법 및 세부 평가기법 등을 확인하여 지원전략 준비
전형일정	접수기간, 각 전형 단계별 심사 및 합격자 발표일 등	본인의 지원 스케줄을 검토하여 차질이 없도록 준비
제출서류	입사지원서(경력·경험기술서 등), 각종 증명서 및 자격증 사본 등	지원요건 부합 여부 및 자격 증빙서류 사전에 준비
유의사항	임용취소 등의 규정	임용취소 관련 법적 또는 기관 내부 규정을 검토하여 해당여부 확인

160 • NCS 인천국제공항공사 소방직

| 02 | 직무기술서

직무기술서란 직무수행의 내용과 필요한 능력, 관련 자격, 직업기초능력 등을 상세히 기재한 것으로 입사 후 수행하게 될 업무에 대한 정보가 수록되어 있는 자료입니다.

1. 채용분야

[설명] NCS 직무분류 체계에 따라 직무에 대한「대분류 – 중분류 – 소분류 – 세분류」체계를 확인할 수 있습니다. 채용직무에 대한 모든 직무기술서를 첨부하게 되며 실제 수행 업무를 기준으로 세부적인 분류정보를 제공합니다.

채용분야	분류체계			
사무행정	대분류	중분류	소분류	세분류
분류코드	02. 경영·회계·사무	03. 재무·회계	01. 재무	01. 예산
				02. 자금
			02. 회계	01. 회계감사
				02. 세무

2. 능력단위

[설명] 직무분류 체계의 세분류 하위능력단위 중 실질적으로 수행할 업무의 능력만 구체적으로 파악할 수 있습니다.

능력단위	(예산)	03. 연간종합예산수립 05. 확정예산 운영	04. 추정재무제표 작성 06. 예산실적 관리
	(자금)	04. 자금운용	
	(회계감사)	02. 자금관리 05. 회계정보시스템 운용 07. 회계감사	04. 결산관리 06. 재무분석
	(세무)	02. 결산관리 07. 법인세 신고	05. 부가가치세 신고

3. 직무수행내용

[설명] 세분류 영역의 기본정의를 통해 직무수행내용을 확인할 수 있습니다. 입사 후 수행할 직무내용을 구체적으로 확인할 수 있으며, 이를 통해 입사서류 작성부터 면접까지 직무에 대한 명확한 이해를 바탕으로 자신의 희망직무인지 아닌지, 해당 직무가 자신이 알고 있던 직무가 맞는지 확인할 수 있습니다.

직무수행내용	(예산) 일정기간 예상되는 수익과 비용을 편성, 집행하며 통제하는 일
	(자금) 자금의 계획 수립, 조달, 운용을 하고 발생 가능한 위험 관리 및 성과평가
	(회계감사) 기업 및 조직 내·외부에 있는 의사결정자들이 효율적인 의사결정을 할 수 있도록 유용한 정보를 제공, 제공된 회계정보의 적정성을 파악하는 일
	(세무) 세무는 기업의 활동을 위하여 주어진 세법범위 내에서 조세부담을 최소화시키는 조세전략을 포함하고 정확한 과세소득과 과세표준 및 세액을 산출하여 과세당국에 신고·납부하는 일

4. 직무기술서 예시

태도	(예산) 정확성, 분석적 태도, 논리적 태도, 타 부서와의 협조적 태도, 설득력
	(자금) 분석적 사고력
	(회계 감사) 합리적 태도, 전략적 사고, 정확성, 적극적 협업 태도, 법률준수 태도, 분석적 태도, 신속성, 책임감, 정확한 판단력
	(세무) 규정 준수 의지, 수리적 정확성, 주의 깊은 태도
우대 자격증	공인회계사, 세무사, 컴퓨터활용능력, 변호사, 워드프로세서, 전산회계운용사, 사회조사분석사, 재경관리사, 회계관리 등
직업기초능력	의사소통능력, 문제해결능력, 자원관리능력, 대인관계능력, 정보능력, 조직이해능력

5. 직무기술서 내용별 확인사항

항목	확인사항
모집부문	해당 채용에서 선발하는 부문(분야)명 확인 예 사무행정, 전산, 전기
분류체계	지원하려는 분야의 세부직무군 확인
주요기능 및 역할	지원하려는 기업의 전사적인 기능과 역할, 산업군 확인
능력단위	지원분야의 직무수행에 관련되는 세부업무사항 확인
직무수행내용	지원분야의 직무군에 대한 상세사항 확인
전형방법	지원하려는 기업의 신입사원 선발전형 절차 확인
일반요건	교육사항을 제외한 지원 요건 확인(자격요건, 특수한 경우 연령)
교육요건	교육사항에 대한 지원요건 확인(대졸 / 초대졸 / 고졸 / 전공 요건)
필요지식	지원분야의 업무수행을 위해 요구되는 지식 관련 세부항목 확인
필요기술	지원분야의 업무수행을 위해 요구되는 기술 관련 세부항목 확인
직무수행태도	지원분야의 업무수행을 위해 요구되는 태도 관련 세부항목 확인
직업기초능력	지원분야 또는 지원기업의 조직원으로서 근무하기 위해 필요한 일반적인 능력사항 확인

| 03 | 입사지원서

1. 입사지원서의 변화

기존지원서		능력중심 채용 입사지원서
직무와 관련 없는 학점, 개인신상, 어학점수, 자격, 수상경력 등을 나열하도록 구성	VS	해당 직무수행에 꼭 필요한 정보들을 제시할 수 있도록 구성

직무기술서

직무수행내용

요구지식 / 기술

관련 자격증

사전직무경험

인적사항	성명, 연락처, 지원분야 등 작성 (평가 미반영)
교육사항	직무지식과 관련된 학교교육 및 직업교육 작성
자격사항	직무관련 국가공인 또는 민간자격 작성
경력 및 경험사항	조직에 소속되어 일정한 임금을 받거나(경력) 임금 없이(경험) 직무와 관련된 활동 내용 작성

2. 교육사항

- 지원분야 직무와 관련된 학교 교육이나 직업교육 혹은 기타교육 등 직무에 대한 지원자의 학습 여부를 평가하기 위한 항목입니다.
- 지원하고자 하는 직무의 학교 전공교육 이외에 직업교육, 기타교육 등을 기입할 수 있기 때문에 전공 제한 없이 직업교육과 기타교육을 이수하여 지원이 가능하도록 기회를 제공합니다.

(기타교육 : 학교 이외의 기관에서 개인이 이수한 교육과정 중 지원직무와 관련이 있다고 생각되는 교육내용)

구분	교육과정(과목)명	교육내용	과업(능력단위)

3. 자격사항

- 채용공고 및 직무기술서에 제시되어 있는 자격 현황을 토대로 지원자가 해당 직무를 수행하는 데 필요한 능력을 가지고 있는지를 평가하기 위한 항목입니다.
- 채용공고
  및 직무기술서에 기재된 직무관련 필수 또는 우대자격 항목을 확인하여 본인이 보유하고 있는 자격사항을 기재합니다.

자격유형	자격증명	발급기관	취득일자	자격증번호

4. 경력 및 경험사항

- 직무와 관련된 경력이나 경험 여부를 표현하도록 하여 직무와 관련한 능력을 갖추었는지를 평가하기 위한 항목입니다.
- 해당 기업에서 직무를 수행함에 있어 필요한 사항만을 기록하게 되어 있기 때문에 직무와 무관한 스펙을 갖추지 않아도 됩니다.
- 경력 : 금전적 보수를 받고 일정기간 동안 일했던 경우
- 경험 : 금전적 보수를 받지 않고 수행한 활동

※ 기업에 따라 경력 / 경험 관련 증빙자료 요구 가능

구분	조직명	직위 / 역할	활동기간(년 / 월)	주요과업 / 활동내용

Tip

입사지원서 작성 방법

○ 경력 및 경험사항 작성
- 직무기술서에 제시된 지식, 기술, 태도와 지원자의 교육사항, 경력(경험)사항, 자격사항과 연계하여 개인의 직무역량에 대해 스스로 판단 가능

○ 인적사항 최소화
- 개인의 인적사항, 학교명, 가족관계 등을 노출하지 않도록 유의

부적절한 입사지원서 작성 사례
- 학교 이메일을 기입하여 학교명 노출
- 거주지 주소에 학교 기숙사 주소를 기입하여 학교명 노출
- 자기소개서에 부모님이 재직 중인 기업명, 직위, 직업을 기입하여 가족관계 노출
- 자기소개서에 석·박사 과정에 대한 이야기를 언급하여 학력 노출
- 동아리 활동에 대한 내용을 학교명과 더불어 언급하여 학교명 노출

| 04 | 자기소개서

1. 자기소개서의 변화

- 기존의 자기소개서는 지원자의 일대기나 관심 분야, 성격의 장·단점 등 개괄적인 사항을 묻는 질문으로 구성되어 지원자가 자신의 직무능력을 제대로 표출하지 못합니다.
- 능력중심 채용의 자기소개서는 직무기술서에 제시된 직업기초능력(또는 직무수행능력)에 대한 지원자의 과거 경험을 기술하게 함으로써 평가 타당도의 확보가 가능합니다.

---

1. 우리 회사와 해당 지원 직무분야에 지원한 동기에 대해 기술해 주세요.

2. 자신이 경험한 다양한 사회활동에 관해 기술해 주세요.

3. 지원 직무에 대한 전문성을 키우기 위해 받은 교육과 경험 및 경력사항에 대해 기술해 주세요.

4. 인사업무 또는 팀 과제 수행 중 발생한 갈등을 원만하게 해결해 본 경험이 있습니까? 당시 상황에 대한 설명과 갈등의 대상이 되었던 상대방을 설득한 과정 및 방법을 하단에 기술해 주세요.

5. 과거에 있었던 일 중 가장 어려웠던(힘들었었던) 상황을 고르고, 어떤 방법으로 그 상황을 해결했는지를 하단에 기술해 주세요.

자기소개서 작성 방법

① 자기소개서 문항이 묻고 있는 평가 역량 추측하기

예시

- 팀 활동을 하면서 갈등 상황 시 상대방의 니즈나 의도를 명확히 파악하고 해결하여 목표 달성에 기여했던 경험에 대해서 작성해 주시기 바랍니다.
- 다른 사람이 생각해내지 못했던 문제점을 찾고 이를 해결한 경험에 대해 작성해 주시기 바랍니다.

② 해당 역량을 보여줄 수 있는 소재 찾기(시간×역량 매트릭스)

예시

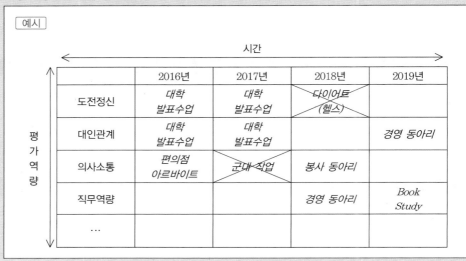

시간				
평가역량	2016년	2017년	2018년	2019년
도전정신	대학 발표수업	대학 발표수업	~~다이어트 (헬스)~~	
대인관계	대학 발표수업	대학 발표수업		경영 동아리
의사소통	편의점 아르바이트	~~군대 작업~~	봉사 동아리	
직무역량			경영 동아리	Book Study
…				

③ 자기소개서 작성 Skill 익히기
- 두괄식으로 작성하기
- 구체적 사례를 사용하기
- '나'를 중심으로 작성하기
- 직무역량 강조하기
- 경험 사례의 차별성 강조하기

CHAPTER 03 인성검사 소개 및 모의테스트

| 01 | 인성검사 유형

인성검사는 지원자의 성격특성을 객관적으로 파악하고 그것이 각 기업에서 필요로 하는 인재상과 가치에 부합하는가를 평가하기 위한 검사입니다. 인성검사는 KPDI(한국인재개발진흥원), K-SAD(한국사회적성개발원), KIRBS(한국행동과학연구소), SHR(에스에이치알) 등의 전문기관을 통해 각 기업의 특성에 맞는 검사를 선택하여 실시합니다. 대표적인 인성검사의 유형에는 크게 다음과 같은 세 가지가 있으며, 채용 대행업체에 따라 달라집니다.

1. KPDI 검사

조직적응성과 직무적합성을 알아보기 위한 검사로, 인성검사, 인성역량검사, 인적성검사, 직종별 인적성검사 등의 다양한 검사 도구를 구현합니다. KPDI는 성격을 파악하고 정신건강 상태 등을 측정하고, 직무검사는 해당 직무를 수행하기 위해 기본적으로 갖추어야 할 인지적 능력을 측정합니다. 역량검사는 특정 직무 역할을 효과적으로 수행하는 데 직접적으로 관련 있는 개인의 행동, 지식, 스킬, 가치관 등을 측정합니다.

2. KAD(Korea Aptitude Development) 검사

K-SAD(한국사회적성개발원)에서 실시하는 적성검사 프로그램입니다. 개인의 성향, 지적 능력, 기호, 관심, 흥미도를 종합적으로 분석하여 적성에 맞는 업무가 무엇인가 파악하고, 직무수행에 있어서 요구되는 기초능력과 실무능력을 분석합니다.

3. SHR 직무적성검사

직무수행에 필요한 종합적인 사고 능력을 다양한 적성검사(Paper and Pencil Test)로 평가합니다. SHR의 모든 직무능력검사는 표준화 검사입니다. 표준화 검사는 표본집단의 점수를 기초로 규준이 만들어진 검사이므로 개인의 점수를 규준에 맞추어 해석·비교하는 것이 가능합니다. S(Standardized Tests), H(Hundreds of Version), R(Reliable Norm Data)을 특징으로 하며, 직군·직급별 특성과 선발 수준에 맞추어 검사를 적용할 수 있습니다.

| 02 | 인성검사와 면접

인성검사는 특히 면접질문과 관련성이 높습니다. 면접관은 지원자의 인성검사 결과를 토대로 질문을 하기 때문입니다. 일관적이고 이상적인 답변을 하는 것이 가장 좋지만, 실제 시험은 매우 복잡하여 전문가라 해도 일정 성격을 유지하면서 답변을 하는 것이 힘듭니다. 또한, 인성검사에는 라이 스케일(Lie Scale) 설문이 전체 설문 속에 교묘하게 섞여 들어가 있으므로 겉치레적인 답을 하게 되면 회답태도의 허위성이 그대로 드러나게 됩니다. 예를 들어 '거짓말을 한 적이 한 번도 없다.'에 '예'로 답하고, '때로는 거짓말을 하기도 한다.'에 '예'라고 답하여 라이 스케일의 득점이 올라가게 되면 모든 회답의 신빙성이 사라지고 '자신을 돋보이게 하려는 사람'이라는 평가를 받을 수 있으므로 주의해야 합니다. 따라서 모의테스트를 통해 인성검사의 유형과 실제 시험 시 어떻게 문제를 풀어야 하는지 연습해 보고 체크한 부분 중 자신의 단점과 연결되는 부분은 면접에서 질문이 들어왔을 때 어떻게 대처해야 하는지 생각해 보는 것이 좋습니다.

| 03 | 유의사항

1. 기업의 인재상을 파악하라!

인성검사를 통해 개인의 성격 특성을 파악하고 그것이 기업의 인재상과 가치에 부합하는지를 평가하는 시험이기 때문에 해당 기업의 인재상을 먼저 파악하고 시험에 임하는 것이 좋습니다. 모의테스트에서 인재상에 맞는 가상의 인물을 설정하고 문제에 답해 보는 것도 많은 도움이 됩니다.

2. 일관성 있는 대답을 하라!

짧은 시간 안에 다양한 질문에 답을 해야 하는데, 그 안에는 중복되는 질문이 여러 번 나옵니다. 이때 앞서 자신이 체크했던 대답을 잘 기억해뒀다가 일관성 있는 답을 하는 것이 중요합니다.

3. 모든 문항에 대답하라!

많은 문제를 짧은 시간 안에 풀려다 보니 다 못 푸는 경우도 종종 생깁니다. 하지만 대답을 누락하거나 끝까지 다 못했을 경우 좋지 않은 결과를 가져올 수도 있으니 최대한 주어진 시간 안에 모든 문항에 답할 수 있도록 해야 합니다.

| 04 | KPDI 모의테스트

※ 모의테스트는 질문 및 답변 유형 연습을 위한 것으로 실제 시험과 다를 수 있습니다.

번호	내용	예	아니오
001	나는 솔직한 편이다.	☐	☐
002	나는 리드하는 것을 좋아한다.	☐	☐
003	법을 어겨서 말썽이 된 적이 한 번도 없다.	☐	☐
004	거짓말을 한 번도 한 적이 없다.	☐	☐
005	나는 눈치가 빠르다.	☐	☐
006	나는 일을 주도하기보다는 뒤에서 지원하는 것을 선호한다.	☐	☐
007	앞일은 알 수 없기 때문에 계획은 필요하지 않다.	☐	☐
008	거짓말도 때로는 방편이라고 생각한다.	☐	☐
009	사람이 많은 술자리를 좋아한다.	☐	☐
010	걱정이 지나치게 많다.	☐	☐
011	일을 시작하기 전 재고하는 경향이 있다.	☐	☐
012	불의를 참지 못한다.	☐	☐
013	처음 만나는 사람과도 이야기를 잘 한다.	☐	☐
014	때로는 변화가 두렵다.	☐	☐
015	나는 모든 사람에게 친절하다.	☐	☐
016	힘든 일이 있을 때 술은 위로가 되지 않는다.	☐	☐
017	결정을 빨리 내리지 못해 손해를 본 경험이 있다.	☐	☐
018	기회를 잡을 준비가 되어 있다.	☐	☐
019	때로는 내가 정말 쓸모없는 사람이라고 느낀다.	☐	☐
020	누군가 나를 챙겨주는 것이 좋다.	☐	☐
021	자주 가슴이 답답하다.	☐	☐
022	나는 내가 자랑스럽다.	☐	☐
023	경험이 중요하다고 생각한다.	☐	☐
024	전자기기를 분해하고 다시 조립하는 것을 좋아한다.	☐	☐
025	감시받고 있다는 느낌이 든다.	☐	☐

026	난처한 상황에 놓이면 그 순간을 피하고 싶다.	☐	☐
027	세상엔 믿을 사람이 없다.	☐	☐
028	잘못을 빨리 인정하는 편이다.	☐	☐
029	지도를 보고 길을 잘 찾아간다.	☐	☐
030	귓속말을 하는 사람을 보면 날 비난하고 있는 것 같다.	☐	☐
031	막무가내라는 말을 들을 때가 있다.	☐	☐
032	장래의 일을 생각하면 불안하다.	☐	☐
033	결과보다 과정이 중요하다고 생각한다.	☐	☐
034	운동은 그다지 할 필요가 없다고 생각한다.	☐	☐
035	새로운 일을 시작할 때 좀처럼 한 발을 떼지 못한다.	☐	☐
036	기분 상하는 일이 있더라도 참는 편이다.	☐	☐
037	업무능력은 성과로 평가받아야 한다고 생각한다.	☐	☐
038	머리가 맑지 못하고 무거운 느낌이 든다.	☐	☐
039	가끔 이상한 소리가 들린다.	☐	☐
040	타인이 내게 자주 고민상담을 하는 편이다.	☐	☐

| 05 | SHR 모의테스트

※ 모의테스트는 질문 및 답변 유형 연습을 위한 것으로 실제 시험과 다를 수 있습니다.

※ 이 성격검사의 각 문항에는 서로 다른 행동을 나타내는 네 개의 문장이 제시되어 있습니다. 이 문장들을 비교하여, 자신의 평소 행동과 가장 가까운 문장을 'ㄱ' 열에 표기하고, 가장 먼 문장을 'ㅁ' 열에 표기하십시오.

01 나는 _____

	ㄱ	ㅁ
A. 실용적인 해결책을 찾는다.	☐	☐
B. 다른 사람을 돕는 것을 좋아한다.	☐	☐
C. 세부 사항을 잘 챙긴다.	☐	☐
D. 상대의 주장에서 허점을 잘 찾는다.	☐	☐

02 나는 _____

	ㄱ	ㅁ
A. 매사에 적극적으로 임한다.	☐	☐
B. 즉흥적인 편이다.	☐	☐
C. 관찰력이 있다.	☐	☐
D. 임기응변에 강하다.	☐	☐

03 나는 _____

	ㄱ	ㅁ
A. 무서운 영화를 잘 본다.	☐	☐
B. 조용한 곳이 좋다.	☐	☐
C. 가끔 울고 싶다.	☐	☐
D. 집중력이 좋다.	☐	☐

04 나는 _____

	ㄱ	ㅁ
A. 기계를 조립하는 것을 좋아한다.	☐	☐
B. 집단에서 리드하는 역할을 맡는다.	☐	☐
C. 호기심이 많다.	☐	☐
D. 음악을 듣는 것을 좋아한다.	☐	☐

05 나는 _____

	ㄱ	ㅁ
A. 타인을 늘 배려한다.	☐	☐
B. 감수성이 예민하다.	☐	☐
C. 즐겨하는 운동이 있다.	☐	☐
D. 일을 시작하기 전에 계획을 세운다.	☐	☐

06 나는 _____

	ㄱ	ㅁ
A. 타인에게 설명하는 것을 좋아한다.	☐	☐
B. 여행을 좋아한다.	☐	☐
C. 정적인 것이 좋다.	☐	☐
D. 남을 돕는 것에 보람을 느낀다.	☐	☐

07 나는 _____

	ㄱ	ㅁ
A. 기계를 능숙하게 다룬다.	☐	☐
B. 밤에 잠이 잘 오지 않는다.	☐	☐
C. 한 번 간 길을 잘 기억한다.	☐	☐
D. 불의를 보면 참을 수 없다.	☐	☐

08 나는 _____

	ㄱ	ㅁ
A. 종일 말을 하지 않을 때가 있다.	☐	☐
B. 사람이 많은 곳을 좋아한다.	☐	☐
C. 술을 좋아한다.	☐	☐
D. 휴양지에서 편하게 쉬고 싶다.	☐	☐

09 나는 _____

	ㄱ	ㅁ
A. 뉴스보다는 드라마를 좋아한다.	☐	☐
B. 길을 잘 찾는다.	☐	☐
C. 주말엔 집에서 쉬는 것이 좋다.	☐	☐
D. 아침에 일어나는 것이 힘들다.	☐	☐

10 나는 _____

	ㄱ	ㅁ
A. 이성적이다.	☐	☐
B. 할 일을 종종 미룬다.	☐	☐
C. 어른을 대하는 게 힘들다.	☐	☐
D. 불을 보면 매혹을 느낀다.	☐	☐

11 나는 _____

	ㄱ	ㅁ
A. 상상력이 풍부하다.	☐	☐
B. 예의 바르다는 소리를 자주 듣는다.	☐	☐
C. 사람들 앞에 서면 긴장한다.	☐	☐
D. 친구를 자주 만난다.	☐	☐

12 나는 _____

	ㄱ	ㅁ
A. 나만의 스트레스 해소 방법이 있다.	☐	☐
B. 친구가 많다.	☐	☐
C. 책을 자주 읽는다.	☐	☐
D. 활동적이다.	☐	☐

| 01 | 면접유형 파악

1. 면접전형의 변화

기존 면접전형에서는 일상적이고 단편적인 대화나 지원자의 첫인상 및 면접관의 주관적인 판단 등에 의해서 입사 결정 여부를 판단하는 경우가 많았습니다. 이러한 면접전형은 면접 내용의 일관성이 결여되거나 직무 관련 타당성이 부족하였고, 면접에 대한 신뢰도에 영향을 주었습니다.

기존 면접(전통적 면접)		능력중심 채용 면접(구조화 면접)

• 일상적이고 단편적인 대화
• 인상, 외모 등 외부 요소의 영향
• 주관적인 판단에 의존한 총점 부여
 	
⇩
 	
• 면접 내용의 일관성 결여
• 직무관련 타당성 부족
• 주관적인 채점으로 신뢰도 저하
	VS	• 일관성
		  – 직무관련 역량에 초점을 둔 구체적 질문 목록
		  – 지원자별 동일 질문 적용
		• 구조화
		  – 면접 진행 및 평가 절차를 일정한 체계에 의해 구성
		• 표준화
		  – 평가 타당도 제고를 위한 평가 Matrix 구성
		  – 척도에 따라 항목별 채점, 개인 간 비교
		• 신뢰성
		  – 면접진행 매뉴얼에 따라 면접위원 교육 및 실습

2. 능력중심 채용의 면접 유형

① 경험 면접
- 목적 : 선발하고자 하는 직무 능력이 필요한 과거 경험을 질문합니다.
- 평가요소 : 직업기초능력과 인성 및 태도적 요소를 평가합니다.

② 상황 면접
- 목적 : 특정 상황을 제시하고 지원자의 행동을 관찰함으로써 실제 상황의 행동을 예상합니다.
- 평가요소 : 직업기초능력과 인성 및 태도적 요소를 평가합니다.

③ 발표 면접
- 목적 : 특정 주제와 관련된 지원자의 발표와 질의응답을 통해 지원자 역량을 평가합니다.
- 평가요소 : 직무수행능력과 인지적 역량(문제해결능력)을 평가합니다.

④ 토론 면접
- 목적 : 토의과제에 대한 의견수렴 과정에서 지원자의 역량과 상호작용능력을 평가합니다.
- 평가요소 : 직무수행능력과 팀워크를 평가합니다.

| 02 | 면접유형별 준비 방법

1. 경험 면접

① 경험 면접의 특징

- 주로 직업기초능력에 관련된 지원자의 과거 경험을 심층 질문하여 검증하는 면접입니다.

> - 능력요소, 정의, 심사 기준
>   - 평가하고자 하는 능력요소, 정의, 심사기준을 확인하여 면접위원이 해당 능력요소 관련 질문을 제시합니다.
> - Opening Question
>   - 능력요소에 관련된 과거 경험을 유도하기 위한 시작 질문을 합니다.
> - Follow-up Question
>   - 지원자의 경험 수준을 구체적으로 검증하기 위한 질문입니다.
>   - 경험 수준 검증을 위한 상황(Situation), 임무(Task), 역할 및 노력(Action), 결과(Result) 등으로 질문을 구분합니다.

경험 면접의 형태

[면접관 1]　[면접관 2]　[면접관 3]　　　　　[면접관 1]　[면접관 2]　[면접관 3]

[지원자]　　　　　　　　[지원자 1]　[지원자 2]　[지원자 3]

〈일대다 면접〉　　　　　　　　〈다대다 면접〉

- 직무능력과 관련된 과거 경험을 평가하기 위해 심층 질문을 하며, 이 질문은 지원자의 답변에 대하여 '꼬리에 꼬리를 무는 형식'으로 진행됩니다.

② 경험 면접의 구조

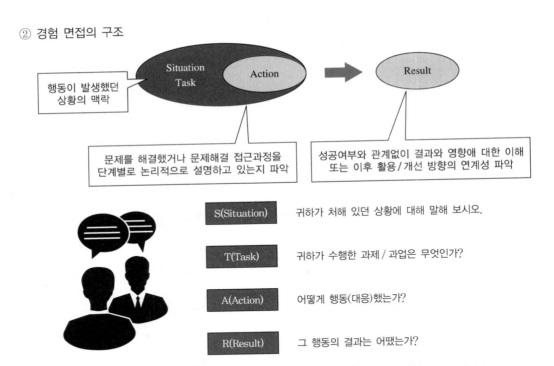

- **S(Situation)**   귀하가 처해 있던 상황에 대해 말해 보시오.
- **T(Task)**   귀하가 수행한 과제 / 과업은 무엇인가?
- **A(Action)**   어떻게 행동(대응)했는가?
- **R(Result)**   그 행동의 결과는 어땠는가?

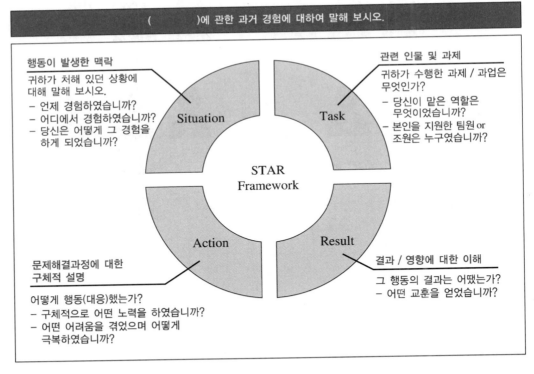

③ 경험 면접 질문 예시(직업윤리)

시작 질문	
1	남들이 신경 쓰지 않는 부분까지 고려하여 절차대로 업무(연구)를 수행하여 성과를 낸 경험을 구체적으로 말해 보시오.
2	조직의 원칙과 절차를 철저히 준수하며 업무(연구)를 수행한 것 중 성과를 향상시킨 경험에 대해 구체적으로 말해 보시오.
3	세부적인 절차와 규칙에 주의를 기울여 실수 없이 업무(연구)를 마무리한 경험을 구체적으로 말해 보시오.
4	조직의 규칙이나 원칙을 고려하여 성실하게 일했던 경험을 구체적으로 말해 보시오.
5	타인의 실수를 바로잡고 원칙과 절차대로 수행하여 성공적으로 업무를 마무리하였던 경험에 대해 말해 보시오.

후속 질문		
상황 (Situation)	상황	구체적으로 언제, 어디에서 경험한 일인가?
		어떤 상황이었는가?
	조직	어떤 조직에 속해 있었는가?
		그 조직의 특성은 무엇이었는가?
		몇 명으로 구성된 조직이었는가?
	기간	해당 조직에서 얼마나 일했는가?
		해당 업무는 몇 개월 동안 지속되었는가?
	조직규칙	조직의 원칙이나 규칙은 무엇이었는가?
임무 (Task)	과제	과제의 목표는 무엇이었는가?
		과제에 적용되는 조직의 원칙은 무엇이었는가?
		그 규칙을 지켜야 하는 이유는 무엇이었는가?
	역할	당신이 조직에서 맡은 역할은 무엇이었는가?
		과제에서 맡은 역할은 무엇이었는가?
	문제의식	규칙을 지키지 않을 경우 생기는 문제점 / 불편함은 무엇인가?
		해당 규칙이 왜 중요하다고 생각하였는가?
역할 및 노력 (Action)	행동	업무 과정의 어떤 장면에서 규칙을 철저히 준수하였는가?
		어떻게 규정을 적용시켜 업무를 수행하였는가?
		규정은 준수하는 데 어려움은 없었는가?
	노력	그 규칙을 지키기 위해 스스로 어떤 노력을 기울였는가?
		본인의 생각이나 태도에 어떤 변화가 있었는가?
		다른 사람들은 어떤 노력을 기울였는가?
	동료관계	동료들은 규칙을 철저히 준수하고 있었는가?
		팀원들은 해당 규칙에 대해 어떻게 반응하였는가?
		규칙에 대한 태도를 개선하기 위해 어떤 노력을 하였는가?
		팀원들의 태도는 당신에게 어떤 자극을 주었는가?
	업무추진	주어진 업무를 추진하는 데 규칙이 방해되진 않았는가?
		업무수행 과정에서 규정을 어떻게 적용하였는가?
		업무 시 규정을 준수해야 한다고 생각한 이유는 무엇인가?

결과 (Result)	평가	규칙을 어느 정도나 준수하였는가?
		그렇게 준수할 수 있었던 이유는 무엇이었는가?
		업무의 성과는 어느 정도였는가?
		성과에 만족하였는가?
		비슷한 상황이 온다면 어떻게 할 것인가?
	피드백	주변 사람들로부터 어떤 평가를 받았는가?
		그러한 평가에 만족하는가?
		다른 사람에게 본인의 행동이 영향을 주었다고 생각하는가?
	교훈	업무수행 과정에서 중요한 점은 무엇이라고 생각하는가?
		이 경험을 통해 느낀 바는 무엇인가?

2. 상황 면접

① 상황 면접의 특징

직무 관련 상황을 가정하여 제시하고 이에 대한 대응능력을 직무관련성 측면에서 평가하는 면접입니다.

- 상황 면접 과제의 구성은 크게 2가지로 구분
  - 상황 제시(Description) / 문제 제시(Question or Problem)
- 현장의 실제 업무 상황을 반영하여 과제를 제시하므로 직무분석이나 직무전문가 워크숍 등을 거쳐 현장성을 높임
- 문제는 상황에 대한 기본적인 이해능력(이론적 지식)과 함께 실질적 대응이나 변수 고려능력(실천적 능력) 등을 고르게 질문해야 함

상황 면접의 형태

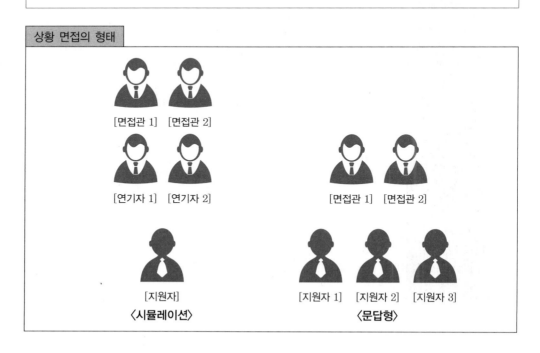

② 상황 면접 예시

상황 제시	인천공항 여객터미널 내에는 다양한 용도의 시설(사무실, 통신실, 식당, 전산실, 창고, 면세점 등)이 설치되어 있습니다.	실제 업무 상황에 기반함
	금년에 소방배관의 누수가 잦아 메인 배관을 교체하는 공사를 추진하고 있으며, 당신은 이번 공사의 담당자입니다.	배경 정보
	주간에는 공항 운영이 이루어져 주로 야간에만 배관 교체 공사를 수행하던 중, 시공하는 기능공의 실수로 배관 연결 부위를 잘못 건드려 고압배관의 소화수가 누출되는 사고가 발생하였으며, 이로 인해 인근 시설물에 누수에 의한 피해가 발생하였습니다.	구체적인 문제 상황
문제 제시	일반적인 소방배관의 배관연결(이음)방식과 배관의 이탈(누수)이 발생하는 원인에 대해 설명해 보시오.	문제 상황 해결을 위한 기본 지식 문항
	담당자로서 본 사고를 현장에서 긴급히 처리하는 프로세스를 제시하고, 보수완료 후 사후적 조치가 필요한 부분 및 재발방지 방안에 대해 설명해 보시오.	문제 상황 해결을 위한 추가 대응 문항

3. 발표 면접

① 발표 면접의 특징

- 직무관련 주제에 대한 지원자의 생각을 정리하여 의견을 제시하고, 발표 및 질의응답을 통해 지원자의 직무능력을 평가하는 면접입니다.
- 발표 주제는 직무와 관련된 자료로 제공되며, 일정 시간 후 지원자가 보유한 지식 및 방안에 대한 발표 및 후속 질문을 통해 직무적합성을 평가합니다.

> - 주요 평가요소
>   - 설득적 말하기 / 발표능력 / 문제해결능력 / 직무관련 전문성
> - 이미 언론을 통해 공론화된 시사 이슈보다는 해당 직무분야에 관련된 주제가 발표면접의 과제로 선정되는 경우가 최근 들어 늘어나고 있음
> - 짧은 시간 동안 주어진 과제를 빠른 속도로 분석하여 발표문을 작성하고 제한된 시간 안에 면접관에게 효과적인 발표를 진행하는 것이 핵심

발표 면접의 형태

[면접관 1] [면접관 2]

[면접관 1] [면접관 2]

[지원자]

〈개별과제 발표〉

[지원자 1] [지원자 2] [지원자 3]

〈팀 과제 발표〉

※ 면접관에게 시각적 효과를 사용하여 메시지를 전달하는 쌍방향 커뮤니케이션 방식
※ 심층면접을 보완하기 위한 방안으로 최근 많은 기업에서 적극 도입하는 추세

② 발표 면접 예시

1. 지시문

당신은 현재 A사에서 직원들의 성과평가를 담당하고 있는 팀원이다. 인사팀은 지난주부터 사내 조직문화관련 인터뷰를 하던 도중 성과평가제도에 관련된 개선 니즈가 제일 많다는 것을 알게 되었다. 이에 팀장님은 인터뷰 결과를 종합하려 성과평가제도 개선 아이디어를 A4용지에 정리하여 신속 보고할 것을 지시하셨다. 당신에게 남은 시간은 1시간이다. 자료를 준비하는 대로 당신은 팀원들이 모인 회의실에서 5분 간 발표할 것이며, 이후 질의응답을 진행할 것이다.

2. 배경자료

〈성과평가제도 개선에 대한 인터뷰〉

최근 A사는 회사 사세의 급성장으로 인해 작년보다 매출이 두 배 성장하였고, 직원 수 또한 두 배로 증가하였다. 회사의 성장은 임금, 복지에 대한 상승 등 긍정적인 영향을 주었으나 업무의 불균형 및 성과보상의 불평등 문제가 발생하였다. 또한 수시로 입사하는 신입직원과 경력직원, 퇴사하는 직원들까지 인원들의 잦은 변동으로 인해 평가해야 할 대상이 변경되어 현재의 성과평가제도로는 공정한 평가가 어려운 상황이다.

[생산부서 김상호]
우리 팀은 지난 1년 동안 생산량이 급증했기 때문에 수십 명의 신규인력이 급하게 채용되었습니다. 이 때문에 저희 팀장님은 신규 입사자들의 이름조차 기억 못할 때가 많이 있습니다. 성과평가를 제대로 하고 있는지 의문이 듭니다.

[마케팅 부서 김흥민]
개인의 성과평가의 취지는 충분히 이해합니다. 그러나 현재 평가는 실적기반이나 정성적인 평가가 많이 포함되어 있어 객관성과 공정성에는 의문이 드는 것이 사실입니다. 이러한 상황에서 평가제도를 재수립하지 않고, 인센티브에 계속 반영한다면, 평가제도에 대한 반감이 커질 것이 분명합니다.

[교육부서 홍경민]
현재 교육부서는 인사팀과 밀접하게 일하고 있습니다. 그럼에도 인사팀에서 실시하는 성과평가제도에 대한 이해가 부족한 것 같습니다.

[기획부서 김경호 차장]
저는 저의 평가자 중 하나가 연구부서의 팀장님인데, 일 년에 몇 번 같이 일하지 않는데 어떻게 저를 평가할 수 있을까요? 특히 연구팀은 저희가 예산을 배정하는데, 저에게는 좋지만….

4. 토론 면접

① 토론 면접의 특징
- 다수의 지원자가 조를 편성해 과제에 대한 토론(토의)을 통해 결론을 도출해가는 면접입니다.
- 의사소통능력, 팀워크, 종합인성 등의 평가에 용이합니다.

> 1. 주요 평가요소
>   - 설득적 말하기, 경청능력, 팀워크, 종합인성
> 2. 의견 대립이 명확한 주제 또는 채용분야의 직무 관련 주요 현안을 주제로 과제 구성
> 3. 제한된 시간 내 토론을 진행해야 하므로 적극적으로 자신 있게 토론에 임하고 본인의 의견을 개진할
>   수 있어야 함

토론 면접의 형태

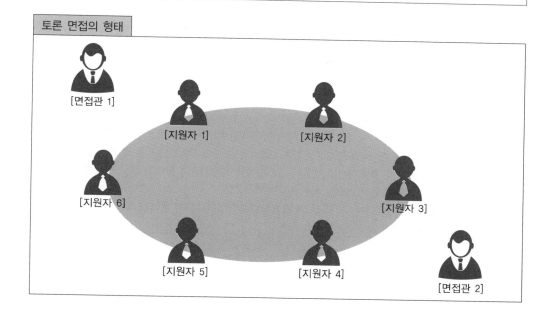

② 토론 면접 예시

고객 불만 고충처리

1. 들어가며

최근 우리 상품에 대한 고객 불만의 증가로 고객고충처리 TF가 만들어졌고 당신은 여기에 지원해 배치받았다. 당신의 업무는 불만을 가진 고객을 만나서 애로사항을 듣고 처리해 주는 일이다. 주된 업무로는 고객의 니즈를 파악해 방향성을 제시해 주고 그 해결책을 마련하는 일이다. 하지만 경우에 따라서 고객의 주관적인 의견으로 인해 제대로 된 방향으로 의사결정을 하지 못할 때가 있다. 이럴 경우 설득이나 논쟁을 해서라도 의견을 관철시키는 것이 좋을지 아니면 고객의 의견대로 진행하는 것이 좋을지 결정해야 할 때가 있다. 만약 당신이라면 이러한 상황에서 어떤 결정을 내릴 것인지 여부를 자유롭게 토론해 보시오.

2. 1분 자유 발언 시 준비사항

- 당신은 의견을 자유롭게 개진할 수 있으며 이에 따른 불이익은 없습니다.
- 토론의 방향성을 이해하고, 내용의 장점과 단점이 무엇인지 문제를 명확히 말해야 합니다.
- 합리적인 근거에 기초하여 개선방안을 명확히 제시해야 합니다.
- 제시한 방안을 실행 시 예상되는 긍정적·부정적 영향요인도 동시에 고려할 필요가 있습니다.

3. 토론 시 유의사항

- 토론 주제문과 제공해드린 메모지, 볼펜만 가지고 토론장에 입장할 수 있습니다.
- 사회자의 지정 또는 발표자가 손을 들어 발언권을 획득할 수 있으며, 사회자의 통제에 따릅니다.
- 토론회가 시작되면, 팀의 의견과 논거를 정리하여 1분간의 자유발언을 할 수 있습니다. 순서는 사회자가 지정합니다. 이후에는 자유롭게 상대방에게 질문하거나 답변을 하실 수 있습니다.
- 핸드폰, 서적 등 외부 매체는 사용하실 수 없습니다.
- 논제에 벗어나는 발언이나 지나치게 공격적인 발언을 할 경우, 위에서 제시한 유의사항을 지키지 않을 경우 불이익을 받을 수 있습니다.

1. 면접 Role Play 편성

- 교육생끼리 조를 편성하여 면접관과 지원자 역할을 교대로 진행합니다.
- 지원자 입장과 면접관 입장을 모두 경험해 보면서 면접에 대한 적응력을 높일 수 있습니다.

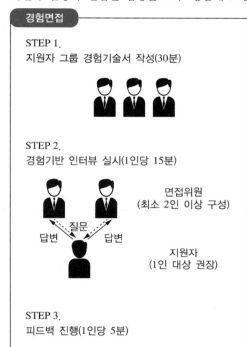

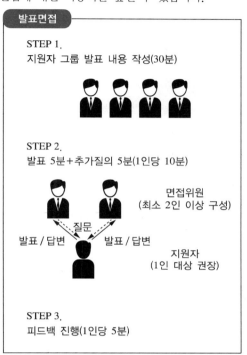

경험면접

STEP 1.
지원자 그룹 경험기술서 작성(30분)

STEP 2.
경험기반 인터뷰 실시(1인당 15분)

면접위원
(최소 2인 이상 구성)

질문
답변 답변

지원자
(1인 대상 권장)

STEP 3.
피드백 진행(1인당 5분)

발표면접

STEP 1.
지원자 그룹 발표 내용 작성(30분)

STEP 2.
발표 5분+추가질의 5분(1인당 10분)

면접위원
(최소 2인 이상 구성)

질문
발표 / 답변 발표 / 답변

지원자
(1인 대상 권장)

STEP 3.
피드백 진행(1인당 5분)

Tip

면접 준비하기
1. 면접 유형 확인 필수
   - 기업마다 면접 유형이 상이하기 때문에 해당 기업의 면접 유형을 확인하는 것이 좋음
   - 일반적으로 실무진 면접, 임원면접 2차례를 거쳐 면접을 실시하는 기업이 많고 실무진 면접과 임원 면접에서 평가요소가 다르기 때문에 유형에 맞는 준비방법이 필요
2. 후속 질문에 대한 사전 점검
   - 블라인드 채용 면접에서는 주요 질문과 함께 후속 질문을 통해 지원자의 직무능력을 판단
   → STAR 기법을 통한 후속 질문을 미리 대비하는 것이 필요

| 01 | 1차 면접(직무상황 면접)

기출 엿보기

- 공항에 적용할 만한 4차산업혁명 기술을 말해 보시오.
- Wi-Fi 품질 저하에 대한 해결책과 원인을 말해 보시오.
- 인천국제공항의 개선점을 말해 보시오.
- 공항의 수요정책을 확대하기 위해 메디컬 및 전통문화 체험관 등을 개발하여 환승고객의 유치를 증대시키는 방안을 제시해 보시오.
- 공항에서 응급상황이 발생할 때, 어떻게 대처할 것인가?
- 인천국제공항의 매각에 대한 찬·반을 결정하고 찬성한다면 적절한 시기와 방법에 대해 말해 보시오.
- 세계적인 경기침체 속에서 인천국제공항공사가 겪게 될 위기상황은 무엇이며, 이를 극복할 수 있는 방안에 대해 토론해 보시오.
- SNS 사용이 늘어남에 따른 효과와 홍보방법 및 본인이 회사에 접목해서 사용할 수 있는 방법에 대해 토론해 보시오.
- 알몸투시기에 대해 토론해 보시오.
- 대형마트, 기업형 슈퍼마켓(SSM) 영업규제의 장·단점에 대해 토론해 보시오.

| 02 | 2차 면접(인성면접)

기출 엿보기

- 자신의 인생관에 대해 말해 보시오.
- 동료와 협업한 경험과 협업 과정에서 어떠한 역할을 맡았는지 말해 보시오.
- 공기업 직원으로서 갖춰야 할 가장 중요한 덕목은 무엇이라고 생각하는가?
- 비정규직 문제에 대해 어떻게 생각하는가?
- 인천국제공항공사의 비전 두 가지는 무엇인가?
- 본인의 장점과 단점은 무엇인가?
- 인생에서 힘들었던 경험을 말해 보시오.
- 인천국제공항공사의 인재상 중 자신에게 맞는 인재상은 무엇인가?
- 인천국제공항의 고객서비스를 상승시킬 방안은 무엇인가?
- 인천국제공항의 조직 중 민간소방대의 역할은 무엇인가?

- 네트워크조직에 대해서 말해 보시오.
- 인천국제공항 수요의 분산정책은 무엇인가?
- 인천국제공항의 홍보대사에 대해서 알고 있는가?
- 본인은 10년 뒤 전문가와 관리자 중 어떤 것이 되고 싶은가?
- 업무를 수행함에 있어 본인의 가장 부족한 점과 그것을 보완하기 위한 계획은 무엇인가?
- 다른 지원자보다 나이가 있는데 졸업 후 무엇을 했는가?
- 공항의 운영에서 효율성, 안전성, 편의성 중 가장 중요한 것은 무엇이라고 생각하는가?
- 왜 이직을 하려고 하는가?
- 졸업을 하고 어떤 활동을 했는가?
- 아버지에게 어떤 점을 배웠는가? 또한 배우고 싶지 않은 점은 무엇인가?
- 갈등관계를 극복했던 사례에 대해 말해 보시오.
- 지금까지 살아오면서 인간관계에서 실패했던 혹은 성공한 경험을 말해 보시오.
- 어려웠던 일을 극복한 사례를 말해 보시오.
- 동료와 불협화음 시 극복할 수 있는 방법을 말해 보시오.
- 동료의 잘못된 행동을 봤을 때 어떻게 대처하겠는가?
- 만약 입사 후 공사가 자신의 기대와 다르다면 어떻게 할 것인가?
- 입사하면 어떤 일을 잘할 수 있는가?
- 업무 중에 본인이 생각하지 못했던, 전공과 무관한 일을 맡게 되면 어떻게 대처하겠는가?
- 인생을 한 단어로 표현하고 설명해 보시오.
- 해당 직무를 지원한 이유는 무엇인가?

현재 나의 실력을 객관적으로 파악해 보자!

모바일 OMR
답안채점 / 성적분석 서비스

도서에 수록된 모의고사에 대한 객관적인 결과(정답률, 순위)를 종합적으로 분석하여 제공합니다.

OMR 입력

성적분석

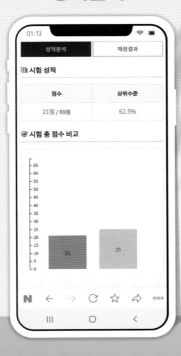

채점결과

※OMR 답안채점 / 성적분석 서비스는 등록 후 30일간 사용 가능합니다.

참여방법

 → → → 나의 답안을 모바일 OMR 카드에 입력 → →

도서 내 모의고사 우측 상단에 위치한 QR코드 찍기 → 로그인 하기 → '시작하기' 클릭 → '응시하기' 클릭 → 나의 답안을 모바일 OMR 카드에 입력 → '성적분석 & 채점결과' 클릭 → 현재 내 실력 확인하기

2022 · 최신판

합격의 공식 | 시대에듀

NCS 인천국제공항공사 소방직

NCS + 소방학개론 + 최종점검 모의고사 3회

+ 무료NCS특강

1위
기업별 NCS 시리즈
누적 판매량

정답 및 해설

SD에듀
(주)시대고시기획

01	02	03	04	05	06	07	08	09	10	11	12	13	14	15	16	17	18	19	20
④	①	③	④	⑤	④	⑤	③	③	②	②	⑤	①	③	⑤	②	④	②	①	③
21	22	23	24	25	26	27	28	29	30	31	32	33	34	35	36	37	38	39	40
④	①	②	④	⑤	②	③	③	④	②	①	④	④	①	②	⑤	②	④	③	②
41	42	43	44	45	46	47	48	49	50										
⑤	④	⑤	②	③	①	⑤	③	④	②										

01

[정답] ④

제시문의 두 번째 문단에서 전기자동차 산업이 확충되고 있음을 언급하면서 구리와 같은 산업금속이 전기자동차의 배터리를 만드는데 핵심 재료임을 설명하고 있기 때문에 전기자동차 산업 확충에 따른 산업금속 수요의 증가 상황이 글의 핵심 내용으로 적절하다.

오답분석

①·⑤ 제시문에서 언급하고 있는 내용이나 핵심 내용으로 보기는 어렵다.
② 제시문에서 '그린 열풍'을 언급하고 있으나 그 이유는 제시되어 있지 않다.
③ 제시문에서 산업금속 공급난이 우려된다고 언급하고 있으나, 그로 인한 문제가 제시되어 있지는 않다.

02

[정답] ①

제시문에서는 천재가 선천적인 재능뿐만 아니라 후천적인 노력에 의해서 만들어지는 존재라는 주장을 하고 있기 때문에 ①은 옳지 않다.

오답분석

②·③·④ 제시문에서 언급된 절충적 천재(선천적 재능과 후천적 노력이 결합한 천재)에 대한 내용이다.
⑤ 영감을 가져다주는 것은 신적인 힘보다도 연습이라는 논지이므로 제시문과 같은 입장이다.

03

[정답] ③

치안 불안 해소를 위해 CCTV를 설치하는 것은 정부가 사회간접자본인 치안 서비스를 제공하는 것이지, 공공재·공공자원의 실패에 대한 해결책이라고 보기는 어렵다.

오답분석

①·② 공공재·공공자원의 실패에 대한 해결책 중에서 사용 할당을 위한 정책이라고 볼 수 있다.
④·⑤ 공공재·공공자원의 실패에 대한 해결책 중에서 사용 제한을 위한 정책이라고 볼 수 있다.

04

[정답] ④

(라)의 빈칸에는 글의 내용상 보편화된 언어 사용은 적절하지 않다.

① 표준어를 사용하는 이유에 대한 상세한 설명이 들어가야 하므로 적절하다.
②·③ 지문에서 개정안에 대한 부정적인 입장을 취하고 있으므로 적절하다.
⑤ '다만' 이후로 언론이 지양해야 할 방향을 제시하는 것이 자연스러우므로 적절하다.

05

정답 ⑤

(마) 문단은 앞으로 ASMR 콘텐츠들이 공감각적인 콘텐츠로 대체될 것이라는 내용을 담고 있다.

① ASMR을 자주 접하는 사람들에 대한 내용은 찾을 수 없다.
② 트리거로 작용하는 소리는 사람에 따라 다를 수 있다.
③ 청각적 혹은 인지적 자극에 반응한 뇌가 신체 뒷부분에 분포하는 자율 신경계에 신경 전달 물질을 촉진하며 심리적 안정감을 느끼게 된다.
④ 연예인이 일반인보다 ASMR을 많이 하는지는 제시문에서 알 수 없다.

06

정답 ④

장피에르 교수 외 고대 그리스 수학자들의 학문에 대한 공통적 입장은 새로운 진리를 찾는 기쁨이라는 것이다.

①·③ 제시문과 반대되는 내용이므로 옳지 않다.
②·⑤ 제시문에 언급되어 있지 않아 알 수 없다.

07

정답 ⑤

기타를 제외한 통합시청점유율과 기존시청점유율의 차이는 C방송사가 20.5%로 가장 크다. A방송사는 17%이다.

① B는 2위, J는 10위, K는 11위로 모두 순위가 같다.
② 기존시청점유율은 D가 20%로 가장 높다.
③ F의 기존시청점유율은 10.5%로 다섯 번째로 높다.
④ G의 차이는 6%로, 기타를 제외하면 차이가 가장 작다.

08

정답 ③

N스크린 영향력에 대한 방송국을 정리하면 다음과 같다.

방송사	A	B	C	D	E	F	G	H	I	J	K	L	기타
N스크린 영향력	1.1	0.9	2.7	0.4	1.6	1.2	0.4	0.8	0.7	1.7	1.6	4.3	1.8
그래프 범위	다	나	마	가	라	다	가	나	나	라	라	마	라

따라서 옳게 짝지어진 것은 (다)=F이다.

09

정답 ③

오전 9시에 B과 진료를 본다면 10시에 진료가 끝나고, 셔틀을 타고 이동하면 10시 30분이 된다. 이후 C과 진료를 이어보면 12시 30분이 되고, 점심시간 이후 바로 A과 진료를 본다면 오후 2시에 진료를 다 받을 수 있다. 따라서 가장 빠른 순서는 B－C－A이다.

10

정답 ②

무지에 호소하는 오류는 어떤 주장에 대해 증명할 수 없거나 결코 알 수 없음을 들어 거짓이라고 반박하는 오류로, 귀신이 없다는 것을 증명할 수 없으니 귀신이 있다는 주장은 무지에 호소하는 오류이다.

오답분석
① 성급한 일반화의 오류 : 제한된 정보, 부적합한 증거, 대표성을 결여한 사례를 근거로 일반화하는 오류이다.
③ 거짓 딜레마의 오류 : 어떠한 문제 상황에서 제3의 선택지가 있음에도 두 가지 선택지가 있는 것처럼 상대에게 둘 중 하나를 강요하는 오류이다.
④ 대중에 호소하는 오류 : 많은 사람이 그렇게 행동하거나 생각한다는 것을 내세워 군중심리를 자극하는 오류이다.
⑤ 인신공격의 오류 : 주장을 제시한 자의 비일관성이나 도덕성의 문제를 이유로 제시된 주장을 잘못이라고 판단하는 오류이다.

11

정답 ②

가 대리와 마 대리의 진술이 서로 모순이므로, 둘 중 한 사람은 거짓을 말하고 있다.
ⅰ) 가 대리의 진술이 거짓인 경우
  가 대리의 말이 거짓이라면 나 사원의 말도 거짓이 되고, 라 사원의 말도 거짓이 되므로 모순이 된다.
ⅱ) 가 대리의 진술이 진실인 경우
  가 대리, 나 사원, 라 사원의 말이 진실이 되고, 다 사원과 마 대리의 말이 거짓이 된다.

진실
가 대리 : 가 대리, 마 대리 출근, 결근 사유 모름
나 사원 : 다 사원 출근, 가 대리의 진술은 진실
라 사원 : 나 사원의 진술은 진실

거짓
다 사원 : 라 사원 결근 → 라 사원 출근
마 대리 : 라 사원 결근, 라 사원이 가 대리님께 결근 사유 전함 → 라 사원 출근, 가 대리는 결근 사유를 듣지 못함
따라서 출근하지 않은 사람은 나 사원이다.

12

정답 ⑤

구분	A	B	C	D	E
가	○	○	×	?	?
나	?	?	○	○	×
다	○	○	?	?	?
라	×	○	?	×	?
마	○	×	?	○	×

먼저 '나'는 병이 치료되지 않기 때문에 C와 D는 성공한 신약이 아니므로 제외하고 나머지를 확인한다.

• A가 성공한 경우

구분	A(성공)	B	C	D	E
가	○	○	×	?	?
나	×	?	○	○	×
다	○	○	?	?	?
라	×	○	?	×	?
마	○	×	?	○	×

세 명이 치료되므로 성공한 신약이 될 수 없다.

• B가 성공한 경우

구분	A	B(성공)	C	D	E
가	○	○	×	?	?
나	?	×	○	○	×
다	○	○	?	?	×
라	×	○	?	×	?
마	○	×	?	○	×

세 명이 치료되므로 성공한 신약이 될 수 없다.

• E가 성공한 경우

구분	A	B	C	D	E(성공)
가	○	○	×	?	?
나	?	?	○	○	×
다	○	○	?	?	×
라	×	○	?	×	?
마	○	×	?	○	×

가와 라 두 명이 치료될 수 있으므로 성공한 신약이다.

13

정답 ①

1인당 1일 폐기물 배출량을 정리하면 다음과 같다.

구분	1일 폐기물 배출량(톤)	인구수(명)	1인당 1일 폐기물 배출량
용산구	305.2	132,259	2.31kg/일
중구	413.7	394,679	1.05kg/일
종로구	339.9	240,665	1.41kg/일
서대문구	240.1	155,106	1.55kg/일
마포구	477.5	295,767	1.61kg/일

따라서 1인당 1일 폐기물 배출량이 가장 큰 구인 용산구(2.31kg/일)에 폐기물 처리장을 만들어야 한다.

14

정답 ③

폐기물 처리장이 설치되는 용산구에서 출발하여 1인당 1일 폐기물 배출량이 많은 지역을 순서대로 나열하면 용산구 → 마포구 → 서대문 → 종로구 → 중구 → 용산구 순서이다. 따라서 폐기물 수집에 걸리는 최소시간은 100+80+50+60+50=340=5시간 40분이다.

15

정답 ⑤

구분	월요일	화요일	수요일	목요일	금요일	토요일	일요일
낮	가, 나, 마	나, 다	다, 마	아, 자	바, 자	라, 사, 차	바
야간	라	마, 바, 아, 자	가, 나, 라, 바, 사	가, 사, 차	나, 다, 아	마, 자	다, 차

일정표를 보면 일요일 낮에 한 명, 월요일 야간에 한 명이 필요하고, 수요일 야간에 한 명이 빠져야 한다. 따라서 가, 나, 라, 바, 사 중 한 명이 당직 일정을 옮겨야 한다. 이때 세 번째 당직 근무 규칙에 따라 같은 날에 낮과 야간 당직 근무는 함께 설 수 없으므로 월요일에 근무하는 '가, 나, 라, 마'와 일요일에 근무하는 '다, 바, 차'는 제외된다. 따라서 '사'의 당직 근무 일정을 변경하여 일요일 낮과 월요일 야간에 당직 근무를 서게 해야 한다.

16

- 예상 수입 : 40,000×50=2,000,000원
- 공연 준비비 : 500,000원
- 공연장 대여비 : 6×200,000×0.9=1,080,000원
- 소품 대여비 : 50,000×3×0.96=144,000원
- 보조진행요원 고용비 : 50,000×4×0.88=176,000원
- 총비용 : 500,000+1,080,000+144,000+176,000=1,900,000원

총비용이 150만 원 이상이므로 공연 준비비의 10%인 50,000원이 할인된다. 따라서 할인이 적용된 비용은 1,900,000−50,000 =1,850,000원이다.

17

정답 ④

ⅰ) 총 원화금액 : (4×1,000)+(3×1,120)+(2×1,180)=9,720원

ⅱ) 평균환율 : $\frac{9,720}{9}$ =1,080원/달러

18

정답 ②

200×1,080=216,000원

19

정답 ①

입구와 출구가 같고, 둘레의 길이가 456m인 타원 모양의 호수 둘레를 따라 4m 간격으로 일정하게 심어져 있는 가로수는 456÷4 =114그루이며, 입구에 심어져 있는 가로수를 기준으로 6m 간격으로 가로수를 옮겨 심으려고 할 때, 4m와 6m의 최소공배수인 12m 간격의 가로수 456÷12=38그루는 그 자리를 유지하게 된다. 이때 호수 둘레를 따라 6m 간격으로 일정하게 가로수를 심을 때, 필요한 가로수는 456÷6=76그루이므로 그대로 두는 가로수 38그루를 제외한 76−38=38그루를 새롭게 옮겨 심어야 한다.

20

정답 ③

- 일비 : 2만×3=6만 원
- 철도운임 : 7만×2=14만 원
- 숙박비 : 15만×2=30만 원
- 항공운임 : 100만×2=200만 원
- 자가용승용차운임 : 20만×3=60만 원
- 식비 : 2.5만×3=7.5만 원

따라서 A부장이 받을 수 있는 최대 여비는 6+200+14+60+30+7.5=317만 5천 원이다.

21

정답 ④

- 가군
  - 일비 : 2만×2=4만 원
  - 선박운임 : 50만×1=50만 원
  - 버스운임 : 1,500×2=3,000원
  - 숙박비 : 15만×1=15만 원
  - 항공운임 : 100만×1=100만 원
  - 철도운임 : 7만×2=14만 원
  - 자가용승용차운임 : 20만×2=40만 원
  - 식비 : 2.5만 원×2=5만 원

  그러므로 4+100+50+14+0.3+40+15+5=228만 3천 원이다.
- 나군
  - 일비 : 2만×2=4만 원
  - 선박운임 : 20만×1=20만 원
  - 버스운임 : 1,500×2=3,000원
  - 숙박비 : 7만×1=7만 원
  - 항공운임 : 50만×1=50만 원
  - 철도운임 : 7만×2=14만 원
  - 자가용승용차운임 : 20만×2=40만 원
  - 식비 : 2만×2=4만 원

  그러므로 4+50+20+14+0.3+40+7+4=139만 3천 원이다.

6 · NCS 인천국제공항공사 소방직

- 다군
  - 일비 : 2만×2=4만 원
  - 선박운임 : 20만×1=20만 원
  - 버스운임 : 1,500×2=3,000원
  - 숙박비 : 6만×1=6만 원

  - 항공운임 : 50만×1=50만 원
  - 철도운임 : 3만×2=6만 원
  - 자가용승용차운임 : 20만×2=40만 원
  - 식비 : 2만×2=4만 원

  그러므로 4+50+20+6+0.3+40+6+4=130만 3천 원이다.

따라서 총 여비는 228.3+139.3+130.3=497만 9천 원이다.

22 [정답] ①

가. 뇌혈관은 중증질환에 해당되고, 소득수준도 조건에 해당되기 때문에 이 사업의 지원금을 받을 수 있다.

나. 기준중위소득 50% 이하는 의료비가 160만 원 초과 시 지원할 수 있다.

[오답분석]

다. 기준중위소득 200%는 연소득 대비 의료비부담비율을 고려해 개별심사 후 지원받을 수 있다. 이때 재산 과표 5.4억 원을 초과하는 고액재산보유자는 지원이 제외되는데, '다'의 어머니는 재산이 5.4억 원이므로 심사에 지원할 수 있다.

라. 통원 치료는 대상질환에 해당하지 않는다.

23 [정답] ②

감사실은 이사장 직속 부서가 아니라 따로 분리된 독립 부서이다.

[오답분석]

① 각 상임이사는 모두 3개의 부서를 가지고 있다.

③ 급여보장실과 급여관리실은 급여상임이사 소속이다.

④ 자격부과실과 고객지원실은 징수상임이사 소속으로, 징수상임이사를 통해 보고한다.

24 [정답] ④

안전관리실이 안전관리본부로 새롭게 개편되므로 총무상임이사 소속 부서는 인력지원실, 경영지원실이 될 것이다.

[오답분석]

① 급여상임이사 소속 부서는 급여지원실(급여보장실, 급여관리실 통합), 약가관리실, 의료기관지원실, 건강관리실, 보장지원실로, 총 5개로 개편될 것이다.

② 개편기준에 징수상임이사 소속 부서는 포함되지 않는다.

③ 개편기준에 따라 이사장 직속 부서였던 기획조정실이 기획상임이사 소속으로 추가되었다.

25 [정답] ⑤

노트북	가격	속도	모니터	메모리	제조년도	합계
TR-103	3점	2점	1점	3점	5점	14점
EY-305	1점	3점	3점	5점	4점	16점
WS-508	5점	1점	2점	2점	1점	11점
YG-912	2점	4점	5점	4점	2점	17점
NJ-648	4점	5점	5점	1점	4점	19점

따라서 A사원이 구입할 노트북은 NJ-648이다.

26

노트북	가격	속도	무게	메모리	제조년도	합계
TR-103	3점	2점	4점	3점	5점	17점
EY-305	1점	3점	2점	5점	4점	15점
WS-508	5점	1점	1점	2점	1점	10점
YG-912	2점	4점	5점	4점	2점	17점
NJ-648	4점	5점	3점	1점	4점	17점

TR-103, YG-912, NJ-648의 평가점수는 모두 17점으로 동일하지만, 할인율을 적용할 경우 YG-912와 TR-103가 각각 720만 원, 675만 원으로 예산인 600만 원을 초과한다. 따라서 한국산업인력공단에서 구입할 노트북은 최종 가격이 455만 원인 NJ-648 이다.

27

정답 ③

본사에서 출발하여 B지점과 D지점의 물건을 수거하고, 본사로 돌아와 물건을 하차하는 시간이 가장 짧은 루트는 다음과 같다.
본사 → (10분) A지점 → (15분) B지점(수거 10분) → (15분) C지점 → (10분) D지점(수거 10분) → (10분) C지점 → (15분) F지점 → (10분) A지점 → (10분) 본사(하차 10분)
따라서 10+15+10+15+10+10+10+15+10+10+10=125분 → 2시간 5분이다.

28

정답 ③

• A : 매 회계연도에 300만 원을 초과하는 금품 등을 받거나 요구 또는 약속해서는 아니 된다.
• D : 임직원의 친족이 제공하는 금품 등은 금품 등의 수수 금지에 해당되지 않는다.

오답분석

• B : 제25조 제4항에 따라 소속기관의 장에게 신고하여야 한다.
• C : 동일인으로부터 1회에 100만 원을 초과하는 금품 등을 받거나 요구 또는 약속해서는 아니 된다.

29

정답 ④

본사와 지사가 있는 사업장은 신청할 수 없다는 내용은 자료에서 찾을 수 없다.

오답분석

① 한국산업인력공단 일학습병행 운영규칙 제2조 제4항
② 한국산업인력공단 일학습병행 운영규칙 제2조 제5항
③ 한국산업인력공단 일학습병행 운영규칙 제2조 제7항
⑤ 한국산업인력공단 일학습병행 운영규칙 제2조 제2항

30

정답 ②

교육훈련을 통해 로열티를 지급하는 관행을 깰 수 있으므로 로열티를 지급해야 훈련을 받을 수 있다는 것은 옳지 않다.

오답분석

① 직업 및 교육훈련으로 이직률이 감소하였다.
③ 교육훈련 등을 통해 현장기반 실무를 향상시킬 수 있다.
④ 직무별, 수준별 교육으로 신입들의 업무적응력이 향상되었다.
⑤ 현장과 교육, 자격이 미스매치가 되는 경우가 줄어들었다.

31

정답 ①

제시문에서 중장년층의 고용정책과 관련된 내용은 찾을 수 없다.

[오답분석]
② 당장 소득이 없어 생계가 불안정한 취약계층에게 지원금을 주기 위해 이들에 대한 조사가 필요하다.
③ 코로나19 장기화로 고용유지에 어려움을 겪고 있는 사업주를 지원하기 위해 피해 규모 등을 파악해야 한다.
④ 실업자 등 취약계층 보호를 위해 공공·민간부문 일자리사업과 직업훈련을 속도감 있게 추진하기 위해 이들을 위한 맞춤 훈련 프로그램을 기획해야 한다.
⑤ 저소득, 청년 등 고용충격 집중계층의 고용안전망 강화도 차질 없이 추진하기 위해서 도움이 되는 일자리를 마련해야 한다.

32

정답 ④

- 기간제 : $(6 \times 365) \div 365$일 $\times 15 = 90$일
- 시간제 : $(8 \times 30 \times 6) \div 365 \fallingdotseq 4$일

따라서 $90 + 4 = 94$일이다.

33

정답 ④

A는 직접적인 대화보다 눈치를 중요시하고 있으므로 '말하지 않아도 아는 문화'에 안주하고 있다. 따라서 A는 의사소통에 대한 잘못된 선입견을 가지고 있다.

의사소통을 저해하는 요소
- '일방적으로 말하고', '일방적으로 듣는' 무책임한 마음 → 의사소통 과정에서의 상호작용 부족
- '그래서 하고 싶은 말이 정확히 뭐야?' 분명하지 않은 메시지 → 복잡한 메시지, 경쟁적인 메시지
- '말하지 않아도 아는 문화'에 안주하는 마음 → 의사소통에 대한 잘못된 선입견, 편견

34

정답 ①

명함은 악수를 한 이후에 건네주어야 한다.

35

정답 ②

가위바위보를 해서 이기는 경우는 다음과 같다.

승자	갑	을	병	정	무
갑		갑	갑	갑	갑
을	갑		을	을	을
병	갑	을		병	병
정	갑	을	병		정
무	갑	을	병	정	

갑 ~ 무의 점수를 구하면 다음과 같다.
- 갑 : $2+2+2+2 = 8$점
- 을 : $2+2+2+0 = 6$점
- 병 : $2+2+0+0 = 4$점
- 정 : $2+0+0+0 = 2$점
- 무 : $0+0+0+0 = 0$점

따라서 갑 ~ 무의 점수를 모두 합하면 $8+6+4+2+0 = 20$점이다.

36

10번째 판에서 결과가 결정된다.

37

동일 및 유사 물품의 분류는 보관의 원칙 중 동일성의 원칙과 유사성의 원칙에 따른 것이다. 동일성의 원칙은 '같은 품종은 같은 장소'에 보관한다는 것이며, 유사성의 원칙은 '유사품은 인접한 장소'에 보관한다는 것을 말한다.

38

하향식 기술선택은 중장기적인 목표를 설정하고, 이를 달성하기 위해 핵심고객층 등에 제공하는 제품 및 서비스를 결정한다.

39

노하우는 경험적이고 반복적인 행위에 의해 얻어지는 것이며, 이러한 성격의 지식을 흔히 Technique 혹은 Art라고 부른다.

오답분석
① 노하우에 대한 설명이다.
② 노와이에 대한 설명이다.
④ 기술은 원래 노하우의 개념이 강했으나, 시간이 지나면서 노와이와 노하우가 결합하게 되었다.
⑤ 노하우에 대한 설명이다.

40

- 앞 두 자리 : ㅎ, ㅈ → N, I
- 세 번째, 네 번째 자리 : 1, 3
- 다섯 번째, 여섯 번째 자리 : Q, L
- 마지막 자리 : 01
따라서 생성할 비밀번호는 'NI13QL01'이다.

41

황희찬 부장(4월 8일생)의 비밀번호는 'NJ08QM03'이다.

42

조건에 따라 점수를 산정하면 다음과 같다.

업체명	1차	2차	최종
A	4+7+9=20	4+7+18=29	−
B	5+4+8=17	−	−
C	6+10+3=19	−	−
D	9+6+7=22	9+6+14=29	선정
E	7+5+8=20	7+5+16=28	−

따라서 A업체와 D업체 중 가격 점수가 높은 D업체가 선정된다.

43

정답 ⑤

조건에 따라 점수를 산정하면 다음과 같다.

업체명	1차	2차	최종
A	4+7+9+6=26	–	–
B	5+4+8+7=24	–	–
C	6+10+3+9=28	6+10+6+9=31	–
D	9+6+7+5=27	9+6+14+5=34	–
E	7+5+8+8=28	7+5+16+8=36	선정

따라서 최종적으로 선정될 업체는 E업체이다.

44

정답 ②

〈9월 달력〉

일요일	월요일	화요일	수요일	목요일	금요일	토요일
			1	2	3	4
5	6	7	8	9	10	11
12	13	14	15	16	17	18
19	20	21	22	23	24	25
26	27	28	29	30		

첫째 주와 주말, 매주 월요일, 추석 다음 날인 23일은 연차를 사용할 수 없다. 또한, 프로젝트를 둘째 주에 2일, 셋째 주에 1일, 넷째 주에 1일 동안 작업하므로 연차를 쓸 수 있는 날은 셋째 주(프로젝트 작업 없는 날)와 마지막 주에 가능하다. 따라서 가능한 날짜는 14 ~ 16일이다.

45

정답 ③

공장의 연기 형태가 환상형을 이룰 때는 대기가 불안정할 때이다.

오답분석

① 대기오염물질은 기상이나 지형 조건에 의해 다른 지역으로 이동·확산되거나 한 지역에 농축된다.
② 마지막 문단에 따르면 굴뚝이 건물보다 높을 때와 높지 않을 때에 따라 이동 양상이 달라질 수 있다고 하였다.
④ 아래쪽이 차갑고, 위쪽이 뜨거우면 공기의 대류가 발생하지 않아, 오염물질이 모여 스모그가 생기기 쉽다.

46

정답 ①

연료전지 1호 사업은 경기도 파주시에 유치하였다.

오답분석

② 미래 희망에너지 타운은 신재생에너지 등 친환경적인 지방 도시 건설을 목적으로 하는 사업이다.
③ 1단계로 태양광을 이용한 '햇빛상생 발전사업'을 기획하고 있으므로, 태양광이 가장 먼저 활용된다고 할 수 있다.
④ 산지가 많은 울주군의 특성을 고려하여 자연환경을 보전할 것이라고 언급하였다.

47

제시문에서는 신재생에너지를 통한 이산화탄소 감축 등 환경 보호를 더 중요한 목표로 본다. 따라서 산업 규모 성장을 우선 목표로 해야 한다는 주장은 제시문의 주장에 부합하지 않는다.

오답분석

① 신재생에너지가 이산화탄소 감축 목표 달성을 위해 필요하다고 하였다.
② 친환경 산업 구조의 변화를 살펴보고 인력을 양성을 해야 한다고 언급하였다.
③ 시멘트 산업을 예시로 들며, 에너지 다소비 산업에 대한 정부 지원 교육사업이 활성화되어야 한다고 언급하였다.

48

정답 ③

조력발전소가 설치되면서 발전소의 해수유통으로 인해 시화호의 수질이 개선되었다.

오답분석

① 조력발전소는 밀물의 힘으로 발전기를 돌려 전기를 생산하며, 글의 도입부에 조력발전이 주목을 받고 있다고 언급하였다.
② 시화호 발전소의 연간 생산량이 40만 ~ 50만 도시의 소비량과 맞먹는다고 하였으므로, 1년 동안 전기 공급이 가능하다.
④ 글에서 우리나라에 위치한 시화호 발전소가 세계 최대 규모임을 밝혔다.

49

정답 ④

ⅰ) 연봉 3,600만 원인 O사원의 월 수령액을 구하면 3,600만÷12=3,000,000원이다.
   월평균 근무시간은 200시간이므로 시급은 300만÷200=15,000원/시간이다.
ⅱ) 야근 수당
   O사원이 평일에 야근한 시간은 2+3+1+3+2=11시간이므로 야근 수당은 15,000×11×1.2=198,000원이다.
ⅲ) 특근 수당
   O사원이 주말에 특근한 시간은 2+3=5시간이므로 특근 수당은 15,000×5×1.5=112,500원이다.
식대는 야근·특근 수당에 포함되지 않으므로 O사원의 이번 달 야근·특근 근무 수당의 총액은 198,000+112,500=310,500원이다.

50

정답 ④

수술이 필요한 경우 지역에 위치한 안과와 연계하는 것이지 무조건 서울에 위치한 병원에서 수술받아야 하는 것은 아니다.

오답분석

① 노인층을 사업의 대상으로 한다고 하였다.
② 저시력 위험군에 선정되면 개안 수술과 재활 훈련을 지원해 준다.
③ 정기적인 검진을 받기 힘든 계층의 안구 질환 조기 발견과 적기 치료가 목적이다.
⑤ 보건소가 재단에 신청하는 것이며, 개별 신청은 받지 않는다.

직업기초능력검사
정답 및 해설

01	02	03	04	05	06	07	08	09	10
⑤	②	④	③	②	③	②	②	③	⑤
11	12	13	14	15	16	17	18	19	20
③	⑤	⑤	④	④	①	④	②	③	①

01 　　　　　정답 ⑤

레이저가 현대의 거의 모든 제품과 서비스에 막대한 영향을 끼치는 최첨단 기술로 자리 잡았다는 내용을 통해 추론할 수 있다.

오답분석

① 다른 방향으로 쉽게 퍼지는 보통의 빛과 달리 레이저광선은 다른 방향으로 쉽게 퍼지지 않는다.
② 단일한 파장과 방향성을 가진 광자로 이루어진 레이저광선과 달리 보통의 빛은 다양한 광자로 이루어져 있다.
③ 보통의 빛과 다른 특성을 지닌 레이저광선은 보통의 빛이 할 수 없는 일들을 하고 있으므로 보통의 빛으로는 CD의 음악을 재생할 수 없다.
④ 매질의 종류에 따라 레이저의 특성은 다양하지만, 모든 레이저광선은 기본적으로 단일한 파장과 방향성을 가진 광자로 이루어져 있다.

02 　　　　　정답 ②

수박을 고를 때 소리로 확인하는 것이 어렵다면 배꼽을 확인하였을 때 작은 것이 잘 익은 수박일 가능성이 높다.

03 　　　　　정답 ④

제시문은 '온난화 기체 저감을 위한 습지 건설 기술'에 대한 내용으로, (B) 인공 습지 개발 가정 → (C) 그에 따른 기술적 성과 → (A) 개발 기술의 활용 → (D) 기술 이전에 따른 효과 기대 순서로 나열해야 한다.

04 　　　　　정답 ③

㉠과 ③의 '통하다'는 '무엇을 매개로 하거나 중개하다.'라는 의미이다.

오답분석

① 말이나 문장 따위의 논리가 이상하지 아니하고 의미의 흐름이 적절하게 이어져 나가다.
② 막힘이 없이 흐르다.
④ · ⑤ 마음 또는 의사나 말 따위가 다른 사람과 소통되다.

05 　　　　　정답 ②

기계화 · 정보화의 긍정적인 측면보다는 부정적인 측면을 부각시키고 있는 본문을 통해 기계화 · 정보화가 인간의 삶의 질 개선에 기여하고 있음을 경시한다고 지적할 수 있다.

06 　　　　　정답 ③

찬성 측은 공공 자전거 서비스 제도의 효과에 대해 예상하나, 구체적인 근거를 제시하고 있지는 않다.

오답분석

① 반대 측은 자전거를 이용하지 않는 사람들도 공공 자전거 서비스 제도에 필요한 비용을 지불해야 하므로 형평성의 문제가 발생할 수 있다고 보았다.
② 찬성 측은 공공 자전거 서비스 제도로 교통 체증 문제를 완화할 수 있다고 보았으며, 반대 측은 도로에 자전거와 자동차가 섞이게 되어 교통 혼잡 문제가 발생할 수 있다고 봄으로써 서로 대립하는 논점을 가짐을 알 수 있다.
④ 반대 측은 공공 자전거 서비스 제도로 도로에 자전거와 자동차가 섞이게 되는 상황을 예상하면서 찬성 측의 주장에 대해 의문을 제기하고 있다.
⑤ 반대 측은 찬성 측의 공공 자전거 서비스는 사람들 모두가 이용할 수 있다는 주장에 대해 '물론 그렇게 볼 수도 있습니다만'과 같이 대답하며 찬성 측의 주장을 일부 인정하고 있다.

07

정답 ②

예비심사는 필요 시에 시행한다.

오답분석

① 1차 접수 기간은 4월 1일까지이다.
③ 지원대상 선정과 사업 수행 협약 체결은 4월과 8월로 같다.
④ 사업 수행 단계에서 방송광고 제작 계약서는 협약 후 45일 이내에 제출하여야 하며, 사업 수행 완료 후 기금 지원 신청 단계에서 '완성된 방송광고물'이 필요하므로 협약 후 3개월 이내에 방송광고물을 완성해야 한다.
⑤ 지원 신청란의 신청자격을 통해 알 수 있다.

08

정답 ②

빈칸의 앞 문장에서는 제3세계 환자들과 제약회사 간의 신약 가격에 대한 딜레마를 이야기하며 제3의 대안이 필요하다고 설명하고 있다. 빈칸의 뒤 문장에서는 그 대안이 실현되기 어려운 이유를 '자신의 주머니에 손을 넣어 거기에 필요한 비용을 꺼내는 순간 알게 될 것'이라고 하였으므로 개인 차원의 대안을 제시했음을 추측할 수 있다. 따라서 빈칸에 들어갈 내용으로 ②가 적절하다.

09

정답 ③

두 번째 문단에서 1948년 대한민국 정부가 수립된 이후 애국가가 현재의 노랫말과 함께 공식 행사에 사용되었다고 하였으므로 『독립신문』에는 현재의 노랫말이 게재되지 않았다.

오답분석

① 두 번째 문단에서 1935년 해외에서 활동 중이던 안익태가 오늘날 우리가 부르고 있는 국가를 작곡하였고 이 곡은 해외에서만 퍼져나갔다고 하였으므로, 1940년에 해외에서는 애국가 곡조를 들을 수 있었다.
② 네 번째 문단에서 국기강하식 방송, 극장에서의 애국가 상영 등은 1980년대 후반 중지되었다고 하였으므로 1990년대 초반까지 애국가 상영이 의무화되었다는 말은 올바르지 않다.
④ 마지막 문단에서 연주만 하는 의전행사나 시상식·공연 등에서는 전주곡을 연주해서는 안 된다고 하였으므로 올바르지 않다.
⑤ 두 번째 문단을 통해 안익태가 애국가를 작곡한 때는 1935년, 대한민국 정부 공식 행사에 사용된 해는 1948년이므로 13년이 걸렸다.

10

정답 ⑤

• 등록이 제공되지 <u>안습니다</u> : 안습니다 → 않습니다
• 일반통화요금이 <u>부가되며</u> ~ : 부가되며 → 부과되며
• 신청한 <u>지역벌</u> 1개의 ~ : 지역벌 → 지역별
• 기간만료 시 <u>항후</u> 연장이 ~ : 항후 → 향후

11

정답 ③

제시문은 전국 곳곳에 마련된 기획바우처 행사를 소개하는 글이다. (다)는 가족과 함께 하는 문화행사로 문화소외계층을 상대로 하는 기획바우처의 취지와는 거리가 멀기 때문에 글의 흐름상 필요 없는 문장에 해당한다.

12

정답 ⑤

글쓴이는 인공 지능은 인간의 삶을 편리하게 돕는 도구일 뿐 인간과 같은 사고와 사회적 관계 형성이 불가능하다고 이야기한다. 즉, 이러한 인공 지능을 통해서는 인간에 대한 타당한 판단 역시 불가능하다고 주장한다. 따라서 ㉠에 대한 글쓴이의 주장으로 가장 적절한 것은 ⑤이다.

오답분석

① 인공 지능은 겉으로 드러난 인간의 말과 행동을 분석하지만, 통계적 분석을 할 뿐 타당한 판단을 할 수 없다.
② 인공 지능은 인간의 삶을 편리하게 돕는 도구일 뿐이며, 인간과 상호 보완의 관계를 갖는다고 볼 수 없다.
③ 인공 지능이 발전하더라도 인간과 같은 사고는 불가능하다.
④ 인공 지능은 사회적 관계를 맺을 수 없다.

13

정답 ⑤

밑줄 친 ㉡에 해당하는 한자성어는 '손이 도리어 주인 노릇을 한다는 뜻으로, 부차적인 것을 주된 것보다 오히려 더 중요하게 여김을 이르는 말'인 '객반위주(客反爲主)'이다.

오답분석

① 괄목상대(刮目相對) : 눈을 비비고 상대편을 본다는 뜻으로, 남의 학식이나 재주가 놀랄 만큼 부쩍 늚을 이르는 말이다.
② 청출어람(靑出於藍) : 쪽에서 뽑아낸 푸른 물감이 쪽보다 더 푸르다는 뜻으로, 제자나 후배가 스승이나 선배보다 나음을 비유적으로 이르는 말이다.
③ 과유불급(過猶不及) : 정도를 지나침은 미치지 못함과 같다는 뜻으로, 중용이 중요함을 이르는 말이다.
④ 당랑거철(螳螂拒轍) : 제 역량을 생각하지 않고, 강한 상대나 되지 않을 일에 덤벼드는 무모한 행동거지를 비유적으로 이르는 말이다.

14

정답 ④

'해독'이라는 표현은 질병을 진단·치료·경감·처치 또는 예방, 의학적 효능·효과와 관련된 것으로 금지 표현으로 지정되어 있다.

15

정답 ④

오답분석

①·② 인체적용 시험자료 또는 인체 외 시험자료로 입증한다.

③·⑤ 기능성화장품에서 해당 기능을 실증한 자료로 입증한다.

16

정답 ①

제시된 문단의 마지막 문장을 통해 이어질 내용이 초콜릿의 기원임을 유추할 수 있으므로 역사적 순서에 따라 나열하면 (B) → (C) → (D)가 되고, 그러한 초콜릿의 역사가 한국에서 나타났다는 내용의 (A)가 마지막에 위치한다.

17

정답 ④

각 코스의 특징을 설명하면서 코스 주행 시 습득하는 운전요령을 언급하고 있다.

18

정답 ②

유류세 상승으로 인해 발생하는 장점들을 열거함으로써 유류세 인상을 정당화하고 있다.

19

정답 ③

보에티우스의 건강을 회복할 방법은 병의 원인이 되는 잘못된 생각을 바로잡아 주는 것이다. 그것은 만물의 궁극적인 목적이 선을 지향하는 데 있다는 것을 모르고 있다는 것과 세상은 결국에는 불의가 아닌 정의에 의해 다스려지게 된다는 것이다. 따라서 적절한 것은 ③이다.

오답분석

ㄷ. 두 번째 문단에서 보에티우스가 모든 소유물을 박탈당했다고 생각하는 것은 운명의 본모습을 모르기 때문이라고 말하고 있다.

20

정답 ①

품질에 대한 고객의 세 가지 욕구를 고객이 식당에 가는 상황이라는 구체적 사례를 들어 독자의 이해를 돕고 있다.

01	02	03	04	05	06	07	08	09	10	11	12	13	14	15	16	17	18	19	20
⑤	①	③	②	④	③	①	②	④	④	④	③	③	③	④	⑤	④	①	③	②

01
[정답] ⑤

GE 맥킨지 매트릭스는 산업의 매력도와 사업의 강점을 이용하여 전략사업단위를 평가하는 방법으로, 여러 요인들을 종합적으로 고려하여 정교한 분석이 가능하므로 BCG 매트릭스보다 발전된 기법으로 평가받고 있다. 그러나 각 사업단위 간의 상호작용을 고려하지 않고, 복잡한 매트릭스로 인해 실제 적용이 어렵다는 단점이 있다.

GE 맥킨지 매트릭스
- 좌상의 청신호 지역 : 투자육성전략. 경쟁력 있는 사업으로 지속적인 투자를 통해 성장시키는 전략이 적절하다.
- 대각선상의 주의신호 지역 : 선택적 개선전략. 경쟁력이 있을 것 같은 사업을 선택하여 수익을 창출하는 전략이 적절하다.
- 우하의 적신호 지역 : 퇴출전략. 경쟁력이 약한 사업으로 철수나 최소한의 투자를 하는 전략이 적절하다.

02
[정답] ①

A사업은 매력적인 사업으로, 집중적으로 투자하여야 한다. 그러나 시장 지위를 유지하면서 새로운 진출을 모색해야 하는 사업은 B사업이다.

〈GE 맥킨지 매트릭스 전략〉

산업매력도	사업의 강점 고	사업의 강점 중	사업의 강점 저
고	성장 / 집중 투자	시장 지위 유지, 구축 투자	선택적 투자 / 회수 및 철수 시기 파악
중	성장을 위한 투자 / 강점 극대화 투자	현상유지 / 선택적 투자	실패를 막기 위한 최소 투자
저	선택적 투자 / 시장 지위 유지 및 신규 진출 탐색	강점이 가능한 곳 투자 나머지는 철수	철수에 도움이 되는 최소한 투자 / 철수

03
[정답] ③

네 번째, 다섯 번째 명제에 의해, A와 C는 각각 2종류의 동물을 키운다. 또한 첫 번째, 두 번째, 세 번째 명제에 의해, A는 토끼를 키우지 않는다. 따라서 A는 개와 닭, C는 토끼와 고양이를 키운다. 첫 번째 명제에 의해 D는 닭을 키우므로 C는 키우지 않지만 D가 키우는 동물은 닭이다.

[오답분석]
① 세 번째 명제에 의해 B는 개를 키운다.
② B는 토끼를 키우지 않지만, 고양이는 키울 수도 있다.
④ A, B, D 또는 B, C, D는 같은 동물 종류를 키울 수 있다.
⑤ B 또는 D는 3가지 종류의 동물을 키울 수 있다.

04

정답 ②

①~⑤의 정 과장 말은 모두 미래사업에 대한 토론을 시작하는 것이다. 그러나 ②를 제외한 나머지 말은 신입직원들에게 부담을 주어 관련 없는 의견을 내면 반응이 안 좋을 것 같아 원활한 토론이 되기 어려울 것이다. 따라서 ②와 같이 마음껏 의견을 제시할 수 있도록 유도하는 것이 적절하다.

05

정답 ④

• ○○문구
  비품가격은 32,000+31,900+2,500=66,400원이다. 20%를 할인받을 수 있는 쿠폰을 사용하면 총주문금액은 66,400×0.8 =53,120원이다. 배송료를 더하면 53,120+4,000=57,120원이므로 견적금액은 57,100원이다(∵ 백 원 미만 절사).
• △△문구
  비품가격은 25,000+22,800+1,800=49,600원이다. 4만 원 이상 구매 시 판매가의 7%를 할인받으므로 총주문금액은 49,600 ×0.93=46,128원이다. 배송료를 더하면 46,128+2,500=48,628원이므로 견적금액은 48,600원이다(∵ 백 원 미만 절사).
• □□문구
  문서 파일을 제외한 비품가격은 24,100+28,000=52,100원이다. 5만 원 이상 구매 시 문서 파일 1개를 무료 증정하기 때문에 문서 파일은 따로 살 필요가 없다. 즉, 견적금액은 52,100-4,000(∵ 첫 구매 적립금)=48,100원이며, 배송료를 더하면 48,100 +4,500=52,600원이다.
따라서 최종적으로 거래할 업체는 △△문구이며, 견적서의 총액은 48,600원이다.

06

정답 ③

월요일에는 늦지 않게만 도착하면 되므로, 서울역에서 8시에 출발하는 KTX를 이용한다. 수요일에는 최대한 빨리 와야 하므로, 사천공항에서 19시에 출발하는 비행기를 이용한다.
따라서 소요되는 교통비는 65,200+22,200+21,500+(93,200×0.9)=192,780원이다.

07

정답 ①

자동차의 용도별 구분을 보면 비사업용 자동차에 사용할 수 있는 문자기호는 'ㅏ, ㅓ, ㅗ, ㅜ'뿐이다. 따라서 ①은 옳지 않다.

08

정답 ②

84배 7895는 사업용인 택배차량이다.

오답분석

①·③·④·⑤ 비사업용 화물차량이다.

09

정답 ④

ㄴ. 간편식 점심에 대한 회사원들의 수요가 증가함에 따라 계절 채소를 이용한 샐러드 런치 메뉴를 출시하는 것은 강점을 통해 기회를 포착하는 SO전략에 해당한다.
ㄹ. 경기 침체로 인한 외식 소비가 위축되고 있는 상황에서 주변 회사와의 제휴를 통해 할인 서비스를 제공하는 것은 약점을 보완하여 위협을 회피하는 WT전략에 해당한다.

오답분석

ㄱ. 다양한 연령층을 고려한 메뉴가 강점에 해당하기는 하나, 샐러드 도시락 가게에서 한식 도시락을 출시하는 것은 적절한 전략으로 볼 수 없다.
ㄷ. 홍보 및 마케팅 전략의 부재가 약점에 해당하므로 약점을 보완하기 위해서는 적극적인 홍보 활동을 펼쳐야 한다. 따라서 홍보 방안보다 먼저 품질 향상 방안을 마련하는 것은 적절한 전략으로 볼 수 없다.

10

정답 ④

신입사원의 수를 x명이라고 하자.

1인당 지급하는 국문 명함은 150장이므로 1인 기준 국문 명함 제작비용은 10,000(100장)+3,000(추가 50장)=13,000원이다.

$13,000x=195,000$

$\therefore x=15$

11

정답 ④

1인당 지급하는 영문 명함은 200장이므로 1인 기준 영문 명함 제작비용(일반종이 기준)은 15,000(100장)+10,000(추가 100장)=25,000원이다.

이때 고급종이로 영문 명함을 제작하므로 해외영업부 사원들의 1인 기준 영문 명함 제작비용은 $25,000\left(1+\dfrac{1}{10}\right)=27,500$원이다.

따라서 8명의 영문 명함 제작비용은 27,500×8=220,000원이다.

12

정답 ③

[부서배치]
• 성과급 평균은 48만 원이므로, A는 영업부 또는 인사부에서 일한다.
• B와 D는 비서실, 총무부, 홍보부 중에서 일한다.
• C는 인사부에서 일한다.
• D는 비서실에서 일한다.
따라서 A - 영업부, B - 총무부, C - 인사부, D - 비서실, E - 홍보부에서 일한다.

[휴가]
A는 D보다 휴가를 늦게 간다.
따라서 C - D - B - A 또는 D - A - B - C 순으로 휴가를 간다.
D의 성과급은 60만 원, C의 성과급은 40만 원이므로 ③이 옳다.

오답분석
① A : 20×3=60만 원, C : 40×2=80만 원
② C가 제일 먼저 휴가를 갈 경우, A가 제일 마지막으로 휴가를 가게 된다.
④ 휴가를 가지 않은 E는 두 배의 성과급을 받기 때문에 총 120만 원의 성과급을 받게 되고, D의 성과급은 60만 원이기 때문에 두 사람의 성과급 차이는 두 배이다.
⑤ C가 제일 마지막에 휴가를 갈 경우, B는 A보다 늦게 출발한다.

13

정답 ③

오답분석
① A지원자 : 9월에 복학 예정이기 때문에 인턴 기간이 연장될 경우 근무할 수 없으므로 부적절하다.
② B지원자 : 경력 사항이 없으므로 부적절하다.
④ D지원자 : 근무 시간(9 ~ 18시) 이후에 업무가 불가능하므로 부적절하다.
⑤ E지원자 : 포토샵을 활용할 수 없으므로 부적절하다.

14

정답 ③

• 철수 : C, D, F는 포인트 적립이 안 되므로 해당 사항이 없다.
• 영희 : A는 배송비가 없으므로 해당 사항이 없다.
• 민수 : A, B, C는 주문 취소가 가능하므로 해당 사항이 없다.
• 철호 : A, D는 배송비, E는 송금수수료, F는 환불 및 송금수수료가 없으므로 해당 사항이 없다.

15

회사 근처 모텔에서 숙박 후 버스 타고 공항 이동 : 40,000(모텔요금)+20,000(버스요금)+30,000(시간요금)=90,000원

오답분석
① 공항 근처 모텔로 버스 타고 이동 후 숙박 : 20,000(버스요금)+30,000(시간요금)+80,000(공항 근처 모텔요금)=130,000원
② 공항 픽업 호텔로 버스 타고 이동 후 숙박 : 10,000(버스요금)+10,000(시간요금)+100,000(호텔요금)=120,000원
③ 공항 픽업 호텔로 택시 타고 이동 후 숙박 : 20,000(택시요금)+5,000(시간요금)+100,000(호텔요금)=125,000원
⑤ 회사 근처 모텔에서 숙박 후 택시 타고 공항 이동 : 40,000(모텔요금)+40,000(택시요금)+15,000(시간요금)=95,000원

16

• 1월 8일
 출장지는 D시이므로 출장수당은 10,000원이고, 교통비는 20,000원이다. 그러나 관용차량을 사용했으므로 교통비에서 10,000원이 차감된다.
 그러므로 1월 8일의 출장여비는 10,000+(20,000−10,000)=20,000원이다.
• 1월 16일
 출장지는 S시이므로 출장수당은 20,000원이고, 교통비는 30,000원이다. 그러나 출장 시작 시각이 14시이므로 출장수당에서 10,000원이 차감된다.
 그러므로 1월 16일의 출장여비는 (20,000−10,000)+30,000=40,000원이다.
• 1월 19일
 출장지는 B시이므로 출장수당은 20,000원이고, 교통비는 30,000원이다. 그러나 업무추진비를 사용했으므로 출장수당에서 10,000원이 차감된다.
 그러므로 1월 19일의 출장여비는 (20,000−10,000)+30,000=40,000원이다.
따라서 K사원이 1월 출장여비로 받을 수 있는 금액은 20,000+40,000+40,000=100,000원이다.

17

A상무는 기계의 성능을 모두 같게 보는데 E사 제품이 성능 면에서 뒤처진다고 설득하는 내용이므로 A상무를 설득하기에는 부족하다.

18

조건에 따라 가중치를 적용한 각 후보 도서들의 점수를 나타내면 다음과 같다.

도서명	흥미도 점수	유익성 점수	1차 점수	2차 점수
재테크, 답은 있다	6×3=18	8×2=16	34	34
여행학개론	7×3=21	6×2=12	33	33+1=34
부장님의 서랍	6×3=18	7×2=14	32	−
IT혁명의 시작	5×3=15	8×2=16	31	−
경제정의론	4×3=12	5×2=10	22	−
건강제일주의	8×3=24	5×2=10	34	34

1차 점수가 높은 3권은 '재테크, 답은 있다', '여행학개론', '건강제일주의'로, 이 중 '여행학개론'은 해외저자의 서적이므로 2차 선정에서 가점 1점을 받는다.
그러면 1차 선정된 도서 3권의 2차 점수가 34점으로 모두 동일하여, 유익성 점수가 가장 낮은 '건강제일주의'가 탈락한다.
따라서 최종 선정될 도서는 '재테크, 답은 있다'와 '여행학개론'이다.

19

영희는 방수액의 유무와 상관없이 재충전 횟수가 200회 이상이면 충분하다고 하였으므로 100회 이상 300회 미만 충전이 가능한 리튬이온배터리를 구매한다. 또한, 방수액을 바르지 않은 것이 더 저렴하므로 영희가 가장 저렴하게 구매하는 가격은 5,000원이다.

오답분석

① • 철수가 가장 저렴하게 구매하는 가격 : 20,000원
    • 영희가 가장 저렴하게 구매하는 가격 : 5,000원
    • 상수가 가장 저렴하게 구매하는 가격 : 5,000원
    따라서 철수, 영희, 상수가 리튬이온배터리를 가장 저렴하게 구매하는 가격의 총합은 20,000+5,000+5,000=30,000원이다.
② • 철수가 가장 비싸게 구매하는 가격 : 50,000원
    • 영희가 가장 비싸게 구매하는 가격 : 10,000원
    • 상수가 가장 비싸게 구매하는 가격 : 50,000원
    따라서 철수, 영희, 상수가 리튬이온배터리를 가장 비싸게 구매하는 가격의 총합은 50,000+10,000+50,000=110,000원이다.
④ 영희가 가장 비싸게 구매하는 가격은 10,000원, 상수가 가장 비싸게 구매하는 가격은 50,000원이다. 두 가격의 차이는 40,000원으로, 30,000원 이상이다.
⑤ 상수가 가장 비싸게 구매하는 가격은 50,000원, 가장 저렴하게 구매하는 가격은 5,000원이므로 두 가격의 차이는 45,000원이다.

20

경쟁자의 시장 철수로 인한 새로운 시장으로의 진입 가능성은 N공사가 가지고 있는 내부환경의 약점이 아닌 외부환경에서 비롯되는 기회에 해당한다.

SWOT 분석

기업의 내부환경과 외부환경을 분석하여 강점(Strength), 약점(Weak-ness), 기회(Opportunity), 위협(Threat) 요인을 규정하고 이를 토대로 경영전략을 수립하는 기법이다.
• 강점(Strength) : 내부환경(자사 경영자원)의 강점이다.
• 약점(Weakness) : 내부환경(자사 경영자원)의 약점이다.
• 기회(Opportunity) : 외부환경(경쟁, 고객, 거시적 환경)에서 비롯된 기회이다.
• 위협(Threat) : 외부환경(경쟁, 고객, 거시적 환경)에서 비롯된 위협이다.

01	02	03	04	05	06	07	08	09	10	11	12	13	14	15	16	17	18	19	20
③	③	③	⑤	③	③	②	⑤	③	③	④	②	②	②	③	④	③	①	③	④

01

정답 ③

시공업체 선정 기준에 따라 B, C업체는 최근 3년 이내 시공규모에서, A, E업체는 입찰가격에서 자격 미달이다. 점수 산정 기준에 따라 D업체와 F업체의 항목별 점수를 정리하면 다음과 같다.

업체	기술점수	친환경점수	경영점수	합계
D	30점	15점	30점	75점
F	15점	20점	30점	65점

따라서 D업체가 선정된다.

02

정답 ③

변경된 시공업체 선정 기준에 따라 최근 3년 이내 시공규모를 충족하지 못한 B업체를 제외하고, 나머지 업체들의 항목별 점수를 정리하면 다음과 같다.

업체	기술점수	친환경점수	경영점수	가격점수	합계
A	30점	25점	26점	8×2=16점	97점
C	15점	15점	22점	15×2=30점	82점
D	30점	15점	30점	12×2=24점	99점
E	20점	25점	26점	8×2=16점	87점
F	15점	20점	30점	12×2=24점	89점

따라서 선정될 업체는 입찰점수가 99점으로 가장 높은 D업체이다.

03

정답 ③

낮 12시에 출발하여 오후 3시까지 공장에 도착하여야 하므로 이동시간은 3시간 이내여야 한다.

회사	김포공항	울산공항	소요시간
	비행기	택시	
40분	20분(∵ 대기)+1시간	30분	2시간 30분

오답분석

①

회사	서울역	울산역	소요시간
	KTX	택시	
30분	30분(∵ 대기)+2시간 15분	15분	3시간 30분

② 회사	서울역	울산역	소요시간
	KTX	버스	
30분	30분(∵ 대기)+2시간 15분	1시간 20분	4시간 35분

④ 회사	김포공항	울산공항	소요시간
	비행기	공항 리무진 버스	
40분	20분(∵ 대기)+1시간	1시간 5분	3시간 5분

⑤ 회사	김포공항	울산공항	소요시간
	비행기	버스	
40분	20분(∵ 대기)+1시간	1시간 50분	3시간 50분

04

(정답) ⑤

신입사원 채용시험 영역별 점수에 가중치를 적용하여 총점을 구하면 다음과 같다.

(단위 : 점)

구분	언어	수리	정보	상식	인성	총점
A	90×0.3=27	80×0.3=24	90×0.1=9	80×0.1=8	90×0.2=18	86
B	80×0.3=24	90×0.3=27	80×0.1=8	90×0.1=9	90×0.2=18	86
C	90×0.3=27	70×0.3=21	100×0.1=10	90×0.1=9	80×0.2=16	83
D	80×0.3=24	90×0.3=27	100×0.1=10	100×0.1=10	80×0.2=16	87
E	100×0.3=30	80×0.3=24	70×0.1=7	80×0.1=8	90×0.2=18	87

87점으로 가장 높은 점수를 받은 D와 E가 합격자임을 알 수 있다.

05

(정답) ③

변화된 선발기준 가중치에 맞춰 총점을 계산하면 다음과 같다.

(단위 : 점)

구분	언어	수리	정보	상식	인성	총점
A	90×0.3=27	80×0.2=16	90×0.1=9	80×0.1=8	90×0.3=27	87
B	80×0.3=24	90×0.2=18	80×0.1=8	90×0.1=9	90×0.3=27	86
C	90×0.3=27	70×0.2=14	100×0.1=10	90×0.1=9	80×0.3=24	84
D	80×0.3=24	90×0.2=18	100×0.1=10	100×0.1=10	80×0.3=24	86
E	100×0.3=30	80×0.2=16	70×0.1=7	80×0.1=8	90×0.3=27	88

가장 높은 점수를 받은 A와 E가 합격자임을 알 수 있다.

06

(정답) ③

접수 건수가 제일 많은 지원유형은 신입유형으로, 직원채용절차에 학업성적심사가 포함되어 있지 않다.

07

(정답) ②

500(∵ 접수 확인)+1,000(∵ 직무능력검사)+400(∵ 합격 여부 통지)=1,900원

08

정답 ⑤

지원유형 중 가장 합격률이 낮은 유형은 인턴유형으로 합격률이 12.5%이다. 경력유형의 합격률은 약 16.67%이다.

09

정답 ③

회사별 점심시간, 종교활동시간 및 업무시간을 시차를 고려해 정리하면 다음과 같다.

한국시각 / 국가	7am	8am	9am	10am	11am	12pm	1pm	2pm	3pm	4pm	5pm	6pm
A사 (서울)												
B사 (시드니)												
C사 (두바이)												
D사 (모스크바)												

따라서 화상회의 가능 시각은 한국시간으로 오후 3시 ~ 4시이다.

10

정답 ③

A ~ E의 승진점수를 계산하면 다음과 같다.

승진후보자	실적평가점수	동료평가점수	혁신사례점수	이수교육	합계
A	34	26	22	다자협력	82+2=84
B	36	25	18	혁신역량	79+3=82
C	39	26	24		89
D	37	21	23	조직문화, 혁신역량	81+2+3=86
E	36	29	21	—	86

2순위로 동점인 D와 E 중에 실적평가점수가 더 높은 D가 선발된다. 따라서 승진자는 C와 D이다.

11

정답 ④

변경된 승진자 선발 방식에 따라 A ~ E의 승진점수를 계산하면 다음과 같다.

승진후보자	실적평가점수	동료평가점수	혁신사례점수	이수교육	합계
A	34	26	33	다자협력	93+2=95
B	36	25	27	혁신역량	88+4=92
C	39	26	36	—	101
D	37	21	34.5	조직문화, 혁신역량	92.5+2+4=98.5
E	36	29	31.5		96.5

승진점수가 가장 높은 C와 D가 승진한다.

12

정답 ②

제주 출장 시 항공사별 5명(부장 3명, 대리 2명)의 왕복항공권에 대한 총액을 구하면 다음과 같다.

구분	비즈니스석	이코노미석	총액
A항공사	12×6=72만 원	8.5×4=34만 원	72+34=106만 원
B항공사	15×6=90만 원	9.5×4=38만 원	(90+38)×0.8=102.4만 원
C항공사	15×6=90만 원	8×4=32만 원	(90+32)×0.9=109.8만 원
D항공사	13×6=78만 원	7.5×4=30만 원	78+30=108만 원
E항공사	13×6=78만 원	7×4=28만 원	78+28=106만 원

따라서 I사원은 B항공사를 선택할 것이다.

13

정답 ②

각 직원이 속한 부서의 평가 등급에 따른 배율을 조직기여도 점수에 곱한 후 총 점수를 구하면 다음과 같다.

구분	리더십 점수	조직기여도 점수	성과 점수	교육 점수	직급 점수	합계
L과장	88점	86×1.5=129점	83점	0점	100점	400점
M차장	92점	90×1.5=135점	88점	20점	100점	435점
N주임	90점	82×1.0=82점	85점	0점	50점	307점
O사원	90점	90×0.8=72점	85점	0점	50점	297점
P대리	83점	90×1.5=135점	88점	20점	80점	406점

따라서 400점 이상 410점 이하인 직원은 L과장, P대리 2명이다.

14

정답 ②

13번에 따르면 가장 높은 점수를 받은 사람은 435점을 받은 M차장이다.

15

정답 ③

회의실에 2인용 테이블이 4개 있었고 첫 번째 주문 후 2인용 테이블 4개가 더 생겨 총 8개지만 16명만 앉을 수 있기 때문에 테이블 하나를 추가로 주문해야 한다. 의자는 회의실에 9개, 창고에 2개, 주문한 1개를 더하면 총 12개로, 5개를 더 주문해야 한다.

16

정답 ④

C부장은 목적지까지 3시간 내로 이동하여야 한다. 택시를 타고 대전역까지 15분, 열차대기 15분, KTX / 새마을호 이동시간 2시간, 환승 10분, 목포역에서 물류창고까지 택시 20분이 소요되므로, 총 3시간이 걸려 적절하다. 비용은 택시 6,000원, KTX 20,000원, 새마을호 14,000원, 택시 9,000원으로 총 49,000원이며, 출장지원 교통비 한도 이내이므로 적절하다.

[오답분석]
①・②・⑤ 이동시간이 3시간이 넘어가므로 적절하지 않다.
③ 이동시간은 3시간 이내이지만, 출장지원 교통비 한도를 넘기 때문에 적절하지 않다.

17

③

1) 예약가능 객실 수 파악

7월 19일부터 2박 3일간 워크숍을 진행한다고 했으므로 19일, 20일에 객실 예약이 가능한지를 확인하여야 한다. 호텔별 잔여객실 수를 파악하면 다음과 같다.

구분	A호텔	B호텔	C호텔	D호텔	E호텔
7월 19일	88-20=68	70-11=59	76-10=66	68-12=56	84-18=66
7월 20일	88-26=62	70-27=43	76-18=58	68-21=47	84-23=61

2) 필요 객실 수 파악

G사의 전체 임직원 수는 총 80명이다. 조건에 따르면 부장급 이상은 1인 1실을 이용하므로 4명(처장)+12명(부장)=16명, 즉 16실이 필요하고, 나머지 직원 80-16=64명은 2인 1실을 사용하므로 64÷2=32실이 필요하다. 따라서 이틀간 총 48실이 필요하다.

그러므로 A호텔, C호텔, E호텔이 워크숍 장소로 적합하다.

3) 세미나룸 현황 파악

총 임직원이 80명인 것을 고려할 때, A호텔의 세미나룸은 최대수용인원이 70명으로 제외되고, E호텔은 테이블(4인용)을 총 15개를 보유하고 있어 부족하므로 제외된다.

따라서 모든 조건을 충족하는 C호텔이 가장 적절하다.

18

①

• A사원 : 7일
• B사원 : 10일
• C사원 : 8일
• D사원 : 9일
• E사원 : 8일
∴ A사원이 총 7일로 연차를 가장 적게 썼다.

19

③

A회사에서는 연차를 한 달에 3일로 제한하고 있으므로, 11월에 휴가를 쓸 수 없다면 앞으로 총 6일(10월 3일, 12월 3일)의 연차를 쓸 수 있다. 휴가에 관해서 손해를 보지 않으려면 이미 9일 이상의 연차를 썼어야 한다. 이에 해당하는 사원은 B와 D이다.

20

④

입사예정인 신입사원은 총 600명이므로 볼펜 600개와 스케줄러 600권이 필요하다.

A, B, C 세 업체 모두 스케줄러의 구매가격에 따라 특가상품의 해당 여부를 판단할 수 있으므로 스케줄러의 가격을 먼저 계산한다.
• A도매업체 : 25만 원×6=150만 원
• B도매업체 : 135만 원
• C도매업체 : 65만 원×2=130만 원

즉, 세 업체 모두 특가상품 구매 조건을 충족하였으므로 특가상품을 포함해 볼펜의 구매가격을 구하면
• A도매업체 : 25.5만 원(∵ 볼펜 300개 특가)+(13만 원×2묶음)=51.5만 원
• B도매업체 : 48만 원(볼펜 600개 특가)
• C도매업체 : 23.5만 원(∵ 볼펜 300개 특가)+(8만 원×3묶음)=47.5만 원

따라서 업체당 전체 구매가격을 구하면 다음과 같다.
• A도매업체 : 150만 원+51.5만 원=201.5만 원
• B도매업체 : 135만 원+48만 원=183만 원
• C도매업체 : 130만 원+47.5만 원=177.5만 원

즉, 가장 저렴하게 구매할 수 있는 업체는 C도매업체이며, 구매가격은 177.5만 원이다.

01	02	03	04	05	06	07	08	09	10
②	②	⑤	④	②	⑤	②	③	②	⑤
11	12	13	14	15	16	17	18	19	20
④	①	①	④	③	④	④	⑤	④	⑤

01 　정답 ②

싱가포르는 중국계(74.1%), 말레이계(13.4%), 인도계(9.2%), 기타(3.3%)의 다민족 국가로 그에 맞는 비즈니스 에티켓을 지켜야 한다. 말레이계, 인도계 등은 이성끼리 악수를 하지 않는 편이며, 싱가포르 현지인은 시간관념이 매우 철저하므로 약속 시간을 엄수하고 일을 진행하기 전 먼저 약속을 잡는 것이 바람직하다.

02 　정답 ②

소금이나 후추 등이 다른 사람 손에 거치면 좋지 않다는 풍습을 볼 때, 소금과 후추가 필요할 때는 웨이터를 부르는 것보다 자신이 직접 가져오는 것이 적절한 행동이다.

03 　정답 ⑤

우선순위를 파악하기 위해서는 먼저 중요도와 긴급성을 파악해야 한다. 즉, 중요도와 긴급성이 높은 일부터 처리해야 하는 것이다. 그러므로 업무 리스트 중에서 가장 먼저 해야 할 일은 내일 있을 당직 근무자 명단 확인이다. 그다음 영업1팀의 비품 주문, 신입사원 면접 날짜 확인, 인사총무팀 회식 장소 예약 확인, 회사 창립 기념일 행사 준비 순으로 진행하면 된다.

04 　정답 ④

시스템 오류 확인 및 시스템 개선 업무는 고객지원팀이 아닌 시스템개발팀이 담당하는 업무이며, 고객지원팀은 주로 민원과 관련된 업무를 담당한다.

05 　정답 ②

②는 시각, 청각, 후각, 촉각, 미각의 다섯 가지 감각을 통해 만들어진 감각 마케팅으로 개인화 마케팅의 사례로 보기 어렵다.

오답분석
① 고객들의 개인적인 사연을 기반으로 광고 서비스를 제공함으로써 개인화 마케팅의 사례로 적절하다.
③ 고객들이 자신이 직접 사과를 받는 듯한 효과를 얻게 됨으로써 개인화 마케팅의 사례로 적절하다.
④ 댓글 작성자의 이름을 기반으로 이벤트를 진행하는 것으로 개인화 마케팅의 사례로 적절하다.
⑤ 고객의 이름을 불러주고 서비스를 제공해줌으로써 개인화 마케팅의 사례로 적절하다.

06 　정답 ⑤

비품은 기관의 비품이나 차량 등을 관리하는 총무지원실에 신청해야 하며, 교육 일정은 사내 직원의 교육 업무를 담당하는 인사혁신실에서 확인해야 한다.

오답분석
기획조정실은 전반적인 조직 경영과 조직문화 형성, 예산 업무, 이사회, 국회 협력 업무, 법무 관련 업무를 담당한다.

07 　정답 ②

C주임은 최대 작업량을 잡아 업무를 진행하면 능률이 오를 것이라는 오해를 하고 있다. 하지만 이럴 경우 시간에 쫓기게 되어 오히려 능률이 떨어질 가능성이 있다. 실현 가능한 목표를 잡고 우선순위를 세워 진행하는 것이 옳다.

08 　정답 ③

증인·감정인 또는 통역인이 특허심판원에 대하여 허위의 진술·감정 또는 통역을 했을 때는 위증죄가 적용되어 5년 이하의 징역 또는 1천만 원 이하의 벌금에 처해진다. 고소가 있어야만 처벌할 수 있는 특허 침해죄와 달리 고소가 없어도 처벌이 가능하다.

안심Touch

09 정답 ②

증인·감정인·통역인의 허위 진술·감정에 대한 처벌은 '위증죄' 조항에 의해 이루어진다.

10 정답 ⑤

A팀장이 요청한 중요 자료를 먼저 전송하고, PPT 자료를 전송한다. 점심 예약전화는 오전 10시 이전에 처리해야 하고, 오전 내에 거래처 미팅일자 변경 전화를 해야 한다.

11 정답 ④

K주임이 가장 먼저 해야 하는 일은 오늘 2시에 예정된 팀장 회의 일정을 P팀장에게 전달해야 하는 것이다. 다음으로 내일 진행될 언론홍보팀과의 회의 일정에 대한 답변을 오늘 내로 전달해달라는 요청을 받았으므로 먼저 익일 업무 일정을 확인한 후 회의 일정에 대한 답변을 전달해야 한다. 이후 회의 전에 미리 숙지해야 할 자료를 확인하는 것이 적절하다. 따라서 K주임은 ④의 순서로 업무를 처리하는 것이 가장 옳다.

12 정답 ①

최수영 상무이사가 결재한 것은 대결이다. 대결은 결재권자가 출장, 휴가, 기타 사유로 상당기간 부재중일 때 긴급한 문서를 처리하고자 할 경우 결재권자의 차하위 직위의 결재를 받아 시행하는 것을 말한다. 대결 시에는 기안문의 결재란 중 대결한 자의 란에 '대결'을 표시하고 서명 또는 날인한다. 결재표는 다음과 같다.

담당	과장	부장	상무이사	전무이사
아무개	최경옥	김석호	대결 최수영	전결

13 정답 ①

베트남 사람들은 매장에 직접 방문해서 구입하는 것을 더 선호하므로 인터넷, TV광고와 같은 간접적인 방법의 홍보를 활성화하는 것은 신사업 전략으로 옳지 않다.

14 정답 ④

인·적성검사 합격자의 조 구성은 은경 씨가 하지만 합격자에게 몇 조인지 미리 공지하는지는 알 수 없다.

15 정답 ③

비품은 회사 업무상에 사용되는 물품을 의미하는데, 대체로 기업에서는 사전에 품목을 정해 놓고 필요한 자에게 보급한다. 만약 품목에 해당하지 않는 비품이 필요할 경우에는 그 사용 용도가 명확하고 업무에 필요한 것인지를 먼저 판단한 후에, 예산을 고려하여 구매하는 것이 적절한 처리 과정이다. ③과 같이 단순히 품목에 없다는 이유로 제외하는 것은 적절하지 않다.

16 정답 ④

업무환경에 '자유로운 분위기'라고 명시되어 있으므로 '중압적인 분위기를 잘 이겨낼 수 있다.'는 옳지 않다.

17 정답 ④

홈페이지 운영 등은 정보사업팀에서 한다.

오답분석
① 감사실(1개)과 11개의 팀으로 되어 있다.
② 예산기획과 경영평가는 전략기획팀에서 관리한다.
③ 경영평가(전략기획팀), 성과평가(인재개발팀), 품질평가(평가관리팀) 등 다른 팀에서 담당한다.
⑤ 감사실을 두어 감사, 부패방지 및 지도점검을 하게 하였다.

18 정답 ⑤

품질평가에 대한 관련 민원은 평가관리팀이 담당하고 있다.

19 정답 ④

제시된 운항시설처의 업무분장표에서 항공기 화재진압훈련과 관련된 업무는 찾아볼 수 없다.

오답분석
①·② 기반시설팀 : 운항기반시설 제설작업 및 장비관리 업무, 전시목표(활주로 긴급 복구) 및 보안시설 관리 업무
③ 항공등화팀 : 항공등화시설 개량계획 수립 및 시행 업무
⑤ 운항안전팀 : 야생동물 위험관리업무

20 정답 ⑤

이동지역 내의 안전관리를 담당하는 운항안전팀이 발간하는 안전회보에는 이동지역 내의 안전과 관련된 내용을 싣는 것이 적절하다. 따라서 여객터미널에서 실시하는 대테러 종합훈련은 운항안전팀의 안전회보에 실릴 내용으로 적절하지 않다.

PART 2

소방학개론
기출예상 100제

정답 및 해설

01	02	03	04	05	06	07	08	09	10	11	12	13	14	15	16	17	18	19	20
①	①	③	④	③	④	④	④	③	④	①	④	③	①	③	②	①	③	④	②
21	22	23	24	25	26	27	28	29	30	31	32	33	34	35	36	37	38	39	40
④	②	③	④	②	④	④	③	③	①	④	②	④	③	②	④	④	②	①	④
41	42	43	44	45	46	47	48	49	50	51	52	53	54	55	56	57	58	59	60
②	②	①	②	④	④	④	②	①	②	②	②	④	④	④	①	①	①	④	④
61	62	63	64	65	66	67	68	69	70	71	72	73	74	75	76	77	78	79	80
①	④	②	①	④	②	①	④	①	③	②	④	②	②	①	①	②	①	①
81	82	83	84	85	86	87	88	89	90	91	92	93	94	95	96	97	98	99	100
②	③	④	①	③	②	②	②	③	①	②	③	③	②	①	①	②	①	④	②

01
정답 ①

Fool Proof 원칙이란 화재 시 긴장 상태가 되는 인간의 행동특성을 고려하여 원시적이고 간단명료하게 배려한 피난 대책을 말한다.
그 예는 다음과 같다.
1. 피난구조설비는 고정식설비보다 이동식설비 위주로 설치한다.
2. 피난 경로는 간단·명료하게 하도록 한다.
3. 피난 수단은 원시적인 방법에 의한 것을 원칙으로 한다.
4. 문은 피난방향으로 열 수 있도록 하며 회전식이 아닌 레버식으로 해둔다.

02
정답 ①

항공기 등 조난사고 시의 긴급구조 등(재난 및 안전관리 기본법 제57조)
① 소방청장은 항공기 조난사고가 발생한 경우 항공기 수색과 인명구조를 위하여 항공기 수색·구조계획을 수립·시행하여야 한
다. 다만, 다른 법령에 항공기의 수색·구조에 관한 특별한 규정이 있는 경우에는 그 법령에 따른다.

03
정답 ③

중증도 분류와 표시색상이 옳은 것은 '응급환자 - 황색'이다.
중증도 분류와 그에 따른 표시색상
1. 긴급환자 - 적색
2. 응급환자 - 황색
3. 비응급환자 - 녹색
4. 지연환자(사망) - 흑색

04

정답 ④

구급대의 응급의료지원서비스는 소방의 파생적 임무(봉사적 임무)에 해당한다.

05

정답 ③

지연환자에는 사망 또는 치료불가능한 치명적 부상자가 속하며, 분류색상은 흑색이다.

중증도 분류

긴급환자 (적색, 토끼)	• 수분 혹은 수 시간 이내의 응급처치를 요구 • 기도폐쇄, 대량의 출혈, 수축기 혈압이 80mmHg 이하의 쇼크, 개방성 흉부, 경추손상, 기도화상, 원인부 맥박이 촉지되지 않는 골절, 지속적인 천식, 저체온증, 경련 등
응급환자 (황색, 거북이)	• 수 시간 이내의 응급처치를 요구 • 중증의 출혈, 기도화상을 제외한 화상, 경추를 제외한 척추골절, 척추손상 등
비응급환자 (녹색, ×)	• 수 시간, 수일 후 치료해도 생명에 지장이 없는 환자 • 소량의 출혈, 단순열상·골절, 경미한 열상·찰과상, 타박상 등 연부조직 손상
지연환자 (흑색, +)	• 사망 또는 생존의 가능성이 없는 환자 • 20분 이상 호흡·맥박이 없는 환자, 두부나 몸체가 절단된 경우, 심폐소생술도 효과가 없다고 판단되는 경우

06

정답 ④

의용소방대는 시·도, 시·읍 또는 면에 둔다.

07

정답 ④

재난 및 안전관리 기본법에서 규정한 긴급구조기관으로는 소방청, 소방본부, 소방서가 있다. 다만 해난에서 발생한 재난의 경우에는 해양경찰청, 지방해양경찰청, 해양경찰서가 있다.

오답분석

④ 해양수산부는 긴급구조지원기관에 해당한다.

08

정답 ④

Fail Safe 원칙(이중 안전장치)이란 피난 시 하나의 수단이 고장으로 실패하여도 다른 수단에 의해 피난할 수 있도록 하는 것을 말한다.

오답분석

①·②·③은 Fool-Proof 원칙에 해당한다.

Fool-Proof 원칙

비상사태로 피난자가 혼란을 느끼고 바보와 같은 지능상태가 되어도 쉽게 인지하도록 하는 것을 말한다.

• 피난경로는 간단명료하게 하여야 한다.
• 피난수단은 원시적 방법에 의한 것을 원칙으로 한다.
• 비상시 판단능력 저하를 대비하여 누구나 알 수 있도록 피난수단 등을 문자나 그림 등으로 표시한다.
• 문은 피난방향으로 열 수 있도록 하며, 회전식이 아닌 레버식으로 한다.
• 정전 시에도 피난할 수 있도록 외광이 들어오는 위치에 문을 설치한다.

09
정답 ③

인공호흡기는 소방장비 중 구급장비에 해당된다.

오답분석
① 슬링은 구조장비 중 산악 구조용 장비이다.
② 유압절단장비는 구조장비 중 절단 구조용 장비이다.
④ 다목적 구조 삼각대는 구조장비 중 중량물 작업용 장비에 해당된다.

10
정답 ④

소방기본법이 제정된 것은 2003년 5월 29일이다. 참고로 소방법이 제정된 것은 1958년이다.

11
정답 ①

의무소방대원은 민간조직이 아니라 규정에 의한 시험을 치른 후 군복무 대신 정해진 기간 동안 복무를 하는 소방대원에 해당한다. 민간소방조직의 종류에는 자체소방대, 자위소방대, 의용소방대, 민간민방위대 등이 있다.

12
정답 ④

오답분석
①·②·③ 간접적 소방행정기관에는 한국소방안전원, 대한소방공제회, 한국소방산업기술원, 소방산업공제조합 등이 있다.

13
정답 ③

각 지역별 특성에 맞는 소방서비스를 수행하기 용이한 것은 기초자치소방제도의 장점이다.

14
정답 ①

미세먼지는 사회재난에 해당된다.

정의(재난 및 안전관리 기본법 제3조)
이 법에서 사용하는 용어의 뜻은 다음과 같다.
1. "재난"이란 국민의 생명·신체·재산과 국가에 피해를 주거나 줄 수 있는 것으로서 다음 각 목의 것을 말한다.
   가. 자연재난 : 태풍, 홍수, 호우(豪雨), 강풍, 풍랑, 해일(海溢), 대설, 한파, 낙뢰, 가뭄, 폭염, 지진, 황사(黃砂), 조류(藻類) 대발생, 조수(潮水), 화산활동, 소행성·유성체 등 자연우주물체의 추락·충돌, 그 밖에 이에 준하는 자연현상으로 인하여 발생하는 재해
   나. 사회재난 : 화재·붕괴·폭발·교통사고(항공사고 및 해상사고를 포함한다)·화생방사고·환경오염사고 등으로 인하여 발생하는 대통령령으로 정하는 규모 이상의 피해와 국가핵심기반의 마비, 「감염병의 예방 및 관리에 관한 법률」에 따른 감염병 또는 「가축전염병예방법」에 따른 가축전염병의 확산, 「미세먼지 저감 및 관리에 관한 특별법」에 따른 미세먼지 등으로 인한 피해

15
정답 ③

하인리히의 도미노 이론 단계는 '유전적 요인 및 사회적 환경 – 개인적 결함 – 불안전한 행동 및 상태 – 사고 – 재해'의 순서이다.

16

정답 ②

안전관리에 대한 설명이다. 재난관리란 재난의 예방·대비·대응 및 복구를 위하여 하는 모든 활동을 의미하고, 안전관리란 재난이나 그 밖의 각종 사고로부터 사람의 생명·신체·재산의 안전 확보를 위한 모든 활동을 의미한다.

17

정답 ①

특별재난지역은 중앙위원회의 심의를 거친 후 중앙대책본부장(행정안전부장관)의 건의로 대통령이 선포한다.

18

정답 ③

오답분석

① 비상경고에는 긴급대피, 상황 전파, 비상연락 등에 관한 사항이 포함된다.
② 대중정보에는 주민보호를 위한 비상방송시스템 가동 등 긴급 공공정보 제공에 관한 사항 및 재난상황 등에 관한 정보 통제에 관한 사항이 포함된다.
④ 현장통제에는 재난현장 접근 통제 및 치안 유지 등에 관한 사항이 포함된다.

19

정답 ④

재난 및 안전관리기술 종합계획의 심의는 안전정책조정위원회에서 한다.

20

정답 ②

재난안전상황실 설치권자는 행정안전부장관, 시·도지사, 시장·군수·구청장이다.

21

정답 ④

유화효과는 중유화재 시에 무상주수에 의한 유화층 형성으로 산소공급을 차단하는 효과를 말한다. 따라서 분말소화약제의 소화효과에 해당하지 않는다.

오답분석

분말소화약제의 소화효과는 질식효과, 냉각효과, 방사열 차단효과, 부촉매에 의한 소화효과가 있다.

22

정답 ②

$$[\text{위험도}(H)] = \frac{U-L}{L} = \frac{(\text{상한계})-(\text{하한계})}{(\text{하한계})} = \frac{(\text{연소범위})}{(\text{하한계})}$$

$$(\text{이황화탄소의 위험도}) = \frac{44-1.2}{1.2} = 35.7$$

오답분석

① $(\text{일산화탄소의 위험도}) = \frac{75-12.5}{12.5} = 5$

③ $(\text{아세틸렌의 위험도}) = \frac{81-2.5}{2.5} = 31.4$

④ $(\text{수소의 위험도}) = \frac{75-4}{4} = 17.8$

23

정답 ③

용해열은 물질이 용해될 때 발생 또는 흡수되는 열이다(진한 황산이 용해되면서 열 발생).

자연발화의 종류

• 산화열에 의한 자연발화(산화반응에 의한 발열 → 축적 → 발화)

　예 유지류[건성유(들기름, 아마인유, 해바라기유 등)], 반건성유(참기름, 콩기름 등), 석탄분, 원면, 고무조각, 금속분류, 기름걸레 등

• 분해열에 의한 자연발화(자연분해 시 발열 → 축적 → 발화)

　예 셀룰로이드, 니트로셀룰로오스(질화면), 니트로글리세린, 산화에틸렌 등

• 흡착열에 의한 자연발화(주위의 기체를 흡착 시 발열 → 축적 → 발화)

　예 활성탄, 목탄분말, 유연탄 등

• 발효열(미생물열)에 의한 자연발화(미생물의 발효열 → 축적 → 발화)

　예 퇴비, 먼지 등

• 중합열에 의한 자연발화(중합 반응열 → 축적 → 발화)

　예 액화시안화수소, 산화에틸렌 등

24

정답 ④

역기전력은 전기회로 내의 임피던스 양 끝에서 흐르고 있는 전류와 반대방향으로 생기는 기전력으로 전기 화재의 직접적 원인이 아니다.

전기 화재 발생원인

• 단락

　두 개의 전선이 서로 접촉되어 전류가 흐르는 현상을 말한다.

• 과부하(과전류)

　전력소비기구가 많아 일정 용량 이상 전류가 흐르는 현상을 말한다.

• 누전

　전류가 전선이나 기구에서 절연불량 등의 원인으로 건물 내 금속도체로 흐르는 현상을 말한다.

• 지락

　전선 또는 전로 중 일부가 직접 또는 간접으로 대지(접지)로 연결된 경우로, 즉 전로와 대지 간의 절연이 저하하여 아크 또는 도전성물질의 영향으로 전로 또는 기기의 외부에 위험한 전압이 나타나거나, 전류가 흐르게 되는 상태를 말한다. 이렇게 하여 흐르는 전류를 지락전류라 하며 인체감전, 누전화재 또는 기기의 손상 등을 일으키는 원인이 된다.

• 정전기

　이동하지 않고 정지된 전하를 말하며, 가연성기체나 분진을 발화시킬 수 있다.

25

정답 ②

일산화탄소는 불완전연소 시 발생하고, 이산화탄소는 완전연소 시 발생한다.

일산화탄소와 이산화탄소가스의 비교

• 일산화탄소(CO)

　$300°C$ 이상 불완전연소 시 발생하며, 공기보다 가벼운 무색·무취·무미의 유독성·가연성 가스이다. $13 \sim 75\%$가 폭발한계로서 푸른 불꽃을 내며 타지만 다른 가스의 연소는 돕지 않으며, 혈액 중의 헤모글로빈과 결합력이 산소보다 약 250배 강해 흡입하면 산소 운반을 방해하여 질식사시킨다. 인체에 대한 허용농도는 50ppm이다.

• 이산화탄소(CO_2)

　완전연소 시 생성되며, 무색·무미의 기체로 공기보다 무겁고, 가스 자체는 독성이 거의 없으나 다량이 존재할 때 사람의 호흡속도를 증가시키고 혼합된 유해 가스의 흡입을 증가시켜 위험을 가중시킨다. 인체에 대한 허용농도는 5,000ppm이다.

26

정답 ④

오답분석

① 폭연은 화염의 전파속도가 음속보다 느리고, 폭굉은 화염의 전파속도가 음속보다 빠른 현상을 말한다.
② 폭연은 에너지 전달이 일반적인 열 전달과정을 통해 나타나고, 폭굉은 에너지 전달이 충격파에 의해 나타난다.
③ 폭연은 온도, 압력, 밀도가 화염 면에서 연속적이고, 폭굉은 온도, 압력, 밀도가 화염 면에서 불연속적이다.

폭연과 폭굉의 비교

폭연(Deflagration)	폭굉(Detonation)
• 화염의 전파속도가 음속보다 느린 현상	• 화염의 전파속도가 음속보다 빠른 현상
• 에너지 전달이 일반적인 열 전달과정을 통해 나타남	• 에너지 전달이 충격파에 의해 나타남
• 온도, 압력, 밀도가 화염 면에서 연속적	• 온도, 압력, 밀도가 화염 면에서 불연속적
• 에너지 방출속도가 물질 전달속도에 영향을 받고, 화염의 전파가 분자량이나 난류확산에 의해서 영향을 받음	• 에너지 방출속도가 물질 전달속도에 기인하지 않고 공간의 압축으로 인하여 아주 짧음

27

정답 ③

응상폭발은 액상폭발과 고상폭발에 해당한다.

폭발의 분류

1. 분류기준
   폭발은 원인물질의 물리적 상태로 나타나는 현상 혹은 상태변화에 관여하는 물질의 성상(性狀)에 따라 기상폭발과 응상폭발로 분류하기도 한다.
2. 기상폭발
   가연성기체와 공기와의 혼합기의 폭발인 가스폭발, 가연성액체의 분무폭발, 가연성고체 미분의 분진폭발, 분해연소성 기체폭발인 분해폭발 등을 들 수 있다.
3. 응상폭발
   액상폭발과 고상폭발에 해당되며 액체 또는 고체의 불안정한 물질의 폭발현상으로 액체의 급속가열인 수증기 폭발과 극저온 액화가스의 수면 유출인 증기폭발 등을 들 수 있다.

28

정답 ④

질소(N_2)는 산소와 반응은 하나 발열반응이 아닌 흡열반응을 하기 때문에 불연성물질이다. 연료에 함유량이 많을수록 발열량이 감소된다.

29

정답 ③

0℃ 얼음 1kg이 100℃의 수증기가 되려면 719kcal가 필요하다.

- $Q=c \cdot m \cdot \triangle t$
- (열용량)＝(비열)×(질량)×(온도차)
- 얼음의 융해잠열 : 80kcal/kg
- 물의 증발잠열 : 539kcal/kg

$[1kcal×1kg×(100-0)+1kg×80]+(1kg×539)＝719kcal/kg$
약식으로 619(고상이 기상이 되는 잠열값 80+539)+100(현열의 온도차 100-0)＝719kcal/kg이다.

30

정답 ①

염화비닐은 중합폭발물질이다.

31

정답 ④

저온 액화가스(LNG, LPG 등)가 사고로 인해 물 위에 분출되었을 때 급격한 기화를 동반하는 비등현상으로 액상에서 기상으로의 급격한 상변화에 의해 폭발하는 것을 증기폭발이라고 한다. 또한 화염을 동반하지 않으며 물질의 화학적 분자구조가 변하지 않는 물리적 폭발에 해당된다.

오답분석

① 분진폭발, ② 중합폭발, ③ 분해폭발은 화염을 동반하며 물질의 화학적 분자구조가 변하는 화학적 폭발에 해당된다.

폭발의 분류
- 물리적 폭발

  화염 ×, 분자구조가 변하지 않는다. 수증기 폭발, 증기폭발, 블레비현상 등이 있다.
- 화학적 폭발

  화염, 분자구조가 변한다. 산화폭발(가스폭발, 분무폭발, 분진폭발), 분해폭발, 중합폭발, 촉매폭발, 증기운폭발 등이 있다.

32

정답 ②

분말의 형상이 둥글수록 폭발이 용이하지 않다. 구상(둥근 모양) → 침상(뾰쪽한 모양) → 평편상(넓은 모양)의 입자순으로 폭발성이 증가한다.

33

정답 ④

개구부 면적이 작으면 화재가 느리고, 개구부 면적이 크면 화재가 빠르다.

34

정답 ③

분말 및 고무제품은 A급 화재에 속한다. C급 화재는 통전 중인 전기 화재에 속한다.

35

정답 ②

메탄은 LNG의 주성분이다. LPG의 주성분은 프로판(C_3H_8)이 약 65 ~ 70%, 부탄(C_4H_{10})이 약 20%이며, 그 외 프로필렌, 부틸렌, 기타 약간의 에탄, 에틸렌, 펜탄 등으로 이루어져 있다.

36

정답 ①

가스의 분출속도가 연소속도보다 클 때 불꽃이 노즐에서 떨어진 후 꺼져버리는 현상은 블로우오프 현상이다.

37

정답 ④

일산화탄소를 봉입 후 압력을 상승시키면 연소범위가 좁아진다.

연소범위의 특징
- 연소범위는 가연성 가스와 공기가 혼합된 경우보다도 산소가 혼합되었을 경우 넓어지며, 연소 위험성이 커진다.
- 불연성 가스(이산화탄소, 질소 등)를 주입하면 연소범위는 좁아진다.
- 가스의 온도가 높아지면 연소범위는 넓어진다.
- 가스압력이 높아지면 하한계는 크게 변하지 않으나 상한계는 상승한다. 따라서 압력이 높을수록 연소범위는 커진다.
- 일산화탄소는 압력이 높아질수록 연소범위가 좁아진다.
- 가연성 가스의 연소범위가 넓을수록 위험하다.

38

정답 ③

백드래프트는 밀폐된 공간에서 발생하기 때문에 개구부에서 화염이 분출되지 않는다.

39

정답 ①

환기지배화재의 영향 요소는 밀폐된 공간으로 가연물의 양은 환기지배화재에 영향을 미치지 않는다.

40

정답 ④

뜨거운 유류 표면에 소화용수가 유입되어 물이 수증기화되면서 갑작스러운 부피 팽창에 의해 유류가 넘치는 현상은 슬롭 오버에 해당한다.

41

정답 ②

유류 화재에 가장 적합한 소화방식은 산소공급을 차단하는 질식소화로, 연소에 필요한 공기를 차단하여 소화하는 방법이다.

42

정답 ②

보기의 ㉠은 '분업의 원리', ㉡은 '업무조정의 원리'에 해당된다.

소방조직의 기본원리

분업의 원리	한 사람이나 한 부서가 한 가지의 주된 업무를 맞는다는 원리
명령통일의 원리	한 사람의 상급자에게 명령을 받고 보고한다는 원리
계층제의 원리	• 상하의 계층제를 형성하는 원리 • 조직 구성원들을 책임과 권한, 의무의 정도에 따라 상하계급이나 계층별로 배열하여 집단화한 뒤 각 계층 간에 권한과 책임을 배분하고 명령계통과 지휘, 감독의 체계를 확립하는 것
계선의 원리	특정 사안에 대한 결정에 있어서 의사결정과정에서는 개인의 의견이 참여되지만 결정을 내리는 것은 개인이 아닌 소속기관의 기관장이다.
업무조정의 원리	조직을 통합하고 행동을 통일시키는 것
통솔범위의 원리	1명의 상관이 거느릴 수 있는 부하의 적정수를 말함(5~6명 정도가 적당하다)

43

정답 ①

오답분석

② 질식소화는 연소의 4요소 중 연쇄반응의 속도를 빠르게 하는 정촉매를 억제하는 화학적 소화방법이다.

③ 부촉매소화는 가연물이나 화원을 제거시키는 소화방법이다.

④ 제거소화는 물보다 무거운 비수용성 유류에 포나 물을 뿌려 층을 형성함으로써 유류표면에 유화층의 물과 기름의 얇은 막(에멀전 효과)을 만들어 산소 차단 효과를 일으키는 소화방법이다.

질식소화

연소의 3요소 중 산소공급원을 차단하거나 산소농도를 15% 이하로 낮추는 소화 방법을 질식소화라 한다. 질식소화 방법의 예는 다음과 같다.

• 식용유 화재 시 뚜껑을 덮어 소화하는 방법

• 수건, 담요, 이불 등의 고체를 덮어 소화하는 방법

• 포(Foam), 이산화탄소(CO_2)·분말·할론소화설비를 이용하여 질식시키는 방법

44

오답분석

① 물의 기화잠열은 539cal/g으로서 냉각효과가 우수하다.
③ 질산염과 중탄산나트륨은 동결방지제가 아니다. 동결방지제로는 에틸렌글리콜, 프로필렌글리콜, 염화칼슘 등을 사용할 수 있다.
④ 유류표면에 유화층이 형성되어 공기 공급을 차단하는 효과는 유화작용이다.

45

집중방출방식은 가스계소화설비의 방출방식에 해당하지 않는다.

오답분석

이산화탄소소화설비 등 가스계소화설비의 방출방식에는 전역방출방식, 국소방출방식, 호스릴(이동식)방출방식 등이 있다.

46

가연물의 조성(연소가스)과 산소농도를 연소범위 이하로 점차 낮추는 것은 희석소화에 해당한다.

47

가스밸브를 잠그는 것은 제거소화에 해당된다.

48

이산화탄소 소화효과에는 질식 · 냉각 · 피복효과가 있다. 제5류 위험물은 산소를 함유하고 있는 '자기반응성 물질'이기 때문에 이산화탄소 · 분말 · 할론 · 포소화약제 등에 의한 질식효과가 없고, 초기에 다량의 물로 냉각소화하는 것이 적절하다.

49

오답분석

② · ③ · ④ 소화약제의 분류는 크게 수계와 가스계로 구분된다. 수계에는 물소화약제, 포소화약제, 강화액소화약제, 산알칼리소화약제 등이 있으며, 가스계에는 할론소화약제, 이산화탄소소화약제, 분말소화약제, 할로겐화합물 및 불활성기체소화약제 등이 있다.

50

중탄산나트륨은 제1종 분말소화약제의 주성분이다.

오답분석

① · ② · ④ 물소화약제에 첨가할 수 있는 동결방지제로는 프로필렌글리콜, 에틸렌글리콜, 글리세린, 디에틸렌글리콜, 염화나트륨, 염화칼슘 등이 있다.

51

제2종 분말소화약제는 식용유화재 시 비누화효과가 없다.

52

정답 ②

옥내소화전설비의 방수구는 바닥으로부터의 높이가 1.5m 이하가 되도록 설치하여야 한다.

옥내소화전설비와 옥외소화전설비의 비교

구분	옥내소화전	옥외소화전
주수 형태	봉상주수	봉상주수
최소 규정 방수량	130L/min	350L/min
1개당 저수량	$130L/min \times 20min = 2.6m^3$	$350L/min \times 20min = 7m^3$
최대 설치 개수	최대 2개	최대 2개
유효수원의 양	$2.6m^3 \times$ 최대 2개 $= 5.2m^3$	$7m^3 \times$ 최대 2개 $= 14m^3$
방수압	0.17Mpa 이상 ~ 0.7Mpa 이하	0.25Mpa 이상 ~ 0.7Mpa 이하
그 밖의 재원	• 소방대상물과 방수구와의 수평거리 : 25m 이하 • 소방호스의 구경 : 40mm 이상 • 노즐의 구경 : 13mm • 소화전함의 두께 : 1.5mm 이상 • 소화전함 문짝의 면적 : $0.5m^2$ 이상	• 소방대상물과 소화전과의 수평거리 : 40m 이하 • 소방호스의 구경 : 65mm • 노즐의 구경 : 19mm • 옥외소화전과 소화전함과의 거리 : 5m 이내

53

정답 ④

증거성은 화재조사의 특징에 해당되지 않는다.

[오답분석]

① · ② · ③ 화재조사의 특징은 현장성, 신속성, 정밀과학성, 보존성, 강제성, 안전성, 프리즘식이다.

54

정답 ④

화재조사의 목적에 ① · ② · ③은 해당하나, ④의 소송쟁의에 대한 조사 등은 해당되지 않는다.

55

정답 ①

목조건축물의 화재 시 플래시오버 도달시간(F · O · T) 및 최성기에 도달하는 시간이 내화건축물 화재보다 빠르게 나타난다. 화재진행속도가 빠르고 온도가 높으며 단시간 고온을 유지한다.

56

정답 ④

대형화재 중 종합상황실에 긴급보고를 해야 할 기준은 사망자 5명 이상, 사상자 10명 이상, 재산피해액이 50억 원 이상이다. 이재민 100명 이상일 때는 중요화재에 해당된다.

57

정답 ①

구조 활동은 항상 인명 구조를 최우선으로 한다.

58

정답 ①

신체의 피해를 최대한 줄이며 신속히 구출하는 방법을 택한다. 참고로 구조활동의 일반원칙은 구명 → 신체 구출 → 정신적 · 육체적 고통 경감 → 재산보전의 절차로 한다.

59

특수구조대는 산악구조대, 화학구조대, 수난구조대 외 고속국도구조대, 지하철구조대가 있다.

60

구명 → 신체 구출 → 정신적·육체적 고통 경감 → 재산 보전 순이다.

61

자동제세동기를 이용한 규칙적 심박동의 유도는 2급 응급구조사의 업무 범위에 해당한다.

1급 응급구조사만의 업무
- 심폐소생술을 시행하기 위한 기도유지(기도삽관 등)
- 정맥로 확보
- 인공호흡기를 이용한 호흡유지

62

로프에 수 개의 엄지매듭을 일정한 간격으로 만들어 로프를 타고 오르거나 내릴 때에 지지점으로 이용할 수 있도록 하는 매듭을 줄사다리매듭이라 한다.

63

맨홀구멍에 빠진 자는 단순한 사건이 아니므로 거부할 수 없다.

64

현장에서 구조 활동 순서로 바른 것은 먼저 '진입 장애요인 제거 → 인명 검색 → 구출 → 병원 이송' 순이다.

65

동력소방펌프는 화재진압장비에 해당한다.

66

산소 투여는 2급 응급구조사의 범위에 해당하며, 나머지는 1급 응급구조사의 업무범위에 해당한다.

67

A(Alert)는 의식 명료(정상)를 의미한다.

68

오답분석

① 수 시간 이내에 응급조치를 해야 하는 환자는 응급환자이다.
② 응급처치에 관여하지 않고 오직 이송을 위함이다.
③ 맥박과 호흡이 없는 환자는 지연환자로, 흑색으로 표시한다.

69

정답 ①

후착대의 주요임무는 수손 방지, 급수 중계, 비화 경계가 있으며 인명 구조활동은 선착대와 후착대의 동시 임무로, 후착대만의
임무는 아니다.

70

정답 ③

소방력의 3요소는 인력, 장비, 물(용수)을 말한다.

71

정답 ②

일반적으로 문 개방은 백드래프트의 상황을 고려하여 측면에서 하며 신속하기보다는 침착히 해야 한다.

72

정답 ④

④ 나무의 줄기가 타는 것은 수간화이다. 수관화는 나무의 가지가 타는 것을 말한다.

산림화재의 종류
• 수간화 : 나무의 줄기가 타는 것
• 수관화 : 나무의 가지 부분이 타는 것
• 지표화 : 지표를 덮고 있는 낙엽, 낙지, 마른 풀 등이 연소하는 것
• 지중화 : 땅속 이탄층, 갈탄층 등 유기질층이 타는 것으로 재발화의 위험성이 있어 진화가 어렵다.

73

정답 ②

중유 등 물보다 무거운 비수용성 석유류 화재는 에멀전 효과를 이용한 유화소화를 한다.

74

정답 ②

제2석유류는 등유, 경유 그 밖에 1기압에서 인화점이 21℃ 이상 70℃ 미만이다.

75

정답 ①

제4류 위험물은 시안화수소를 제외하고 증기비중이 공기보다 무겁다.

76

정답 ①

아세톤과 휘발유는 제1석유류에 해당한다.

석유류의 분류

제1석유류	아세톤, 휘발유
제2석유류	등유, 경유
제3석유류	중유, 클레오소트유
제4석유류	기어유, 실린더유

77

정답 ①

제5류 위험물은 대부분 질소를 함유하고 있는 유기질소화합물이다.

78

정답 ②

지하탱크취급소는 해당되지 않는다.

취급소의 분류

1. 이송취급소	2. 판매취급소
3. 주유취급소	4. 일반취급소

79

정답 ①

디에틸에테르($C_2H)OC_2H_3$)는 제4류 위험물 인화성액체 중 특수인화물로 물에 녹는 수용성 가연성 액체이다. 물에 의해 농도가 희석되어 화재 시 다량의 물에 희석소화가 가능하다. 물과 접촉 시 격렬하게 반응한다는 것은 잘못된 내용이다.

80

정답 ①

위험물 운송에 있어서 운송책임자의 감독·지원을 받아 운송하여야 하는 위험물은 알킬알루미늄, 알킬리튬 또는 알킬알루미늄이나 알킬리튬을 함유하는 물질이다.

81

정답 ②

갑종방화문은 비차열 성능이 1시간 이상이어야 한다.

방화문의 특성

- 갑종방화문의 특성
  1시간 이상의 비차열 성능을 가지고 있는 철재로서 철판 양면의 두께가 0.5mm 이상인 것이며 철판의 두께가 1.5mm 이상이어야 한다. 그리고 방화구획의 갑종방화문은 언제나 닫힌 상태이지만, 연기 온도에 의해 자동으로 닫히고 피난 시 피난방향으로 수동으로 열려야 한다.
- 을종방화문의 특성
  비차열 성능이 30분 이상이어야 하며, 철재 및 망입(철망이 있는)유리로 된 것이다.

82

정답 ③

귀소본능이란 무의식중에 평상시 사용한 길 또는 왔던 길을 되돌아 가려고 하는 본능을 말한다.

83

정답 ④

60분＋ 방화문은 연기 및 불꽃을 차단할 수 있는 시간이 60분 이상이고, 열을 차단할 수 있는 시간이 30분 이상인 방화문을 말한다.

방화문의 구분(건축법 시행령 제64조)

① 방화문은 다음 각 호와 같이 구분한다.
  1. 60분＋ 방화문 : 연기 및 불꽃을 차단할 수 있는 시간이 60분 이상이고, 열을 차단할 수 있는 시간이 30분 이상인 방화문
  2. 60분 방화문 : 연기 및 불꽃을 차단할 수 있는 시간이 60분 이상인 방화문
  3. 30분 방화문 : 연기 및 불꽃을 차단할 수 있는 시간이 30분 이상 60분 미만인 방화문

84

중앙코어식(Core형)은 피난 시 패닉을 유발한다.

85

불꽃에 의해 완전히 녹을 때까지 불꽃의 접촉 횟수는 3회 이상이다.

86

보기 지문에서 ㉠은 '100분의 1', ㉡은 '100분의 21'이 된다.

재난관리기금의 적립(재난 및 안전관리 기본법 제67조)
① 지방자치단체는 재난관리에 드는 비용에 충당하기 위하여 매년 재난관리기금을 적립하여야 한다.
② 제1항에 따른 재난관리기금의 매년도 최저적립액은 최근 3년 동안의 「지방세법」에 의한 보통세의 수입결산액의 평균연액의 100분의 1에 해당하는 금액으로 한다.

재난관리기금의 운용 등(재난 및 안전관리 기본법 제68조)
① 재난관리기금에서 생기는 수입은 그 전액을 재난관리기금에 편입하여야 한다.
② 제1항 및 제2항에 따른 매년도 최저적립액 중 대통령령으로 정하는 일정 비율 이상(=100분의 21 이상)은 응급복구 또는 긴급한 조치에 우선적으로 사용하여야 한다.

87

소화활동설비에는 연소방지설비, 연결송수관설비, 연결살수설비, 무선통신보조설비, 제연설비, 비상콘센트설비 등이 있다.

88

유량측정장치는 성능시험배관의 직관부에 설치하되 펌프 정격토출량의 175% 이상 측정할 수 있는 성능이 되어야 한다.

89

펌프의 체절운전 시 수온의 상승을 방지하기 위하여 순환배관을 설치한다. 또한 순환배관 상에 릴리프 밸브를 통해 과압을 방출한다.

90

천장과 반자 양쪽이 불연재료로 되어있는 경우로서 천장과 반자 사이의 거리가 2m 미만인 부분은 스프링클러 설비 설치 제외대상에 해당한다.

91

오답분석

①·③·④ 초기화재 소화용으로 적합한 것은 소화설비인 소화기, 옥내소화전, 옥외소화전, 스프링클러, 물분무등소화설비이고, 본격화재 소화용으로 적합한 것은 연결송수관설비, 연결살수설비 등 소화활동설비이다.

92

준비작동식 스프링클러설비란 가압송수장치에서 준비작동식 유수검지장치 1차 측까지 배관 내에 항상 물이 가압되어 있고 2차 측에서 폐쇄형 스프링클러헤드까지 대기압 또는 저압으로 있다가, 화재발생 시 감지기의 작동으로 준비작동식 유수검지장치가 작동하여 폐쇄형 스프링클러헤드까지 소화용수가 송수되어 폐쇄형 스프링클러헤드가 열에 따라 개방되는 방식의 스프링클러설비를 말한다.

오답분석

① 습식 스프링클러설비 : 가압송수장치에서 폐쇄형 스프링클러(2차측)헤드까지 배관 내에 항상 물이 가압되어 있다가 화재로 인한 열로 폐쇄형 스프링클러헤드가 개방되는 방식이다.
② 건식 스프링클러설비 : 건식유수검지장치 2차 측에 압축공기 또는 질소 등의 기체로 충전된 배관에 폐쇄형 스프링클러헤드가 부착된 스프링클러설비로서, 폐쇄형 스프링클러헤드가 개방되어 배관 내의 압축공기 등이 방출되면 건식유수검지장치 1차 측의 수압에 의하여 건식유수검지장치가 작동하게 되는 스프링클러설비를 말한다.
④ 일제살수식 스프링클러설비 : 가압송수장치에서 일제개방밸브 1차 측까지 배관 내에 항상 물이 가압되어 있고 2차 측에서 개방형 스프링클러헤드까지 대기압으로 있다가 화재발생 시 자동감지장치 또는 수동식 기동장치의 작동으로 일제개방밸브가 개방되면 스프링클러헤드까지 소화용수가 송수되는 방식의 스프링클러설비이다.

93

화재진압에 따른 전략개념의 대응 우선순위는 다음과 같다.
생명보호 → 외부확대 방지 → 내부확대 방지 → 화점진압 → 재발방지를 위한 점검·조사 등 5가지의 대응목표를 우선순위에 따라 자원을 배치한다.

94

완강기의 최대 사용하중은 150kg(1,500N) 이상이어야 한다.

95

오답분석

② 공연장, 집회장, 관람장 또는 이와 유사한 장소에 설치하는 경우에는 시선이 집중되는 무대부 부분 등에 설치한다.
③ 설치높이는 바닥으로부터 2m 이상 2.5m 이하의 장소에 설치하여야 한다. 다만, 천장의 높이가 2m 이하인 경우에는 천장으로부터 0.15m 이내의 장소에 설치하여야 한다.
④ 화재 시 소리를 듣기가 어려운 청각장애인들이 볼 수 있도록 점멸형태의 시각경보를 발하는 장치이다.

96

통로상 제연구획은 보행중심선 길이가 60m를 초과하지 말아야 한다.

97

수격 현상(Water Hammering)은 펌프에서 유체가 배관 내의 벽면을 치는 현상으로, 발생원인은 정전 등으로 갑자기 펌프가 정지할 경우, 급히 밸브를 잠글 경우, 펌프의 정상 운전 시 유체의 압력 변동이 있는 경우이다.

오답분석

① 공동 현상 : 펌프의 흡입압력이 액체의 증기압보다 낮을 때 기포가 발생하는 현상
③ 서징 현상 : 공동현상 이후 양정, 토출양이 변화하는 현상(소음, 진동이 생김)
④ 에어바인딩 현상 : 원심 펌프에서 일어나는 공기고임 현상

98

펌프의 흡입측 수두가 클 경우 공동 현상이 발생한다. 그 외에 펌프의 흡입관경이 너무 작은 경우, 배관 내의 수온이 고온일 경우, 마찰 손실이 과대할 경우 공동 현상이 발생한다.

99

복도와 같은 통로공간에서 벽, 바닥 표면의 가연물에 화염이 급속히 확산되는 현상을 플레임오버(Flame Over) 현상이라 한다.

오답분석

①·②·③ 슬롭오버와 오일오버 현상은 유류저장탱크 화재 현상이고, 블레비 현상은 액화가스저장탱크의 폭발 현상이다.

100

제시문의 법칙은 베르누이 법칙이다. 벤추리관은 베르누이 법칙을 적용한 것이다.

PART 3

최종점검 모의고사
정답 및 해설

01	02	03	04	05	06	07	08	09	10
⑤	③	①	②	①	③	③	③	③	⑤
11	12	13	14	15	16	17	18	19	20
②	④	④	④	④	④	③	④	④	②
21	22	23	24	25	26	27	28	29	30
⑤	③	④	④	④	③	④	④	③	①
31	32	33	34	35	36	37	38	39	40
③	③	④	①	③	⑤	③	①	②	③
41	42	43	44	45	46	47	48	49	50
③	⑤	③	②	②	④	⑤	①	③	②

01

[정답] ⑤

문서적인 의사소통은 언어적인 의사소통에 비해 권위감이 있고, 정확성과 전달성이 높고, 보존성도 크다. 반면 언어적인 의사소통은 상대방의 반응이나 감정을 살필 수 있고, 그때그때 상대방을 설득시킬 수 있으므로 유동성이 있다.

02

[정답] ③

제시된 사례에 나타난 의사 표현에 영향을 미치는 요소는 연단공포증이다. 연단공포증은 90% 이상의 사람들이 호소하는 불안이므로, 이러한 심리현상을 잘 통제하면서 구두표현을 한다면 청자는 그것을 더 인간다운 것으로 생각하게 될 것이다. 이러한 공포증은 본질적인 것이기 때문에 완전히 치유할 수는 없으나, 노력에 의해서 심리적 불안을 얼마간 유화시킬 수 있다. 따라서 완전히 치유할 수 있다는 ③은 적절하지 않다.

03

[정답] ①

각 교통편에 대해 김 대리의 기준에 따라 계산하면 다음과 같다.
- CZ3650 : $(2×1,000,000×0.6)+(500,000×0.8)$
  $=1,600,000$원
- MU2744 : $(3×1,000,000×0.6)+(200,000×0.8)$
  $=1,960,000$원

- G820 : $(5×1,000,000×0.6)+(120,000×0.8)$
  $=3,096,000$원
- D42 : $(8×1,000,000×0.6)+(70,000×0.8)$
  $=4,856,000$원

따라서 김 대리가 선택할 교통편은 CZ3650이다.

04

[정답] ②

(가) ~ (라)에 들어갈 정확한 값을 찾으려 계산하기보다는 자료에서 해결할 수 있는 실마리를 찾아 적절하지 않은 선택지를 제거하는 방식으로 접근하는 것이 좋다.

먼저 종합순위가 4위인 D과장의 점수는 모두 공개되어 있으므로 총점을 계산해보면, $80+80+60+70=290$점이다.

종합순위가 5위인 A사원의 총점은 $70+(가)+80+70=220$ $+(가)$점이며, 4위 점수인 290점보다 낮아야하므로 (가)에 들어갈 점수는 70점 미만이다.

종합순위가 3위인 C대리의 총점은 $(다)+85+70+75=230$ $+(다)$점이며, 290점보다 높아야 하므로 (다)에 들어갈 점수는 60점을 초과해야 한다.

②, ③에 따라 (가)=65점, (다)=65점을 대입하면, C대리의 종합점수는 $230+65=295$점이 된다. 종합순위가 2위인 E부장의 총점은 $85+85+70+(라)=240+(라)$이므로, (라)에 들어갈 점수는 55점보다 높은 점수여야 한다. 이때 ②, ③ 모두 조건을 만족시킨다.

종합순위가 1위인 B사원의 총점은 $80+85+(나)+70=235$ $+(나)$점이다. 종합순위가 2위인 E부장의 총점은 $240+(라)$ 점이므로 (나)에 들어갈 점수는 $(라)+5$보다 높은 점수여야 한다.

따라서 (나)와 (라)의 점수가 같은 ③은 제외된다. 이제 ①·②만 남는데, C대리의 총점 $230+(다)>290$이어야 한다. (다)는 60보다 커야 하므로, (가), (나), (다), (라)에 들어갈 점수로 가장 적절한 것은 ②임을 알 수 있다.

05

[정답] ①

매장의 비주얼은 경영기획관리부서에서 관리한다고 하였으므로 VM팀은 4층이 아닌 5층에 배정된다. 따라서 4층에는 디자인, 마케팅, 영업기획, 영업관리팀이 속한다.

06
정답 ③

VM팀은 5층에 있으므로 첫 번째 번호는 5, VM을 한글로 변환하면 '비주얼 마케팅'이므로 'ㅂ'에 해당하는 자리는 3, 대리에 부여되는 번호는 3이므로 VM팀의 H대리의 내선번호는 00 − 5333이다.

총무팀은 6층에 있으므로 첫 번째 번호는 6, 'ㅊ'에 해당하는 자리는 4, 사원에 부여되는 번호는 4이므로 총무팀 A사원의 내선번호는 00 − 644이다.

07
정답 ③

'기축통화'는 국제 간의 결제나 금융거래에서 기본이 되는 화폐로 미국 예일대학의 로버트 트리핀 교수가 처음 사용한 용어이다. 대표적인 기축통화로는 미국 달러화가 있으며, 유럽에서는 유로화가 통용되고 있다.

오답분석
① 나스닥, 자스닥, 코스닥 등은 각 국가에서 운영하는 전자 주식 장외시장이다.
② MSCI지수는 서로 다른 기준을 적용하는 개별국가의 주식 시장을 상호 비교할 수 있도록 각 국가의 주식시장에 모건 스탠리증권사의 고유한 분석기준을 통일하게 적용해 산출한 지수이다.
④ 이머징마켓은 개발도상국 가운데 경제성장률이 높고 빠른 속도로 산업화가 진행되는 국가의 시장으로 한국, 브라질, 폴란드 등 여러 국가들이 속해있다.

08
정답 ③

제시된 사례의 쟁점은 재고 처리이며, 여기서 김봉구 씨는 W사에 대하여 경쟁전략(강압전략)을 사용하고 있다. 강압전략이란 내가 승리하기 위해서 당신은 희생되어야 한다는 것이며, 명시적 또는 묵시적으로 강압적 위협이나 강압적 설득, 처벌 등의 방법으로 상대방을 굴복시키거나 순응시킨다. 자신의 주장을 확실하게 상대방에게 제시하고 상대방에게 이를 수용하지 않으면 보복이 있을 것이며 협상이 결렬될 것이라는 등의 위협을 가하는 것이다. 즉, 강압전략은 일방적인 의사소통으로 일방적인 양보를 받아내려는 것이다.

09
정답 ③

최나래, 황보연, 이상윤, 한지혜는 업무성과 평가에서 상위 40%(인원이 10명이므로 4명)에 해당하지 않으므로 대상자가 아니다. 업무성과 평가 결과에서 40% 이내에 드는 사람은 4명까지이지만 B를 받은 사람 4명을 동순위자로 보아 6명이 대상자 후보가 된다. 6명 중 박희영은 통근거리가 50km 미만이므로 대상자에서 제외된다. 나머지 5명 중에서 자녀가 없는 김성배, 이지규는 우선순위에서 밀려나고, 나머지 3명 중에서는 통근거리가 가장 먼 순서대로 이준서, 김태란이 동절기 업무시간 단축 대상자로 선정된다.

10
정답 ⑤

(마)의 앞 문단에서는 정보와 지식이 커뮤니케이션 속에서 살아 움직이며 진화함을 말하고 있다. 따라서 정보의 순환 속에서 새로운 정보로 거듭나는 역동성에 대한 설명의 사례로 보기의 내용이 이어질 수 있다. 한 나라의 관광 안내 책자 속 정보가 섬세하고 정확한 것은 소비자들에 의해 오류가 수정되고 개정되는 것이, 정보와 지식이 커뮤니케이션 속에서 새로운 정보로 거듭나는 것을 잘 나타내고 있기 때문이다.

11
정답 ②

제시문에서는 환경오염은 급격한 기후변화의 촉매제 역할을 하고 있으며, 이는 농어촌과 식량 자원에 악영향을 미치고 있다고 이야기하고 있다. 따라서 글의 주제로 ②가 적절하다.

12
정답 ④

우리나라는 식량의 75% 이상을 해외에서 조달해오고 있다. 이러한 특성상 기후변화가 계속된다면 식량공급이 어려워져 식량난이 심각해질 수 있다.

오답분석
① 기후변화가 환경오염의 촉매제가 된 것이 아니라, 환경오염이 기후변화의 촉매제가 되었다.
② 알프스나 남극 공기를 포장해 파는 시대가 올지도 모른다는 말은 그만큼 공기 질 저하가 심각하다는 것을 나타낸 것이다.
③ 한정된 식량 자원에 의한 굶주림이 일부 저개발 국가에서 일반화되었지만, 저개발 국가에서 인구의 폭발적인 증가가 일어났다고는 볼 수 없다.
⑤ 친환경적인 안전 먹거리에 대한 수요가 증가하고 있지만 일손 부족 등으로 친환경 먹거리 생산량의 대량화가 쉽지 않다. 따라서 급변하는 기후 속 식량난의 해결방법으로 보기 어렵다.

13
정답 ④

뇌졸중은 현대의학에서 뇌출혈, 뇌경색 등 뇌혈관 질환을 통틀어 이르는 말이다. 흔히 잘못 사용하는 '뇌졸증'은 없는 말이다.

오답분석
① 부하직원이 대리나 과장 등 정확한 직함을 달고 있는데도 '~씨'라고 부르는 것은 잘못된 언어 습관이다. 직위에 알맞은 책임이나 권위를 무시하는 행위이기 때문이다.
② 식사는 끼니로 음식을 먹는 행위를 뜻하는 점잖은 한자 표현이지만 의미상 '밥'과 일맥상통하기 때문에 '밥 하셨나요?'라는 뜻이 된다. 부장이나 본부장, 사장에게 말하는 경우라면 밥을 높여 '진지 드셨어요?'라고 하는 것이 공손한 표현이다.

③ 절대절명은 잘못 사용한 사자성어이다. 절체절명(絶體絶命)이 올바르다.
⑤ '회복'이란 단어는 원래 상태를 되찾는다는 걸 의미한다. 따라서 '피로해소제'나 '원기회복제'로 사용하는 것이 올바르다.

14 정답 ④

표준편차는 변량의 분산 정도를 표시하는 척도이다. 부가서비스별로 선호하는 비중은 남성의 경우 7 ~ 19% 사이에 위치하고, 여성의 경우 6 ~ 21%에 위치하고 있다. 평균이 약 11.1%(=100%÷9)인 것을 감안했을 때, 여성의 비중이 평균에 비해 더 멀리 떨어져 있으므로 표준편차의 값은 남성보다 여성이 더 큰 것을 알 수 있다.

오답분석
① 성별 비율이 각각 50%라면, 포인트 적립 항목의 경우 전체 비율이 19%×0.5+21%×0.5=20%가 나와야 한다. 하지만 표에서는 19.8%라고 하였으므로 P대리가 설명한 내용은 틀렸다. 올바르게 설명하려면 남성의 비율은 60%, 여성은 40%라고 언급해야 한다.
② 무응답한 비율은 전체 8.4%이므로 1,000×0.084=84명이 맞다. 하지만 남녀 비율이 6 : 4이므로 남성은 600×0.1 =60명, 여성은 400×0.06=24명이라고 언급하여야 한다.
③ 남성이 두 번째로 선호하는 부가서비스는 무이자 할부(17%)이다.
⑤ 남성과 여성이 선호하는 부가서비스의 종류의 차이는 있지만 선호하는 주요 부가서비스가 서로 일치한다.

15 정답 ④

오답분석
① 첫 번째 명제와 두 번째 명제로 알 수 있다.
② 세 번째 명제의 대우와 첫 번째 명제를 통해 추론할 수 있다.
③ 첫 번째 명제와 네 번째 명제로 추론할 수 있다.
⑤ 두 번째 명제의 대우와 첫 번째 명제의 대우, 세 번째 명제로 추론할 수 있다.

16 정답 ④

조건을 바탕으로 가능한 경우는 다음과 같다.

1일	2일	3일	4일	5일	6일
B	E	F	C	A	D
B	C	F	D	A	E
A	B	F	C	E	D
A	B	C	F	D	E
E	B	C	F	D	A
E	B	F	C	A	D

따라서 B영화는 항상 1일 또는 2일에 상영된다.

17 정답 ③

③의 국제경쟁입찰의 과열 경쟁 심화와 컨소시엄 구성 시 민간기업과 업무배분, 이윤 추구성향 조율의 어려움 등은 문제점에 대한 언급이기 때문에 추진방향으로 적절하지 않다.

오답분석
①・②・④・⑤는 전략과제에서 도출할 수 있는 추진방향이다.

18 정답 ④

어떤 사안에 대한 '보고'를 한다는 것은 그 내용에 대한 충분한 이해가 되었다는 것이다. 즉, 그 내용과 관련해서 어떤 질문을 받아도 답변이 가능해야 한다.

오답분석
① 설명서에 해당하는 설명이다.
② 기획안에 해당하는 설명이다.
③ 이해를 돕기 위한 자료라 해도 양이 너무 많으면 오히려 내용 파악에 방해가 된다.
⑤ 한 장에 담아내야 하는 원칙이 적용되는 문서는 회사 외부로 전달되는 문서인 공문서이다.

19 정답 ④

창의적인 사고가 선천적으로 타고난 사람들에게만 있다든가, 후천적 노력에는 한계가 있다는 것은 편견이다.

20 정답 ⑤

제시문에서는 4단계로 나뉘는 감염병 위기경보 수준을 설명하며, 각 단계에 따라 달라지는 정부의 주요 대응 활동에 관해 이야기하고 있다. 따라서 감염병 위기경보 단계에 따른 정부의 대응 변화가 제목으로 가장 적절하다.

21 정답 ⑤

사업장이 오염물질 배출 허용기준을 초과할 것으로 우려될 경우 자동으로 예・경보 시스템이 작동한다.

22 정답 ②

문서를 작성해야 하는 상황은 주로 요청이나 확인을 부탁하는 경우, 정보제공을 위한 경우, 명령이나 지시가 필요한 경우, 제안이나 기획을 할 경우, 약속이나 추천을 위한 경우이다. 그러나 ②의 경우 자유롭게 제시된 팀원의 모든 의견은 공식적인 것이 아니므로 문서로 작성하지 않아도 된다.

23

정답 ④

프랑스와 한국의 시차는 7시간이다. 프랑스가 2일 9시 30분이라면, 한국은 2일 16시 30분이다. 비행시간이 13시간 걸린다고 하였으므로 인천에 3일 5시 30분에 도착한다.

24

정답 ③

5,500원＋5,500원＋5,500원＋6,000원＋7,500원
＝30,000원

오답분석

① 30,800원
　＝5,500원＋5,500원＋6,000원＋6,800원＋7,000원
② 32,600원
　＝6,000원＋6,000원＋6,300원＋6,800원＋7,500원
④ 33,300원
　＝6,000원＋6,500원＋6,300원＋7,000원＋7,500원
⑤ 33,500원
　＝5,500원＋6,000원＋7,500원＋7,000원＋7,500원

25

정답 ⑤

조건에 따르면 과장은 회색 코트를 입고, 연구팀 직원은 갈색 코트를 입었으므로 가장 낮은 직급인 기획팀의 C사원은 검은색 코트를 입었음을 알 수 있다. 이때, 과장이 속한 팀은 디자인팀이며, 연구팀 직원의 직급은 대리임을 알 수 있지만, 각각 디자인팀의 과장과 연구팀의 대리가 A, B 중 누구인지는 알 수 없다. 따라서 항상 옳은 것은 ⑤이다.

26

정답 ④

부속서 I에 해당하는 국가는 온실가스 배출량을 1990년 수준으로 감축하기 위해 노력하지만 강제성을 부여하지는 않기에 벌금은 없다.

27

정답 ③

제시된 상황은 총무부에서 주문서 메일을 보낼 때 꼼꼼히 확인하지 않아서 수정 전의 파일이 첨부되어 발송되었기 때문에 발생하였다.

28

정답 ⑤

김 팀장의 지시에 따른 박 대리의 업무 리스트를 우선순위에 따라 작성하면 다음과 같다.

〈업무 리스트〉

1. 부장님께 사업계획서 제출(이번 주 금요일)
2. 본사 사업현황보고 회의 참석(오늘 오후 5시)
3. 금일 업무 보고서 작성(오늘 오후 4시까지)
4. 회의실 예약 현황 확인(오늘 오후 2시까지)

⇩

〈업무 우선순위〉

1. 회의실 예약 현황 확인
2. 금일 업무 보고서 작성
3. 본사 사업현황보고 회의 참석
4. 부장님께 사업계획서 제출

따라서 박 대리가 가장 먼저 처리해야 할 일은 회의실 예약 현황을 확인하는 것이다.

29

정답 ③

혼잡한 시간대에도 같은 노선의 앞차를 앞지르지 못하는 유연하지 못한 버스 운행 규칙으로 인해 버스의 배차 간격이 일정하지 않은 문제가 나타났다.

30

정답 ①

문제해결 방법에 대한 체계적인 교육을 통해 창조적인 문제해결능력을 향상시킬 수 있다. 따라서 문제해결을 위해서 개인은 체계적인 교육훈련을 통해 문제해결을 위한 기본 지식과 스킬을 습득해야 한다.

31

정답 ③

먼저 각국에서 추진 중인 오픈뱅킹에 관해 설명하는 (다) 문단이 오는 것이 적절하며, 그다음으로는 우리나라에서 추진하고 있는 오픈뱅킹 정책을 이야기하며 지난해 시행된 오픈뱅킹 시스템에 관해 설명하는 (나) 문단과 올해 도입된 마이데이터 산업에 관해 설명하는 (라) 문단이 차례로 오는 것이 적절하다. 마지막으로 이러한 오픈뱅킹 정책을 성공적으로 시행하기 위해서는 현재의 오픈뱅킹시스템에 대한 법적 근거와 효율적 문제 해결 체계를 갖춰야 한다는 내용의 (가) 문단이 오는 것이 적절하다.

32

정답 ③

경청이란 다른 사람의 말을 주의 깊게 들으며, 공감하는 능력이다. 경청은 대화의 과정에서 당신에 대한 신뢰를 쌓을 수 있는 최고의 방법이다. 우리가 경청하면 상대는 본능적으로 안도감을 느끼고, 우리가 말을 할 경우 자신도 모르게 더 집중하게 된다.

33

정답 ④

(1) (나), (바) 조건에 의해, 지원이는 화요일과 목요일에는 근무할 수 없다. 또한 기태는 월요일에 근무할 수 없다. 조건에 의해 기태는 목요일에 근무하게 된다.

(2) (다), (라), (사) 조건에 의해, 다래와 고은이는 월요일에는 근무할 수 없고, 리화는 월요일과 화요일에 근무할 수 없다. 따라서 월요일에는 여자 사원 중 반드시 나영이가 근무해야 한다.

(3) (마) 조건에 의해, 남호는 월요일에 근무할 수 없다. 따라서 월요일에 근무할 수 있는 사원은 동수와 지원이다.

따라서 고은이가 화요일에 근무하게 될 경우 다래는 수요일 혹은 목요일에 근무할 수 있다. 다래가 수요일에 근무할 경우, 목요일에는 리화가 근무하게 되고, (다) 조건에 의해 동수가 화요일에 근무하게 되므로 남호는 수요일에, 지원이는 월요일에 근무하게 된다.

오답분석

① 고은이가 수요일에 근무한다면, (사) 조건에 의해 리화는 목요일에 근무하게 된다. 따라서 기태와 리화는 함께 근무하게 된다.

③ 리화가 수요일에 근무하게 되면 고은이는 화요일에 근무하게 되고 다래는 목요일에 근무하게 된다. 따라서 동수는 수요일에 근무하게 된다. 이때 (바) 조건에 의해 지원이는 월요일에 근무하게 되므로 남호는 화요일에 근무하게 된다.

⑤ 지원이가 수요일에 근무하게 되면 (마) 조건에 의해 남호는 화요일, 동수는 월요일에 근무하게 된다. 그러면 (다) 조건에 의해 다래는 화요일, (사) 조건에 의해 고은이는 수요일, 리화는 목요일에 근무하게 된다.

34

정답 ①

조건에 따르면 김 씨는 남매끼리 서로 인접하여 앉을 수 없으며, 박 씨와도 인접하여 앉을 수 없으므로 김 씨 여성은 왼쪽에서 첫 번째 자리에만 앉을 수 있다. 또한, 박 씨 남성 역시 김 씨와 인접하여 앉을 수 없으므로 왼쪽에서 네 번째 자리에만 앉을 수 있다. 나머지 자리는 최 씨 남매가 모두 앉을 수 있으므로 6명이 앉을 수 있는 경우는 다음과 같다.

1) 경우 1

김 씨 여성	최 씨 여성	박 씨 여성	박 씨 남성	최 씨 남성	김 씨 남성

2) 경우 2

김 씨 여성	최 씨 남성	박 씨 여성	박 씨 남성	최 씨 여성	김 씨 남성

경우 1과 경우 2 모두 최 씨 남매는 왼쪽에서 첫 번째 자리에 앉을 수 없다.

35

정답 ②

제시문은 재산권 제도의 발달에 따른 경제 성장을 예로 들어 제도의 발달과 경제 성장의 상관관계에 대해 설명하고 있다. 더불어 제도가 경제 성장에 영향을 줄 수는 있지만 동시에 경제 성장으로부터 영향을 받을 수도 있다는 점에서 그 인과관계를 판단하기 어려운 한계점을 제시하고 있다.

따라서 제목으로 적절한 것은 '경제 성장과 제도 발달'이다.

36

정답 ③

제시문에서는 법조문과 관련된 '반대 해석'과 '확장 해석'의 개념을 일상의 사례를 들어 설명하고 있다.

37

정답 ⑤

완성품 납품 수량은 총 100개이다. 완성품 1개당 부품 A는 10개가 필요하므로 총 1,000개가 필요하고, B는 300개, C는 500개가 필요하다. 그런데 A는 500개, B는 120개, C는 250개의 재고를 가지고 있으므로, 모자라는 나머지 부품, 즉 500개, 180개, 250개를 주문해야 한다.

38

정답 ①

- A씨 가족이 주간권을 구매할 경우의 할인금액
  $(54,000 \times 0.4) + [(54,000 + 46,000 + 43,000) \times 0.1]$
  $= 35,900$원
- A씨 가족이 야간권을 구매할 경우의 할인금액
  $(45,000 \times 0.4) + [(45,000 + 39,000 + 36,000) \times 0.1]$
  $= 30,000$원

따라서 할인금액의 차이는 $35,900 - 30,000 = 5,900$원이다.

39

정답 ②

세슘은 공기 중에서도 쉽게 산화하며 가루 세슘 또한 자연발화를 한다. 특히 물과 만나면 물에 넣었을 때 발생하는 반응열이 수소 기체와 만나 더욱 큰 폭발을 일으킨다. 하지만 제시문에서 액체 상태의 세슘을 위험물에서 제외한다는 내용은 제시되어 있지 않다.

40

정답 ④

참여예산제는 인기 영합적 예산 편성으로 예산 수요가 증가하여 재정 상태를 악화시킬 가능성이 있지만, 참여예산제 자체가 재정 상태를 악화시키지는 않는다.

41

정답 ③

대화 내용을 살펴보면 A과장은 패스트푸드점, B대리는 화장실, C주임은 은행, 귀하는 편의점을 이용한다. 이는 동시에 이루어지는 일이므로 가장 오래 걸리는 일의 시간만을 고려하면 된다. 은행이 30분으로 가장 오래 걸리므로 17:20에 모두 모이게 된다. 따라서 17:00, 17:15에 출발하는 버스는 이용하지 못한다. 그리고 17:30에 출발하는 버스는 잔여석이 부족하여 이용하지 못한다. 최종적으로 17:45에 출발하는 버스를 탈 수 있으므로 서울 도착 예정시각은 19:45이다.

42

정답 ⑤

다른 국가들의 국제동향을 파악하기 위해서는 현지인의 의견이 무엇보다 중요하다.

43

정답 ③

면접관의 질문 의도는 단순히 사무실의 구조나 회사 위치 등 눈에 보이는 정보를 묻는 것이 아니라, 실질적으로 회사를 운영하는 내부 조직에 관련된 사항을 알고 있는지를 묻는 것이다. 그러므로 사무실의 구조는 질문의 답변 내용으로 적절하지 않다.

44

정답 ②

고객에게 문의 주신 것에 대한 감사와 문제가 생겨 힘들었던 점을 공감해주는 내용으로 불만고객 응대를 위한 8단계 프로세스 중 '감사와 공감 표시' 단계임을 알 수 있다.

오답분석
① 어떠한 부분이 불편했는지 질문하는 것이므로 '정보파악' 단계이다.
③ 고객이 처음에 말한 내용을 확인한 후 바로 도움을 드리겠다는 내용으로 '해결약속' 단계이다.
④ 정보파악 후 내용을 확인하고 문제를 처리하기 전 고객에게 시간 양해를 구하는 것으로 '신속처리' 단계이다.
⑤ 문제해결 후 고객에게 서비스에 대한 만족도를 묻는 것으로 마지막 '피드백' 단계이다.

45

정답 ②

접수기간만 명시되어 있고 1차 예선 발표에 대한 일정은 언급되어 있지 않다.

46

정답 ④

'꼭 필요한 부위에만 접착제와 대나무 못을 사용하여 목재가 수축·팽창하더라도 뒤틀림과 휘어짐이 최소화될 수 있도록 하였다.'라는 문장을 볼 때, 접착제와 대나무 못을 사용하면 수축과 팽창이 발생하지 않는다는 말은 옳지 않다.

47

정답 ⑤

가장 높은 등급을 1등급, 가장 낮은 등급을 5등급이라 하면 네 번째 조건에 의해 A는 3등급을 받는다. 또한, 첫 번째 조건에 의해 E는 4등급 또는 5등급이다. 이때 두 번째 조건에 의해 C가 5등급, E가 4등급을 받고 세 번째 조건에 의해 B는 1등급, D는 2등급을 받는다. 심폐기능 등급이 좋은 환자 순서로 나열하면 B>D>A>E>C이다. 따라서 발송 대상자는 C와 E이다.

48

정답 ①

각각의 조건을 수식으로 비교해 보면 다음과 같다.
A>B, D>C, F>E>A, E>B>D
∴ F>E>A>B>D>C

49

정답 ③

원인 분석의 절차

구분	절차	보기
이슈 분석	1. 핵심이슈 설정	ⓒ
	2. 가설설정	ⓜ
	3. 분석결과(Output) 이미지 결정	㉠
데이터 분석	4. 데이터 수집계획 수립	ⓛ
	5. 데이터 정리 및 가공	ⓗ
	6. 데이터 해석	
원인 파악	7. 원인과 결과 도출	㉣

50

정답 ②

주어진 자료를 토대로 민원처리 시점을 구하면 다음과 같다.
• A씨는 4/29(금)에 '부동산중개사무소 등록'을 접수하였고 민원처리기간은 7일이다. 민원사무처리기간이 6일 이상일 경우, 초일을 산입하고 '일' 단위로 계산하되 토요일은 포함하고 공휴일은 포함하지 않는다. 따라서 민원사무처리가 완료되는 시점은 5/9(월)이다.
• B씨는 4/29(금)에 '토지거래계약허가'를 접수하였고 민원처리기간은 15일이다. 민원사무처리기간이 6일 이상일 경우, 초일을 산입하고 '일' 단위로 계산하되 토요일은 포함하고 공휴일은 포함하지 않는다. 따라서 민원사무처리가 완료되는 시점은 5/19(목)이다.
• C씨는 4/29(금)에 '등록사항 정정'을 접수하였고 민원처리기간은 3일이다. 민원사무처리기간이 5일 이하일 경우, '시간' 단위로 계산하되 토요일과 공휴일은 포함하지 않는다. 따라서 민원사무처리가 완료되는 시점은 5/4(수) 14시이다.

01	02	03	04	05	06	07	08	09	10	11	12	13	14	15	16	17	18	19	20
③	④	②	②	①	①	③	④	①	③	③	②	④	③	④	②	②	④	②	①
21	22	23	24	25	26	27	28	29	30	31	32	33	34	35	36	37	38	39	40
①	①	④	③	①	③	③	①	③	②	②	③	①	③	①	④	②	④	①	③
41	42	43	44	45	46	47	48	49	50										
①	④	④	④	④	②	②	③	③	②										

01
정답 ③

증기폭발은 물질의 상변화에 의해 에너지를 방출이 짧은 시간에 이루어지는 물질적 폭발에 해당한다.

오답분석

분해폭발, 분진폭발, 중합폭발은 물질 자체의 화학적 분자구조가 변하며, 화염을 동반하는 화학적 폭발에 해당한다.

폭발의 종류

폭발의 종류는 물리적 폭발과 화학적 폭발로 분류된다.
• 물리적 폭발(=응상폭발)의 종류
  수증기폭발, 증기폭발, BLEVE 현상(물리적 폭발+화학적 폭발), 고상간의 전이에 의한 폭발(=고체상 전이폭발, 고체인 무정형 안티몬이 동일한 고상의 안티몬으로 전이할 때에 발열함으로써 주위의 공기가 팽창하여 폭발현상을 나타낸다), 전선폭발(=금속 선 폭발, 알루미늄 전선에 한도 이상의 대전류가 흘러 순식간에 전선이 가열되고 용융과 기화가 급격하게 진행되어 폭풍을 일으켜 피해를 주는 경우도 있다)
• 화학적 폭발(=기상폭발)의 종류
  산화폭발(가스폭발, 분진폭발, 분무폭발), 분해폭발, 중합폭발, 증기운 폭발(UVCE), 백드래프트 현상

02
정답 ④

우리나라 소방행정체제의 발달순서는 ㄷ. 자치 소방행정체제(미군정기, 1945~1948) → ㄴ. 국가 소방행정체제(대한민국 정부수립 이후, 1948~1970) → ㄱ. 이원적 소방행정체제(1972~1992) → ㄹ. 광역자치 소방행정체제(1992년~현재)이다.

03
정답 ②

연기에 의한 감광계수가 0.3, 가시거리가 5m일 때의 상황은 건물 내부에 익숙한 사람이 피난 시 약간 지장을 느낄 정도의 연기농도이다.

오답분석

① 어둠침침한 것을 느낄 수 있는 정도의 농도는 감광계수가 0.5, 가시거리는 3m 정도이다.
③ 화재의 최성기 때의 농도로 암흑상태로 유도등이 보이지 않을 정도의 농도는 감광계수가 10, 가시거리는 0.2~0.5m 정도이다.
④ 앞이 거의 보이지 않을 정도의 농도는 감광계수가 1, 가시거리는 1~2m 정도이다.

감광계수와 가시거리와의 관계
• 연기농도가 짙을수록 감광계수 값은 커지고, 연기농도가 옅을수록 감광계수 값은 작아진다.
• 감광계수 값이 커질수록 가시거리는 짧아지고, 감광계수 값이 작을수록 가시거리는 길어진다. 즉, 감광계수와 가시거리는 반비례 관계이다.

감광계수	가시거리(m)	상황
0.1	20 ~ 30	• 연기감지기가 작동할 정도의 농도 • 건물구조에 익숙하지 않은 사람이 피난에 지장을 받을 수 있는 농도
0.3	5	건물구조에 익숙한 사람이 피난에 지장을 받을 수 있는 농도
0.5	3	어두침침한 것을 느낄 정도의 농도
1.0	1 ~ 2	전방이 거의 보이지 않을 정도의 농도
10	0.2 ~ 0.5	• 최성기 때의 연기농도 • 암흑상태로 유도등이 보이지 않을 정도의 농도
30	–	출화실에서 연기가 분출될 때의 농도

04

정답 ②

ㄱ. 불화단백포는 불소계 계면활성제를 첨가하여 유동성과 내열성을 높이고 표면하주입방식을 활용함으로써 포 방출구 파손을 줄였다.

ㄴ. 단백포는 동식물성의 단백질 가수분해물질에 내화성을 높이기 위해 포안정제로 제1철염(FeCl2)을 사용하고 내열성과 점착성이 우수하다.

ㄷ. 내알코올포는 단백질의 가수분해물, 계면활성제, 금속비누 등을 첨가하여 유화 분산시킨 것으로 케톤류, 에스테르류, 알데히드 류 등 화재 시에 적합하다.

ㄹ. 합성계면활성제포는 저발포형과 고발포형까지 사용범위가 넓지만 비내열성과 비내유성이 있고 분해성이 낮아 환경문제를 유발 한다.

수성막포 소화약제

유류표면 위에 수성의 막을 형성함으로써 포의 전파속도를 증가시키고 액체의 증발을 억제하여 소화효과가 우수하며 일명 라이트 워터(Light Water)라 한다. 특히 드라이케미컬과 함께 사용했을 때 소화효과가 7 ~ 8배 정도 증가한다. 단점으로 얇은 막으로 인해 내열성이 약해 포가 쉽게 깨지는 소포성이 있다.

05

정답 ①

행정안전부는 감염병을 주관하지 않는다. 감염병을 주관하는 재난관리주관기관은 보건복지부이다. 행정안전부는 정부 중요시설 사고, 공동구 재난(국토교통부가 관장하는 공동구는 제외), 내륙에서 발생한 유도선 등의 수난 사고, 풍수해(조수는 제외한다), 지진·화산·낙뢰·가뭄 등으로 인한 재난 및 사고를 주관한다.

오답분석

② 농림축산식품부는 가축 질병, 저수지 사고를 주관한다.

③ 해양수산부는 조류(藻類) 대발생(적조에 한정), 조수(潮水), 해양 선박 사고, 해양분야 환경오염 사고를 주관한다.

④ 환경부는 수질분야 대규모 환경오염 사고, 식용수 사고(지방 상수도 포함), 황사, 미세먼지, 유해화학물질 유출 사고, 조류(藻類) 대발생(녹조에 한정)을 주관한다.

재난관리주관기관

재난이나 그 밖의 각종 사고에 대하여 그 유형별로 예방, 대비, 대응 및 복구 등의 업무를 주관하여 수행하도록 대통령령으로 정하는 관계 중앙행정기관을 말한다.

과학기술정보통신부	자연우주물체의 추락·충돌, 위성항법장치(GPS) 전파혼신 등
산업통상자원부	가스 수급 및 누출 사고, 원유수급 사고, 전력 사고 등
보건복지부	감염병 재난, 보건의료 사고
국토교통부	고속철도 사고, 도로터널 사고, 육상화물운송 사고, 지하철 사고, 항공기 사고, 다중밀집건축물 붕괴 대형사고 등
소방청	화재·위험물 사고, 다중밀집시설 대형화재
산림청	산불, 산사태
해양경찰청	해양에서 발생한 유도선 등의 수난 사고

06

정답 ①

긴급구조에 필요한 인력·시설 및 장비, 운영체계 등 긴급구조능력을 보유한 기관이나 단체로서 대통령령으로 정하는 기관과 단체를 "긴급구조지원기관"이라 한다.

정의(재난 및 안전관리 기본법 제3조)
7. "긴급구조기관"이란 소방청·소방본부 및 소방서를 말한다. 다만, 해양에서 발생한 재난의 경우에는 해양경찰청, 지방해양경찰청 및 해양경찰서를 말한다.
8. "긴급구조지원기관"이란 긴급구조에 필요한 인력·시설 및 장비, 운영체계 등 긴급구조능력을 보유한 기관이나 단체로서 대통령령으로 정하는 기관과 단체를 말한다.

07

정답 ③

최소발화에너지(MITE)는 화학양론적 조성 부근에서 가장 작다.

최소발화에너지(MITE)의 특성
• 개념 : 가연물이 화학 반응할 때 작은 에너지로 연소하는 것을 최소발화에너지라고 한다.
• 최소발화에너지에 영향을 주는 인자
  - 온도가 상승하면 분자운동이 활발해서 최소발화에너지는 작아진다.
  - 압력이 상승하면 분자간의 거리가 가까워져서 최소발화에너지는 작아진다.
  - 농도가 짙고, 발열량이 크며, 산소분압이 높아질 때 최소발화에너지는 작아진다.
  - 열전도율이 작을수록 최소발화에너지는 작아진다.
  - 가연성 가스의 조성이 화학양론적 조성 부근일 경우 최소발화에너지(MITE)는 최저가 된다.

08

정답 ④

중성대의 위치는 화재실 내부의 상부와 하부의 온도차와 압력차가 주요 요인이다. 건축물의 높이와 건축물 내·외부의 온도차는 굴뚝효과에 영향을 미치는 주요 요인이다.

09

정답 ①

㉠에 들어갈 내용은 '대류', ㉡에 들어갈 내용은 '복사'이다.

내화구조 건축물의 화재 진행단계에서 열전달 기전
1. 화재초기(발화기) - 전도
2. 성장기 - 대류
3. 최성기 - 복사

10

정답 ③

ㄷ. 포스겐의 공기 중 허용농도 : 0.1ppm 이하
ㄹ. 염화수소의 공기 중 허용농도 : 5ppm 이하
ㄱ. 일산화탄소의 공기 중 허용농도 : 50ppm 이하
ㄴ. 이산화탄소의 공기 중 허용농도 : 5,000ppm 이하
위의 연소가스의 공기 중 허용농도를 낮은 것에서부터 배열하면 '포스겐 - 염화수소 - 일산탄소 - 이산화탄소' 순이다.

11

정답 ③

유성체의 추락·충돌로 인한 재난은 자연재난에 해당된다.

오답분석

①은 국가핵심기반, ②는 붕괴, ④는 가축전염병 확산으로 사회재난에 해당한다.

정의(재난 및 안전관리 기본법 제3조)

1. "재난"이란 국민의 생명·신체·재산과 국가에 피해를 주거나 줄 수 있는 것으로서 다음 각 목의 것을 말한다.
   가. 자연재난 : 태풍, 홍수, 호우(豪雨), 강풍, 풍랑, 해일(海溢), 대설, 한파, 낙뢰, 가뭄, 폭염, 지진, 황사(黃砂), 조류(藻類) 대발생, 조수(潮水), 화산활동, 소행성·유성체 등 자연우주물체의 추락·충돌, 그 밖에 이에 준하는 자연현상으로 인하여 발생하는 재해
   나. 사회재난 : 화재·붕괴·폭발·교통사고(항공사고 및 해상사고를 포함한다)·화생방사고·환경오염사고 등으로 인하여 발생하는 대통령령으로 정하는 규모 이상의 피해와 국가핵심기반의 마비, 「감염병의 예방 및 관리에 관한 법률」에 따른 감염병 또는 「가축전염병예방법」에 따른 가축전염병의 확산, 「미세먼지 저감 및 관리에 관한 특별법」에 따른 미세먼지 등으로 인한 피해

12

정답 ②

분자 내부에 니트로기를 갖고 있는 TNT, 니트로셀룰로오스 등과 같은 제5류 위험물은 자체 산소를 가지고 있어, 열분해 과정에서 산소를 발생시키고 이 산소로 자신이 연소하는 자기연소(내부연소)의 형태를 갖는다.

고체연소의 형태

• 증발연소 : 양초, 나프탈렌, 파라핀, 왁스, 유황, 장뇌, 고형알코올 등
• 분해연소 : 석탄, 목재, 종이, 섬유, 플라스틱, 고무 등
• 자기연소(＝내부연소) : 제5류 위험물
• 표면연소(＝작열연소) : 숯, 목탄, 코크스, 금속분 등

13

정답 ④

화재의 예방조치, 강제처분 등 소방행정기관이 당사자의 허락을 받지 않고 일방적인 결정에 행정조치를 취하는 것을 우월성(＝지배복종관계)이라 한다.

소방행정작용의 특성

• 우월성(＝지배복종관계) : 화재의 예방조치, 강제처분 등 소방행정기관이 당사자의 허락을 받지 않고 일방적인 결정에 행정조치를 취하는 것을 말한다.
• 원칙성(＝획일성) : 소방법규에 규정된 내용이나 소방기관의 명령은 원칙적으로 소방대상물, 관계인 등에게 획일적으로 모두 적용된다는 특성이다.
• 기술성(＝수단성) : 소방법규의 내용이나 소방기관의 명령은 소방의 목적을 달성하기 위한 수단이라는 것이다.

14

정답 ③

황화린은 제2류 위험물인 가연성 고체로서, 지정수량은 100kg이다.

오답분석

① 과염소산은 제6류 위험물이다.
② 황린은 제3류 위험물이다.
④ 산화성고체는 제1류 위험물의 성질이다.

15

제4종 – 중탄산칼륨+요소 – B, C급이다.

분말소화약제의 종류 및 적응화재

구분	화학식(주성분)	소화원리	적응화재	착색	방습처리제
제1종 분말소화약제	$NaHCO_3$ (탄산수소나트륨, 중탄산나트륨)	부촉매, 질식, 냉각	B급, C급	백색	스테아린산염 (아연, 마그네슘)
제2종 분말소화약제	$KHCO_3$ (탄산수소칼륨, 중탄산칼륨)	부촉매, 질식, 냉각	B급, C급	담자색 (담회색)	스테아린산염 (아연, 마그네슘)
제3종 분말소화약제	$NH_4H_2PO_4$ (제1인산암모늄)	부촉매, 질식, 냉각, 방진, 탈수	A급, B급, C급	담홍색	실리콘오일
제4종 분말소화약제	$KHCO_3 + (NH_2)_2CO$ (탄산수소칼륨+요소)	부촉매, 질식, 냉각	B급, C급	회색	스테아린산염 (아연, 마그네슘)

16

정전기에 의한 발화과정은 전기부도체의 마찰에 의해 '전하의 발생 → 전하의 축적 → 방전 → 발화'이다.

17

점화에너지를 차단하는 소화는 냉각소화이며, 물리적 소화에 해당한다. 물리적 소화 – 냉각소화 – 점화에너지 차단

화재의 소화방법과 효과

물리적 소화	• 냉각소화 → 점화에너지 차단 • 질식소화 → 산소 차단 • 제거소화 → 가연물 차단
화학적 소화	억제소화 → 연쇄반응 차단

18

건축물의 높이가 높을수록 연돌효과는 증가한다.

굴뚝효과에 대한 이해
• 개념
  고층건축물의 계단실, 엘리베이터실과 같은 수직 공간 내의 온도와 밖의 온도가 서로 차이가 있는 경우에 밀도 차에 의해 부력이 발생하여 연기가 수직 공간을 따라 상승하는 현상을 말한다.
• 굴뚝효과의 요인
  – 건축물의 높이
  – 화재실의 온도
  – 건축물 내·외의 온도차(건물 내부온도>건물 외부온도)
  – 외벽의 기밀도
  – 각층 간의 공기누설

19

이산화탄소는 전기가 통하지 않는 전기비전도성이므로 전기설비에 사용이 가능하다. 이산화탄소소화약제는 B급화재(=유류화재)와 C급화재(=전기화재)에 소화 적응성이 있다.

이산화탄소(CO_2) 소화약제

- 무색·무취의 기체로서 독성이 없으며, 공기보다 비중이 1.52배 무겁다. → 피복소화 효과
- 소화 후에 잔유물을 남기지 않아 증거보존이 가능하다.
- 미세한 공간에도 잘 침투하므로 심부화재 적응성이 좋다.
- 전기절연성이 좋아 전기화재에도 적합하다(비전도성).
- 소화 시 산소의 농도를 저하시키므로 질식의 우려가 있고, 방사 시 약 −80℃까지 하강하기 때문에 동상의 우려가 있다.
- 자체압으로 방사 및 소화가 가능하므로 고압저장 시 주의를 요하고 있으며, 방사 시 소음이 크다.
- 방사 시 운무현상이 두드러져 삼중점에 이르면 드라이아이스로 변한다. → 가시거리가 짧아지며 피난 시 행동에 장애 초래
- 소화약제는 고압으로 액화시켜 용기에 보존하며 반영구적으로 보존 및 사용이 가능하며, 추운 지방에서도 사용이 가능하다.

20 [정답] ①

제6류 위험물을 운반용기에 수납할 때 외부에 주의사항으로 가연물 접촉주의를 표시하여야 한다.

위험물을 수납하는 운반용기의 외부에 표시해야 하는 주의사항

1. 제1류 위험물
   (1) 수납하는 위험물 – 화기주의, 충격주의, 가연물 접촉주의
   (2) 알칼리금속의 무기과산화물 – 화기주의, 충격주의, 가연물 접촉주의, 물기엄금
2. 제2류 위험물
   (1) 철분, 금속분, 마그네슘 – 화기주의, 물기엄금
   (2) 인화성고체 – 화기엄금
   (3) 그 밖의 제2류 위험물 – 화기주의
3. 제3류 위험물
   (1) 자연발화성물질 – 화기엄금 및 공기접촉주의
   (2) 금수성물질 – 물기엄금
4. 제4류 위험물 – 화기엄금
5. 제5류 위험물 – 화기엄금 및 충격주의
6. 제6류 위험물 – 가연물 접촉주의

21 [정답] ①

가축질병은 보건복지부가 아니라 농림축산식품부가 재난관리주관기관에 해당한다.

재난 및 사고 유형별 재난관리주관기관(재난 및 안전관리 기본법 시행령 부칙)

1. 해양에서 발생한 유도선 수난사고 : 해양경찰청
2. 해양선박사고 : 해양수산부
3. 풍수해, 지진, 가뭄, 한파, 폭염 등 : 행정안전부
4. 식용수사고, 황사, 미세먼지 : 환경부
5. 감염병 재난 : 보건복지부, 질병관리청
6. 지하철사고, 붕괴, 터널사고 : 국토교통부

22 [정답] ①

실무수습생이 실무수습 교육 중 사망한 경우에는 사망한 날에 임용된 것이 아니라 사망 전 일에 임용된 것으로 본다(소방공무원 임용령 제5조 제3호).

[오답분석]

② 「소방공무원 임용령」 제4조 제1항
③ 「소방공무원 임용령」 제4조 제2항
④ 「소방공무원 임용령」 제5조 제1호 가목

23

정답 ④

긴급구조지휘대의 통신지휘요원과 가장 관련 있는 통제단의 하부 조직은 구조진압반이고, 신속기동요원은 대응계획부에 배치한다.

긴급구조지휘대의 구성 및 기능(긴급구조대응활동 및 현장지휘에 관한 규칙 제16조)
③ 영 제65조 제1항의 규정에 의하여 긴급구조지휘대를 구성하는 다음 각호에 해당하는 자는 통제단이 설치·운영되는 경우에는 다음의 구분에 따라 통제단의 해당부서에 배치된다.
  1. 신속기동요원 : 대응계획부
  2. 자원지원요원 : 자원지원부
  3. 통신지휘요원 : 구조진압반
  4. 안전담당요원 : 연락공보담당 또는 안전담당
  5. 경찰파견 연락관 : 현장통제반
  6. 응급의료파견 연락관 : 응급의료반

24

정답 ③

유량조절밸브가 배관 중 수조의 위치 전방에 있을 때는 맥동현상이 발생하지 않는다.

오답분석

①·②·④ 배관 중에 수조가 있을 때, 배관 중에 기체상태의 부분이 있을 때, 펌프의 특성곡선이 산모양이고 운전점이 그 정상부일 때 맥동현상이 발생한다.

맥동현상(＝서징현상, Surging)
• 개념 : 송출 압력과 송출유량의 주기적인 변동이 발생하는 현상이다. 공동현상 이후에 발생하며 유량이 단속적으로 변하여 펌프의 입구·출구에 설치된 진공계 및 압력계가 흔들리고 진동과 소음이 일어나며 펌프의 토출유량이 변하는 현상을 맥동현상(＝서징현상, Surging)이라 한다.
• 맥동현상 발생 원인
  – 배관 중에 수조가 있을 때
  – 배관 중에 기체상태의 부분이 있을 때
  – 유량조절밸브가 배관 중 수조의 위치 후방에 있을 때
  – 펌프의 특성곡선이 산모양이고, 운전점이 그 정상부일 때
• 맥동현상 방지 대책
  – 배관 중 불필요한 수조를 없앤다.
  – 배관 내의 기체(공기)를 제거한다.
  – 유량조절밸브를 배관 중 수조의 전방에 설치한다.
  – 운전점을 고려하여 적합한 펌프를 선정한다.
  – 풍량 또는 토출량을 줄인다.

25

정답 ①

ㄱ. 가압송수 장치인 소방펌프의 체절운전으로 인한 수온 상승을 방지하기 위해 설치하는 배관을 '순환배관'이라 하고, 과압으로 배관이 파손되는 경우를 방지하기 위하여 설치하는 것을 '릴리프밸브'라 한다.
ㄴ. 펌프의 2차측 개폐밸브 이후에서 분기하여 전 배관 내 압력을 감지하고 있다가 옥내소화전 개폐밸브인 앵글밸브를 열거나 화재로 인하여 주수 시 배관 내의 압력이 떨어지면 압력스위치가 작동하여 주펌프 또는 보조펌프를 자동으로 기동시키는 장치를 '기동용 수압개폐장치'라 한다.
ㄷ. 정기적으로 펌프의 성능을 시험하여 펌프 성능곡선의 양부 및 방사압과 토출량을 검사하기 위하여 개폐밸브 이전에 분기하여 설치하는 배관을 '펌프성능 시험배관'이라 한다.
ㄹ. 누수로 인한 유수검지 장치의 오동작을 방지하기 위한 안전장치로 압력스위치 작동지연(20초 정도) 효과를 가지고 있는 것을 '리타팅 챔버'라 한다.

26

정답 ③

옥외소화전은 소방대상물과의 수평거리가 45m 이하가 아니라 40m 이하가 되도록 설치한다.

옥내소화전과 옥외소화전의 비교

구분	옥내소화전	옥외소화전
주수형태	봉상주수	봉상주수
최소 규정 방수량	$130l/min$	$350l/min$
1개당 저수량	$130l/min \times 20min = 2.6m^2$	$350l/min \times 20min = 7m^2$
최대 설치 개수	최대 5개	최대 2개
유효 수원의 양	$2.6m^2 \times$ 최대 $5개 = 13m^2$	$7m^2 \times$ 최대 $2개 = 14m^2$
방수압	0.17MPa 이상 0.7MPa 이하	0.25MPa 이상 0.7MPa 이하
그 밖의 제원	• 소방대상물과 방수구와의 수평거리 : 25m 이하 • 소방호스의 구경 : 40mm 이상 • 노즐의 구경 : 13mm • 소화전함의 두께 : 1.5mm 이상 • 소화전함 문짝의 면적 : $0.5m^2$ 이상	• 소방대상물과 소화전과의 수평거리 : 40m 이하 • 소방호스의 구경 : 65mm • 노즐의 구경 : 19mm • 외소화전과 소화전함과의 거리 : 5m 이내

27

정답 ③

Fail $-$ Safe 원칙에 따르면 2방향 이상 피난로를 확보하여야 한다.

오답분석

①・②・④ Fool $-$ Proof 원칙에 해당한다.

Fool $-$ Proof 원칙과 Fail $-$ Safe 원칙의 비교
• Fool $-$ Proof(비상사태 대비책) 원칙
 − 비상사태로 피난자가 혼란을 느끼고 바보와 같은 지능 상태가 되어도 쉽게 인지하도록 하는 것
 − 소화・경보설비의 위치, 유도표지에 판별이 쉬운 색채와 그림을 사용한다.
 − 문은 피난방향으로 열 수 있도록 하며 회전식이 아닌 레버식으로 한다.
 − 정전 시에도 피난할 수 있도록 외광이 들어오는 위치에 문을 설치한다.
• Fail $-$ Safe(이중 안전장치) 원칙
 − 하나의 수단이 고장 등으로 실패하여도 다른 수단에 의해 구제할 수 있도록 안전한 장치, 병렬화 등을 요구하는 것
 − 안전율을 높이는 설계로 이상 상태의 전체 파급을 방지한다.
 − 시스템의 여분 또는 병렬화
 − 2방향 이상의 피난통로를 확보한다.

28

정답 ①

심폐소생술 시행을 위한 기도유지(기도기의 삽입, 기도삽관, 후드 마스크삽관 등)는 '1급 응급구조사'만의 업무에 해당한다.

오답분석

②・③・④ 구강 내 이물질의 제거, 기도기를 이용한 기도유지, 기본심폐소생술 및 산소투여는 2급 응급구조사도 할 수 있는 업무에
 해당한다.

'1급 응급구조사'만이 할 수 있는 업무
• 심폐소생술 시행을 위한 기도유지(기도기의 삽입, 기도삽관, 후드 마스크삽관 등)
• 정맥로의 확보
• 인공호흡기를 이용한 호흡의 유지

29

정답 ②

우리나라에서 소방을 경찰에서 분리하여 최초로 독립된 자치 소방체제가 성립된 시기는 2차 세계대전 이후 미군정기인 1945 ~ 1948년에 해당한다.

오답분석

① 일제강점기(1910 ~ 1945년) : 경무청 소속의 경찰 신분이었다.
③ 대한민국정부 수립 직후(1948 ~ 1970년) : 내무부 치안국 소속으로 경찰에 예속되어 경찰 신분이었다.
④ 이원적 소방체제를 실시한 직후(1972 ~ 1992년) : 서울과 부산은 자치소방체제, 기타 지역은 국가소방체제를 실시하였다.

30

정답 ②

소방행정작용의 특성 중 '화재의 예방조치, 강제처분 등 소방행정기관이 당사자의 허락을 받지 않고 일방적인 결정에 행정조치를 취하는 것'을 '우월성'이라 한다.

소방행정작용의 특성

• 우월성(＝지배ㆍ복종관계) : 화재의 예방조치, 강제처분 등 소방행정기관이 당사자의 허락을 받지 않고 일방적인 결정에 행정조치를 취하는 특성
• 원칙성(＝획일성) : 소방법규에 규정된 내용이나 소방기관의 명령은 원칙적으로 소방대상물, 관계인 등에게 획일적으로 모두 적용된다는 특성
• 기술성(＝수단성) : 소방법규의 내용이나 소방기관의 명령은 소방의 목적을 달성하기 위한 수단이라는 특성

31

정답 ②

주위 온도가 일정 상승률 이상 되는 경우에 작동하는 것으로서 넓은 범위에서의 열 효과에 의해 작동되는 것을 '차동식 분포형 감지기'라 한다.

오답분석

① 차동식 스포트형 감지기 : 주위 온도가 일정 상승률 이상, 일국소 열 효과에 의해 작동하는 감지기이다.
③ 정온식 스포트형 감지기 : 주위 온도가 일정 온도 이상, 일국소 열 효과에 의해 작동하는 감지기이다.
④ 광전식 스포트형 감지기 : 광량의 변화, 일국소 연기농도의 변화에 의해 작동하는 감지기이다.

감지기의 종류

		스포트형	일국소(좁은 범위)
열 감지기	차동식 (주위 온도가 일정 상승률 이상)	분포형	넓은 범위
	정온식 (주위 온도가 일정 온도 이상)	감지선형	전선
		스포트형	일국소
	보상식 (차동식＋정온식의 겸용)	스포트형	일국소
연기 감지기	이온화식	이온전류의 변화, 아메리슘241, α선	
	광전식	광량의 변화	
특수형 감지기		불꽃감지기, 광전식 중 아날로그 방식 등	

32

정답 ③

화재진압에 따른 전략개념의 대응 우선순위(RECEO)는 생명보호(Rescue) → 외부확대 방지(Exposure) → 내부확대 방지(Confine) → 화재진압(Extinguish) → 재발방지를 위한 점검ㆍ조사(Overhaul) 등 5가지의 대응목표를 우선순위에 따라 자원을 배치한다.

33

정답 ①

징계처분, 휴직처분, 면직처분, 그 밖에 의사에 반하는 불리한 처분에 대한 행정소송의 경우에는 소방청장을 피고로 한다. 다만, 시·도지사가 임용권을 행사하는 경우에는 관할 시·도지사를 피고로 한다.

행정소송의 피고와 임용권자
행정소송의 피고(소방공무원법 제30조)
징계처분, 휴직처분, 면직처분, 그 밖에 의사에 반하는 불리한 처분에 대한 행정소송의 경우에는 소방청장을 피고로 한다. 다만, 제6조 제3항 및 제4항에 따라 시·도지사가 임용권을 행사하는 경우에는 관할 시·도지사를 피고로 한다.

임용권자(소방공무원법 제6조)
① 소방령 이상의 소방공무원은 소방청장의 제청으로 국무총리를 거쳐 대통령이 임용한다. 다만, 소방총감은 대통령이 임명하고, 소방령 이상 소방준감 이하의 소방공무원에 대한 전보, 휴직, 직위해제, 강등, 정직 및 복직은 소방청장이 한다.
② 소방경 이하의 소방공무원은 소방청장이 임용한다.
③ 대통령은 제1항에 따른 임용권의 일부를 대통령령으로 정하는 바에 따라 소방청장 또는 시·도지사에게 위임할 수 있다.
④ 소방청장은 제1항 단서 후단 및 제2항에 따른 임용권의 일부를 대통령령으로 정하는 바에 따라 시·도지사 및 소방청 소속기관의 장에게 위임할 수 있다.

34

정답 ③

항공기 조난사고가 발생한 경우 항공기 수색과 인명구조를 위하여 항공기 수색·구조계획을 수립·시행하여야 사람은 '소방청장'이다.

항공기 등 조난 사고 시의 긴급구조(재난 및 안전관리 기본법 제57조)
① 소방청장은 항공기 조난사고가 발생한 경우 항공기 수색과 인명구조를 위하여 항공기 수색·구조계획을 수립·시행하여야 한다. 다만, 다른 법령에 항공기의 수색·구조에 관한 특별한 규정이 있는 경우에는 그 법령에 따른다.
② 항공기의 수색·구조에 필요한 사항은 대통령령으로 정한다.
③ 국방부장관은 항공기나 선박의 조난사고가 발생하면 관계 법령에 따라 긴급구조업무에 책임이 있는 기관의 긴급구조활동에 대한 군의 지원을 신속하게 할 수 있도록 다음 각 호의 조치를 취하여야 한다.
　　1. 탐색구조본부의 설치·운영
　　2. 탐색구조부대의 지정 및 출동대기태세의 유지
　　3. 조난 항공기에 관한 정보 제공
④ 제3항 제1호에 따른 탐색구조본부의 구성과 운영에 필요한 사항은 국방부령으로 정한다.

35

정답 ①

ㄱ. 중유화재 시 안개모양의 무상으로 주수하거나 유류화재 시 포소화약제를 방사하는 경우 유류표면에 에멜전층이 형성되어 공기의 공급을 차단시키는 소화방법은 '유화소화'이다.
ㄴ. 알코올류, 알데히드류, 에테르류, 케톤류 등 화재 시에 다량의 물을 방사함으로써 농도를 묽게 하여 소화시키는 방법은 '희석소화'이다.
ㄷ. 이산화탄소 소화약제의 비중이 공기보다 약 1.52배 무거워 연소물질을 덮음으로써 소화하는 방법은 '피복소화'이다.
ㄹ. 가연물질로부터 수분을 빼앗아 계속적인 연소반응이 일어나지 않게 하는 소화방법은 제3종 분말소화약제가 갖는 '탈수소화'이다.

36

보기의 내용은 제1류 위험물인 산화성 고체에 대한 정의이다. 1류 위험물인 산화성 고체는 화재 시 대부분 물에 의한 냉각소화가 효과적이다. 그러나 알칼리금속의 과산화물인 무기과산화물은 물에 의한 냉각소화가 부적당하고, 마른모래 등 건조사에 의한 질식소화가 효과적이다.

1류 위험물(산화성 고체)의 특성

일반적 성질	산소를 함유한 강산화제이며 가열, 충격, 마찰 등에 의해 분해되어 산소를 방출한다. 또한, 불연성이지만 산소를 방출해서 다른 가연물질의 연소를 도와주는 조연성 물질이다. 대부분 무색결정이나 백색분말이며, 비중은 물보다 무겁고 대부분 물에 녹는 수용성이다.
위험성	• 산화의 위험성 • 폭발의 위험성 • 유독 및 부식성의 위험성 • 특수위험성 • 무기과산화물 중 알칼리금속의 과산화물 : 물과 접촉 반응할 때 산소를 발생시키면서 발열하기 때문에 금수성 물질이다. • 질산염류 : 공기 중 수분을 흡수하여 자신이 녹는 성질인 조해성 물질이다.
예방대책	• 가열, 충격, 마찰, 타격 등을 주의하고, 연쇄적인 분해를 방지한다. • 강산류(예 6류 위험물)와 절대 접촉(혼촉)을 금지한다. • 화기주의 • 조해성 물질(예 질산염류)은 방습하고 공기와 접촉을 차단하여 밀전 보관한다. • 알칼리금속의 무기과산화물은 물기를 엄금한다. • 2류 ~ 5류 위험물과의 접촉을 금한다.
소화대책	• 무기과산화물류를 제외하고는 다량의 물에 의한 냉각소화가 적당하다. • 무기과산화물류는 건조사 등을 이용한 질식소화가 유효하다.
위험물 주의사항	• 수납하는 위험물 : 화기주의, 충격주의, 가연물접촉주의 • 알칼리금속의 무기과산화물 : 화기주의, 충격주의, 가연물접촉주의, 물기엄금

37

화점 직근의 소방용수시설을 점령하는 것은 선착대의 임무이다.

오답분석

①·③·④ 후착대의 임무이다.

선착대와 후착대의 임무

선착대 임무	후착대 임무
• 인명검색과 인명구조 • 화점 직근의 소방용수시설 점령 • 화점발견 • 정보수집 및 제공 • 연소위험이 가장 큰 방면의 포위 부서	• 인명검색과 인명구조 • 급수중계 • 비화경계 • 수손방지

선착대와 후착대의 공통된 임무는 인명검색과 인명구조이다.

38

화재진압장비는 ㄴ. 소방호스, ㄷ. 열화상 카메라, ㅁ. 결합금속구이다.

오답분석

ㄱ. 소방자동차는 기동장비이다.
ㄹ. 유압전개기는 중량물 구조장비이다.
ㅂ. 휴대용 윈치는 중량물 구조장비이다.

화재진압장비
- 소방용수기구 : 결합금속구, 소방용수 이용 장비
- 관창 : 일반관창, 특수관창, 폼관창, 방수총
- 소방호스 : 소방호스, 소방호스 운용용품
- 사다리 : 화재진압용 사다리
- 소방용 펌프 : 동력소방펌프
- 이동식 진화기 : 소화기, 초순간진화기
- 소방용 로봇 : 화재진압로봇, 정찰로봇
- 소방용 보조기구 : 소화용 기구, 산소발생 공기정화기, 열화상 카메라, 이동식 송배풍기

39

정답 ①

연료지배형 화재에 비해 환기지배형 화재는 폭발성 및 백드래프트 현상이 크다. 즉, 환기지배형 화재는 산소가 부족하여 불완전 연소로 고열의 일산화탄소 등이 많이 생성되어 갑작스런 산소유입에 따른 폭발현상이 연료지배형 화재에 비해 자주 발생한다.

오답분석

② 환기지배형 화재는 연료지배형 화재보다 산소가 부족하여 불완전 연소가 심하므로 연소가스가 더 많이 생성된다.
③ 개구부 면적이 작으면 산소 유입량이 적어 화재가 느리고, 개구부 면적이 크면 산소 유입량이 많아 화재가 빠르다.
④ 환기지배형 화재는 산소 유입이 적어 환기량에 비해 가연물의 양은 충분하다.

40

정답 ③

온도, 압력, 부피의 값이 주어지면 보일 – 샤를의 법칙을 이용하여 계산한다.

보일 – 샤를의 법칙에 의해 $\dfrac{P_1 V_1}{T_1} = \dfrac{P_2 V_2}{T_2}$ 에서 부피(V_2)를 구한다.

$$\therefore \ V_2 = V_1 \times \frac{P_1}{P_2} \times \frac{T_2}{T_1} = 10 \times \frac{5}{2} \times \frac{(273+100)}{(273+200)} \fallingdotseq 19.7\text{L}$$

보일 – 샤를의 법칙
기체의 부피는 압력에 반비례하고 절대온도에 비례한다.
$$\frac{P_1 V_1}{T_1} = \frac{P_2 V_2}{T_2}$$

41

정답 ①

소방공무원을 신규채용할 때에는 소방장·지방소방장 이하는 6개월간 시보로 임용하고, 소방위·지방소방위 이상은 1년간 시보로 임용하며, 그 기간이 만료된 다음 날에 정규 소방공무원으로 임용한다.

42

정답 ④

오답분석

① 손실보상은 공무원의 적법한 행위로 인하여 국민에게 생명, 신체, 재산에 손해가 발생하는 경우에 신청하는 경우의 권리구제 수단이다.
② 손해배상은 국가 및 공무원의 위법한 행위로 인하여 국민에게 생명, 신체, 재산에 손해가 발생한 경우의 권리구제 수단이다.
③ 행정심판은 행정청의 위법·부당한 행정처분, 기타 공권력 행사 등으로 권리 또는 이익을 침해받은 자가 '직근 상급행정기관의 행정심판위원회'에 재결을 신청하는 권리구제 수단이다.

소방행정의 권리구제 수단

사전적 권리구제	• 행정절차법 • 옴부즈맨제도	• 청원법
사후적 권리구제	• 행정심판 • 손실보상	• 행정소송 • 손해배상

43

정답 ④

소방역사의 순서는 ① → ② → ③ → ④이다. 가장 늦은 시기는 ④번으로 소방사무가 시·도 사무로 전환되어 전국 시·도에 소방본부가 설치된 시기인 1992년이다.

오답분석

① 중앙에는 중앙소방위원회를 두고, 지방에는 도소방 위원회를 두어 독립된 자치소방제도를 시행한 시기는 미군정기(1945 ~ 1948년)이다.

② 소방행정이 경찰행정 사무에 포함되어 시·군까지 일괄적으로 관리하는 국가소방체제로 전환되었던 시기는 대한민국정부수립 직후(1948년)이다.

③ 서울과 부산은 소방본부를 설치하였고, 다른 지역은 국가소방체제로 국가소방과 자치소방의 이원화했던 시기는 1972년 이후 이다.

44

정답 ④

제3종 분말소화약제가 열분해되면서 CO_2(이산화탄소)는 생성되지 않는다.

제3종 분말소화약제의 주성분인 제1인산암모늄($NH_4H_2PO_4$)이 열분해 시 생성되는 물질들

- NH_3(암모니아)
- P_2O_5(오산화인)
- H_2O(물)
- 메타인산(HPO_3)
- 피로인산($H_4P_2O_7$)
- 오르쏘인산(H_3PO_4) 등

45

정답 ④

조사결과 보고(화재조사 및 보고규정 제47조)

소방서장은 화재조사의 진행상황을 수시 보고하여야 하며 조사결과는 다음 각 호에 따라 본부장에게 보고하고 기록유지 하여야 한다.

① 제45조 긴급상황보고에 해당하는 화재(대형화재, 중요화재, 특수화재) : 별지 제3호 내지 제3-12호 서식 중 해당 서식과 별지4 호, 별지5호 서식을 작성, 화재 인지로부터 <u>30</u>일 이내, 다만, 화재의 정확한 조사를 위하여 조사기간이 필요한 때는 총 <u>50</u>일 이내

② 제1호에 해당하지 않는 일반화재(대형화재, 중요화재, 특수화재를 제외) : 별지 제3호 서식부터 별지 제3-12호 서식 중 해당 서식과 별지4호, 별지5호 서식을 작성, 화재 인지로부터 <u>15</u>일 이내

③ 제1호 및 제2호에 규정된 조사기간을 초과하여 조사가 필요한 경우 그 사유를 사전보고 후 추가 조사를 할 수 있다.

④ 감정기관에 감정의뢰 시 감정결과서를 받은 날로부터 <u>10</u>일 이내에 조사결과를 보고하고 기록·유지하여야 한다.

46

정답 ②

모든 연소는 산소와 결합하는 산화반응과 열을 방출하는 발열반응의 결합으로, 빛과 열 그리고 연소생성물을 발생시키는 화학반응 현상이다.

오답분석

① 모든 산화반응이 연소인 것은 아니다. 질소(N_2)는 산화반응을 하지만 흡열반응으로 연소가 일어나지 않는 불연성 물질이다.

③ 구성원소가 산소로 되어 있는 물질들이 모두 가연물질인 것은 아니다. CO_2, P_2O_5, H_2O 등은 구성원소가 산소로 되어 있지만 불연성 물질이다.

④ 금속은 금속 내부의 자유전자의 흐름으로 인해 비금속보다 열전도도가 더 크다.

47

정답 ②

석고판 위에 시멘트모르타르 또는 회반죽을 바른 것으로서 그 두께의 합계가 2cm가 아닌 2.5cm 이상인 것이다.

방화구조
- 철망모르타르로서 그 바름두께가 2cm 이상인 것
- 석고판 위에 시멘트모르타르 또는 회반죽을 바른 것으로서 그 두께의 합계가 2.5cm 이상인 것
- 시멘트모르타르 위에 타일을 붙인 것으로서 그 두께의 합계가 2.5cm 이상인 것
- 심벽에 흙으로 맞벽치기한 것
- 산업표준화법에 따른 한국산업표준이 정하는 바에 따라 시험한 결과 방화 2급 이상에 해당하는 것

48

정답 ③

복사는 중간 매개체의 도움 없이 발생하는 전자파에 의한 열에너지의 전달이다.

오답분석
① 주로 액체나 기체의 밀도 차에 의한 순환운동에 의해 열 교환 현상이 일어나는 것을 '대류'라 한다.
② 금속막대의 끝이 화염에 의해 가열되면 열은 막대기 전체로 전달되는 것을 '전도'라 한다.
④ 연소 중인 물질의 불티나 불꽃이 기류를 타고 다른 가연물로 옮겨 화재가 확대되는 것을 '비화'라 한다.

열 전달 요인과 목조건축물의 화재확대 요인
- 열 전달 요인 : 전도, 대류, 복사
- 목조건축물의 화재확대 요인 : 접염(접촉), 비화, 복사(열)

49

정답 ③

3류 위험물(자연발화성 및 금수성 물질)

일반적 성질	• 주로 고체 분말 및 결정으로서 무기화합물의 불연성으로 구성(단, 황린 등 – 가연성) • 알킬알루미늄, 알킬리튬과 유기금속화합물류는 유기화합물이다. • 칼륨, 나트륨, 알킬알루미늄, 일킬리튬은 물보다 가볍고, 나머지는 물보다 무겁다. • 물과 접촉하면 발열하여 가연성 가스를 발생시킨다(황린은 제외). 　- 칼륨, 나트륨＋물 → 수소가스 발생 　- 탄화칼슘＋물 → 아세틸렌가스 발생 　- 금속의 인화물＋물 → 포스핀가스 발생
위험성	• 금수성 물질은 물과 접촉하면 발화한다(예 칼륨 나트륨, 알킬알루미늄 등). • 공기 중에 노출되면 자연발화한다(예 황린, 알킬알루미늄 등). • 강산화성 물질과 접촉하거나 가열될 경우 위험성이 커진다. ※ 알킬알루미늄 : 주로 액체로서 물이나 공기 중에서 자연발화하고, 운송 시 운송책임자의 지원·감독을 받아 운송한다.
예방대책	• 저장용기는 완전 밀폐하여 공기와의 접촉을 방지하고, 물과 수분의 침투 및 접촉을 금한다. • 황린은 공기 중의 산소와 상온에서 화합하여 약 34℃에서 자연발화의 위험성이 크기 때문에 물 속에 저장한다. • 칼륨, 나트륨은 수분의 접촉을 피하여 기름 속에 저장한다. • 알킬알루미늄(주로 액체, 일부는 고체), 알킬리튬 등의 유기금속화합물류는 공기 중에서 급격히 산화하므로 취급·주의하고 용기 내 압력이 상승하지 않도록 한다.
소화대책	• 절대 주수를 엄금하며, 어떤 경우든 물에 의한 냉각소화는 불가능하다(단, 황린은 제외). • 포·이산화탄소·할로겐화합물 소화약제는 소화효과가 없다. • 화재초기에 건조사 등으로 질식소화 및 피복소화를 한다. • 알킬알루미늄 화재 시 초기에는 팽창질석과 팽창진주암 등을 사용한다. 만약 진화되지 않으면 주변연소를 방지하고 자연 진화되도록 한다.

50

재난현장 긴급감염병 방제 등에 대한 공중보건 기능별 대응계획은 '긴급오염통제'에 해당한다.

오답분석

① 비상경고 : 긴급대피, 상황전파, 비상연락 등에 관한 사항
③ 응급의료 : 대량 사상자 발생 시 응급의료 서비스제공에 관한 사항
④ 현장통제 : 재난현장 접근통제 및 치안 유지 등에 관한 사항

학습플래너

| Date 202 . . . | D-5 | 공부시간 3H50M |

◎ 사람으로서 할 수 있는 최선을 다한 후에는 오직 하늘의 뜻을 기다린다.

◎

◎

과목	내용	체크
NCS	의사소통능력 학습	○

MEMO

학습플래너

| Date | . | . | . | D- | | 공부시간 | H | M |

◎
◎
◎

과목	내용	체크

MEMO

Date . . .	D-	공부시간 H M

◎
◎
◎

과목	내용	체크

MEMO

학습플래너

Date . . .	D-	공부시간	H	M

◎
◎
◎

과목	내용	체크

MEMO

Date . . .	D-	공부시간 H M

◎
◎
◎

과목	내용	체크

MEMO

학습플래너

| Date . . . | D- | 공부시간 | H | M |

- ◎
- ◎
- ◎

과목	내용	체크

MEMO

Date　.　.　.	D-	공부시간　H　M

◎

◎

◎

과목	내용	체크

MEMO

학습플래너

Date	.	.	.	D-	공부시간	H	M

◉
◉
◉

과목	내용	체크

MEMO

NCS 직업기초능력검사 답안카드

성 명

지원 분야

문제지 형별기재란

(형)

Ⓐ Ⓑ

수 험 번 호

	⓪	⓪	⓪	⓪	⓪	⓪
①	①	①	①	①	①	①
②	②	②	②	②	②	②
③	③	③	③	③	③	③
④	④	④	④	④	④	④
⑤	⑤	⑤	⑤	⑤	⑤	⑤
⑥	⑥	⑥	⑥	⑥	⑥	⑥
⑦	⑦	⑦	⑦	⑦	⑦	⑦
⑧	⑧	⑧	⑧	⑧	⑧	⑧
⑨	⑨	⑨	⑨	⑨	⑨	⑨

감독위원 확인

(인)

1	① ② ③ ④ ⑤	21	① ② ③ ④ ⑤	41	① ② ③ ④ ⑤
2	① ② ③ ④ ⑤	22	① ② ③ ④ ⑤	42	① ② ③ ④ ⑤
3	① ② ③ ④ ⑤	23	① ② ③ ④ ⑤	43	① ② ③ ④ ⑤
4	① ② ③ ④ ⑤	24	① ② ③ ④ ⑤	44	① ② ③ ④ ⑤
5	① ② ③ ④ ⑤	25	① ② ③ ④ ⑤	45	① ② ③ ④ ⑤
6	① ② ③ ④ ⑤	26	① ② ③ ④ ⑤	46	① ② ③ ④ ⑤
7	① ② ③ ④ ⑤	27	① ② ③ ④ ⑤	47	① ② ③ ④ ⑤
8	① ② ③ ④ ⑤	28	① ② ③ ④ ⑤	48	① ② ③ ④ ⑤
9	① ② ③ ④ ⑤	29	① ② ③ ④ ⑤	49	① ② ③ ④ ⑤
10	① ② ③ ④ ⑤	30	① ② ③ ④ ⑤	50	① ② ③ ④ ⑤
11	① ② ③ ④ ⑤	31	① ② ③ ④ ⑤		
12	① ② ③ ④ ⑤	32	① ② ③ ④ ⑤		
13	① ② ③ ④ ⑤	33	① ② ③ ④ ⑤		
14	① ② ③ ④ ⑤	34	① ② ③ ④ ⑤		
15	① ② ③ ④ ⑤	35	① ② ③ ④ ⑤		
16	① ② ③ ④ ⑤	36	① ② ③ ④ ⑤		
17	① ② ③ ④ ⑤	37	① ② ③ ④ ⑤		
18	① ② ③ ④ ⑤	38	① ② ③ ④ ⑤		
19	① ② ③ ④ ⑤	39	① ② ③ ④ ⑤		
20	① ② ③ ④ ⑤	40	① ② ③ ④ ⑤		

※ 본 답안지는 마킹연습용 모의 답안지입니다.

직무지식(소방학개론) 답안카드

번호	1	2	3	4	번호	1	2	3	4	번호	1	2	3	4
1	①	②	③	④	21	①	②	③	④	41	①	②	③	④
2	①	②	③	④	22	①	②	③	④	42	①	②	③	④
3	①	②	③	④	23	①	②	③	④	43	①	②	③	④
4	①	②	③	④	24	①	②	③	④	44	①	②	③	④
5	①	②	③	④	25	①	②	③	④	45	①	②	③	④
6	①	②	③	④	26	①	②	③	④	46	①	②	③	④
7	①	②	③	④	27	①	②	③	④	47	①	②	③	④
8	①	②	③	④	28	①	②	③	④	48	①	②	③	④
9	①	②	③	④	29	①	②	③	④	49	①	②	③	④
10	①	②	③	④	30	①	②	③	④	50	①	②	③	④
11	①	②	③	④	31	①	②	③	④					
12	①	②	③	④	32	①	②	③	④					
13	①	②	③	④	33	①	②	③	④					
14	①	②	③	④	34	①	②	③	④					
15	①	②	③	④	35	①	②	③	④					
16	①	②	③	④	36	①	②	③	④					
17	①	②	③	④	37	①	②	③	④					
18	①	②	③	④	38	①	②	③	④					
19	①	②	③	④	39	①	②	③	④					
20	①	②	③	④	40	①	②	③	④					

성 명

지원 분야

문제지 형별기재란 Ⓐ Ⓑ (형)

수험번호

⓪	①	②	③	④	⑤	⑥	⑦	⑧	⑨
⓪	①	②	③	④	⑤	⑥	⑦	⑧	⑨
⓪	①	②	③	④	⑤	⑥	⑦	⑧	⑨
⓪	①	②	③	④	⑤	⑥	⑦	⑧	⑨
⓪	①	②	③	④	⑤	⑥	⑦	⑧	⑨
⓪	①	②	③	④	⑤	⑥	⑦	⑧	⑨
⓪	①	②	③	④	⑤	⑥	⑦	⑧	⑨

감독위원 확인 (인)

좋은 책을 만드는 길
독자님과 함께하겠습니다.

도서나 동영상에 궁금한 점, 아쉬운 점, 만족스러운 점이
있으시다면 어떤 의견이라도 말씀해 주세요.
SD에듀는 독자님의 의견을 모아 더 좋은 책으로 보답하겠습니다.

www.sdedu.co.kr

2022 최신판 인천국제공항공사 소방직
NCS + 소방학개론 + 최종점검 모의고사 3회 + 무료NCS특강

개정1판1쇄 발행	2022년 06월 20일 (인쇄 2022년 05월 24일)
초 판 발 행	2020년 06월 20일 (인쇄 2020년 06월 05일)
발 행 인	박영일
책 임 편 집	이해욱
편 저	NCS직무능력연구소
편 집 진 행	유정화 · 구현정
표지디자인	조혜령
편집디자인	배선화 · 곽은슬
발 행 처	(주)시대고시기획
출 판 등 록	제10-1521호
주 소	서울시 마포구 큰우물로 75 [도화동 538 성지 B/D] 9F
전 화	1600-3600
팩 스	02-701-8823
홈 페 이 지	www.sdedu.co.kr
I S B N	979-11-383-2587-5 (13320)
정 가	22,000원